민주학교의 탄생

민주학교의 탄생

민주시민을 향한 삶과 배움이 꽃피는 공간

심성보 · 장경훈
김혜자 · 허진만
정원규 · 이하나
지음

생각정원

책을 펴내며

요즘 아이들의 일상에는 차별과 혐오가 만연해 있다. 아이들은 자기보다 성적이 낮거나, 집이 넉넉하지 않은 친구들을 향해 서슴없이 혐오 표현을 사용한다. 아이들에게 왜 혐오 표현을 사용하냐고 묻자, 혐오 내용에 동의한다는 아이들이 절반을 넘었다. 나머지 아이들도 재미있어서, 남들도 사용하기 때문이라고 답했다고 한다.

교실의 상황은 시민의식의 부재를 보여준다. 더불어 사는 삶의 가치, '나'만큼 '남'도 소중하고 중요하다는 사실을 배우지 못하고 익히지 못한 아이들은, 자신도 모르게 잘못된 태도를 학습하곤 한다. 이를 해결할 수 있는 방법으로 민주시민교육을 제안한다.

민주시민교육은 자신이 속한 사회에는 나만큼 소중한 타인들이 함께 산다는 것을 알려준다. 그리고 모두가 더불어 살아가기 위해 지켜야 할 규칙을 서로 합의하고 배워나갈 수 있다. 서로의 생각이 다를 때 어떻게 행동해야 하는지, 윤리를 바탕으로 한 권리와 의무는 무엇인지를 배워가며 아이들은 민주시민으로 성장할 수 있다. 민주시민교육은 사회 구성원이 서로 공감하고 연대의식을 갖고 협력하게 하며, 그 과정에서 책임 의식을 갖게 하여 공동체 문제에 적극적으로 참여하도록 이끌어낸다.

2020년 한 해 동안 전국에 300개가 넘는 민주학교가 생길 만큼, 민주시민교육은 많은 학교의 관심을 받으며 본격적으로 진행되고 있다. 민주시민교육에 대한 총론에는 대부분 동의하나 세부적인 내용과 방향에 대해서는 논란이 계속되고 있다. 협의를 통해 만들어나가는 민주시민교육의 특성상 어렵게 느껴질 수 있다.

《민주학교의 탄생》은 2018년 교육부 민주시민교육과가 생기면서 정책 자문을 했거나, 민주시민교육 추진 등에 관여한 실천가들이 모여 집필했다. 1장에서는 이미 민주시민교육을 진행한 해외 사례를 보며, 교육이 변화할 때 사회 전체가 달라진다는 가르침을 얻을 수 있다. 2장은 초중고에서 직접 민주시민교육을 진행했던 선생님들의 이야기다. 성숙한 시민의식을 기르기 위한 민주학교의 필요성을 깨닫게 한다. 3장은 민주학교가 지향하는 가치를 다룬다. 민주학교의 방향을 찾지 못한 독자들에게 큰 도움이 될 것이다. 4장은 저자들이 민주시민교육을 진행하면서 마주했던 문제들을 솔직하게 나눴다. 책의 흐름을 따라가다 보면 민주학교는 정해진 틀이 있지 않고, 지역의 맥락과 학교의 철학에 따라 다양하게 펼쳐지는 모습을 볼 수 있다. 아이들이 학교에서 민주주의를 배우며 더 크고 깊게 성장하는 모습은 모두를 흐뭇하게 한다.

학교에는 민주주의를 배우고 경험할 수 있는 일상이 있다. 학교에서 일어나는 일들은 개인의 삶이자 시민의 일상이다. 학교는 구성원들이 자기 존재를 묻고 삶의 문제를 함께 해결할 수 있는 공간이다. 민주학교는 여기에 민주적 가치를 담아 시민으로 거듭나게 돕는다. 과정은 치열하되 즐겁다. 학교에서 함께 나눌 수 있는 고민이 담긴 이 책을 통해 모두가 민주학교에 한 발 더 다가가길 바란다. 독자들이 다름을 인정하는 일상을 통해, 차이를 뛰어넘는 전망을 갖고 지켜야 할 가치를 발견할 수 있다면 더없이 기쁘겠다.

민주학교에 사랑을 담아 정성을 들인 분들이 헤아릴 수 없다. 특히 지금 이 순간에도 각자 선 자리에서 민주시민교육에 특별한 관심을 갖는 대한민국의 수많은 시민들과 오랫동안 함께하고 싶다.

2021년 봄

저자들을 대신하여 김혜자

차례

일러두기

- 통상적으로 사용하는 구어체 표기와 맞춤법 일부를 그대로 따랐습니다.
- 외래어 표기는 국립국어원 원칙을 따르되, 일반적으로 통용되어 굳어진 용어들은 그대로 사용했습니다.
- 문장 부호는 다음의 기준에 맞춰 사용했습니다.
  《 》단행본·신문·잡지·정기간행물 등
  〈 〉칼럼·논문·기사·영화 등
- 이 책에서 학부모라는 용어를 사용하고 있지만, 기존의 가족 개념을 넘어선 다양한 형태의 보호자도 있음을 밝혀둡니다.

1부

'경쟁' 대신 '연대'를,
'지식'보다 '교양'을

해외 사례를 통해 본 민주학교의 철학

심성보

부산교육대학교 명예교수

교실에 떨어진 쓰레기, 누가 주워야 할까?

최근 들어 교육 현장의 이야기를 들어보면 이전과는 확실히 다르다는 것이 느껴진다. 현장에 있는 교사들은 가끔 나에게 감동적인 이야기를 전해주기도 하고, 민주주의가 잘못 인식된 사례를 알려주기도 한다. 때로 기쁘고 벅찬 이야기와 실망스러운 이야기들이 교차한다. 민주주의가 어설프게나마 뿌리를 내리고, 가지도 치고 있음을 실감한다. 초중고 학교 현장에서 조금 떨어져 있는 나는 그래도 이 모든 시행착오들이 민주주의에 가까이 다가가는 노력이라고 생각한다.

교실 안의 책상과 책상 사이에 쓰레기가 떨어져 있다. 선생님이 아이들을 보며 "저것 좀 치우지?"라고 말했을 때, 어떤 반응일까? 10여 년 전이었다면 아이들 중에 가까이 있는 모범생이 냉큼 주워 치웠을 것이다. 그러나 요즘 선생님의 말만 듣고 쓰레기를 치우는 경우는 많지 않다. 지금 학교를 다니는 아이들은 의아하다는 표정을 지으며 "내가 버린 쓰레기도 아닌데, 왜 제가 치워야 하나요?"라고 질문한다고 한다.

이와 비슷한 이야기를 몇 년 전 언론에서 확인할 수 있었다. '교무실 청소를 왜 학생이 하나요?'라는 질문이었다. 이 질문은 단순히 청소가 하기 싫은 아이들의 투정이 아니다. 여기에는 자기 권리와 의무에 대한 학생들의 근본적 질문이 담겨 있다. 이에 관해 교사들은 명쾌한 답을 내놓지 못하고 허둥대는 느낌이다.

달라진 요즘 학생들의 태도와 이를 보는 기성세대의 반응은 엇갈린다. 이 논의를 보며 우리는 학교에 민주주의가 어설프게 안착했음을 알 수 있다. "요즘 아이들…"이라며 혀를 차고 당황하는 사람, 타당한 문제 제기라고 보는 사람이 공존한다.

우리는 학교를 공부하는 곳이라고 생각한다. 수를 세고 셈을 하며 논리적 사고를 확장시키고 글을 이해하는 능력을 기른다. 그러나 우리는 학교에서 공부하고, 시험을 보고, 성적을 확인하는 것만이 공부가 아님을 잘 알고 있다. 그렇다면 학생들은 학교에서 시험을 위한 공부가 아닌 다른 무엇을 배우고 있을까?

사회의 축소판이자 확장판

학교는 사회의 축소판인 동시에 사회의 확장판이기도 하

다. 당장 초등학교를 생각해보자. 그곳에는 화장실에 혼자 가고 용변을 보는 것을 어려워하는 1학년부터, 이제 더 이상 어린애가 아니라는 표정을 짓고 있는 6학년까지 한 건물에서 모여 있다.

아이들만 그런 것이 아니다. 선생님들도 다 다르다. 1970년대 말에 학교를 다닌 사람부터 불과 1년 전에 대학을 졸업한 사람까지 모두 한 조직 안에 있다. 선생님들의 시대 차는 40년을 오르내린다.

학부모들도 다양하다. 이 나라의 모든 직군과 성향이 모여 있다. 물론 상급 학교로 진학하면서 비슷한 그룹끼리 모이긴 하지만, 학교는 여전히 천차만별의 사람들이 모이는 집단이다. 학교가 아니라면 절대 만나지 않았을 법한 사람들이 같은 시간에 모여 같은 시간에 헤어진다.

다양한 사람이 모여 있지만, 다양성이 보장되지 않는 것이 학교다. 아직도 교실의 형태는 군국주의 시대의 모양새와 다르지 않고, 교사가 지식을 전달하는 형태도 바뀌지 않았다. 교실에 앉아 있는 것은 학생이지만, 여기에는 보이지 않는 것들이 영향을 미친다.

가까이는 교사, 교무실, 학교의 철학이 하달되며, 멀리는 교육청, 교육부, 대한민국 정부의 지침이 담긴 공문서가 내려온다. 교사는 교육자인 동시에 행정공무원이기도 하다.

교육을 정부가 책임지는 한, 행정을 빼놓고 교육을 진행할 수 없다. 수백 명의 학생들을 한곳에 모아놓고 진행하는 집합 교육이 기본인 이상, 각 구성원의 다양성과 사정을 일일이 고려할 수 없다. 현재의 교육 체계는 주어진 환경에서 최대의 효율을 낼 수 있는 형식으로 진행되어왔다.

단일한 공동체로 보이지만, 앞서 언급한 것처럼 다양한 구성원이 모인 학교. 사람만 다양한 게 아니다. 여러 제도와 사회도 학교에 중첩되어 있다.

초등학교를 생각해보자. 아침 등교시간이면 아이들의 이동을 돕는 녹색어머니만 있는 게 아니다. 학교 근처 태권도장이나 체육 학원에서 통학로에 나와 교통지도를 하는 모습을 볼 수 있다. 단순히 사교육 사업자들이 학교에 등교하는 아이들을 고객으로 보기 때문이라고 단정할 수만은 없다. 사교육 사업자들도 지역 공동체의 일원이라는 관점에서 보자면, 등교하는 아이들은 함께 키워야 하는 우리의 아이이기도 하다. 학교 앞 문구점이나 분식점은 아이 지킴이나 보호 장소로 지정받아 지역 교육 공동체로서의 소임을 다하기도 한다.

현재의 공교육 체계에는 보육과 교육이 혼재해 있다. 우리 사회에서 보육은 가정, 공교육 기관인 학교, 사교육 기관인 학교 근처, 주택가 근처의 학원들이 나누어 맡고 있다. 일부 학부모들은 학교 안에서 보육까지 책임져주기를 바라지만 쉽지 않다. 정부 조직상 학령기 학생의 보육은 지자체, 보건복지부, 여성가족부가 주로 관장하며, 교육은 교육부에서 나누어 맡고 있다. 학교 안에서 실행되는 돌봄 교실은 학교의 영역이 아니라는 이야기도 있고, 학부모의 편의를 위해 학교에서 책임져야 한다고도 한다. 정부나 정치인들은 보육과 교육을 함께 해결하겠다고 소리 높이지만, 이를 둘러싼 행정 관청이 복잡하게 얽혀 있어 일선 현장은 늘 혼란이다.

보육과 교육만 혼란스러운 것이 아니다. 현재 우리는 코로나19라는 감염병으로 인해 기존의 가치관으로는 예측할 수 없는 상황에 처했다. 2020년 3월 개학이 미뤄지면서 온라인 수업과 순차적 개학으로 혼란이 일어났다. 이 과정은 교육이 생각보다 복잡한 문제와 절차를 해결해야 한다는 것을 방증한다. 아이들이 학교에 다시 다닐 수 있도록 학부모들은 교사를 통해 설문조사 링크를 받고 응답을 보냈으며, 교사들은 이를 취합해 교육청과 교육부로 전달했다. 전국의 학교를 관리하는 교육부의 지침이 학교로 하달되지만, 교사들도 초유의 상황 앞에서 혼란스럽다. 학부모들은 보육과 교육이 모두 가정으로 떠넘겨졌다며 아우성이다. 나름대로 의견을 수렴하려고 애를 쓰고 있으나, 이 과정에서 학교의 주요 구성원인 학생들의 의견은 누구도 묻지 않았다. SNS에 퍼져나가는 '학교란 무엇인가'에 대한 원론적 토론을 이제 함께 고민해야 할 순간이다.

어떤 약속을 만들어갈지 결정하는 일

앞서 교실에 떨어진 쓰레기 이야기를 다시 꺼내보자.

20~30년 전의 교실에서 누군가가 버린 쓰레기가 눈에 띄었다고 상상해보자. 교사가 교실에 떨어진 쓰레기를 보고 주우라고 명령하면, 누군가 일어나서 그 쓰레기를 치웠다. 그것을 당연하게 여겼다. 그때의 학생들은 어떤 생각으로 교사의 지시를 바로 따랐을까? 아마 '선생님이 화를

낼까 봐' 내지는 '우리 반 모두가 야단을 맞을까 봐'라는 두려움도 있었을 것이다. 궁극적으로는 전체가 벌을 받는 귀찮은 일을 만들기 싫어서, 누군가는 타인의 잘못까지 책임지기를 마다하지 않았기 때문이다.

시간을 현재로 돌려보자. '교실에 떨어진 쓰레기를 주워라' 하고 교사가 말한다. 그러자 학생들은 교사의 눈을 빤히 쳐다보며 '내가 왜?'라는 표정을 짓는다. 이는 단순히 요즘 아이들이 되바라지기 때문에 일어나는 문제가 아니다. 학생들의 '내가 왜?'라는 질문은 그 행위에 대한 명확한 책임을 묻는 것이다. 이 질문은 여러 결이 있다. 하나씩 뜯어볼 필요가 있다.

먼저 다음 질문을 생각해볼 수 있다. 교실 안에서 쓰레기를 버리지 말아야 한다는 규칙이 있다. 모두가 합의한 규칙에 어긋나는 행위를 할 경우, 그에 대한 응당한 대가는 무엇인가? 그 행위에 대한 책임은 누가 지는가? 잘못을 저지르지 않은 사람이 타인이 저지른 잘못에 대한 책임을 양도받고 대신 쓰레기를 줍는다면, 그 사람은 어떤 이익(보상)이 있는지를 묻는 것이다.

아이들은 이렇게 생각한다.

쓰레기를 함부로 버리지 않는다는 규칙은 우리가 유치원 때부터 배운 것인데, 누군가 그것을 어겼다. 내가 버리지 않은 쓰레기에 대해서 내가 책임을 져야 하나? 그렇다면 쓰레기를 버리면서 규칙을 위반한 사람은 어떤 대가를 받게 되지? 처벌을 받게 될까? 지금 쓰레기가 교실에 있는 이유는 규칙을 어긴 사람이 자기 책임을 회피했기 때문인데, 왜 그에 대해서 선생님은 아무 말이 없으신 거지? 잘못한 사람이 쓰레기를 버린 책임을 져야 하는 거 아닐까? 게다가 내가 버린 게 아닌데, 내가 대신 치워야 할까? 이게 당연한 걸까?

2021년의 학생들은 기성세대에게 교실에서 일어나는 일들에 대한 책임과 의무를 묻고 있다.

민주학교는 바로 이러한 사소한 사건부터 교실 안에서 민주적으로 해결할 수 있다는 믿음에서 출발해야 한다. 공동체는 규칙을 어긴 사람에 대해 어떻게 대응할지, 또한 누군가의 실수에 대해서는 어떻게 반응할지를 결정할 수 있어야 한다. 자신이 잘못을 저지르지는 않았지만, 타인을 위해 그 잘못을 감당하는 사람에게는 어떤 보상을 할지도 생각해야 한다. 앞으로 계속해서 발생할 이런 일들에 대해 우리는 어떤 약속을 만들어나가야 할지를 결정하는 것이 민주학교의 기초 정신이라 할 수 있다. 특히 2020년의 코로나19 감염병 같은 초유의 사태에도 민주적으로 학교를 만들어갈 수 있는 방안을 함께 고민해볼 필요가 있다.

민주적으로 사는 법을 배우다

우리의 학교에서는 학생인권조례가 만들어지고, 현재 민주시민교육이 진행되고 있다. 각 시도 교육청에서 학교 민주주의 지수를 수년째 측정하면서, 이제 학교의 민주주의가 필요하다는 사회적 합의엔 도달했다고 본다. 각 학교에서 민주주의를 실천하기 위한 여러 가지 방법을 어떻게 만들고 실행할 수 있을지를 질문하고 있다.

여러 학교에서 시도하는 '민주학교'는 학교에서부터 민주주의를 익히고 만들어냄으로써, 학생들이 성장한 후에도 민주시민으로서의 자기 역할을 다할 수 있도록 길러내겠다는 기획이다. 민주시민교육의 활성화를 위해 교육부는 민주학교 모델을 제안한다. 일종의 실험이라고 볼 수도 있고, 시범이라고 볼 수도 있다. 그렇다면 우리는 민주학교에서 무엇을 얻을 수 있고, 어떤 것을 기대할 수 있을까?

공교육 체계에 민주학교를 도입하는 것은 학교에서 민주적 시민성 교육을 실천하고, 학생들에게 민주적 삶이 무엇인지 체험하게 한다는 것이다.[1] 민주주의는 개인으로 존재하는 시민들이 이루어낼 수 있다. 이 시민들이 민주적으로 사는 것이 바로 민주주의를 실천하는 방식이다. 그래서 민주적으로 사는 방법을 교육과정에도 넣고, 학교 문화에서 자연스럽게 습득할 수 있도록 만들겠다는 것이다.

다양한 사람들의 요구가 충돌하는 곳

민주학교는 학생들을 보다 넓은 사회의 시민으로 길러내기 위해 민주시민교육을 실행하는 것이 목표다. 민주학교는 민주시민교육을 이해하고 민주주의를 경험할 수 있는 배움터가 되어야 한다. 시민이란 스스로 주권을 지키고 함께 어우러져 살아갈 수 있는 민주주의 국가의 구성원을 말한다. 시민은 자기 권리도 주장할 수 있지만, 더불어 살아갈 수 있는 체제를 만들기 위해 상대방의 권리도 존중할 줄 아는 공동체의 구성원이다. 민주주의가 맥락 없이 사용되면서, 자기 권리를 주장하는 것이 민주주의인 듯한 착시 현상도 일어난다. 민주학교에서 실행하려는 민주주의와 민주적 삶은 나의 권리, 타인의 권리를 모두 중요하게 여기는 민주적 공동체를 만드는 것이다. 말 그대로 민(民)이 주인이 되는 공동체가 되려면 나뿐만 아니라 타인, 더 나아가 모두의 권리가 동등하게 보장받을 수 있어야 한다. 그러려면 기본적으로 모두의 권리를 존중하는 것이 우선되어야 한다.

학교는 다양한 사람들의 갖가지 요구가 충돌하는 공동체다. 그리고 나와 타인뿐만 아니라 여러 다른 공동체가 연결되어 있으므로 더 넓은 시야도 갖춰야 한다. 그래야 지역과 국가와 세계를 바라보며 어울려 살아가고 다양한 특성을 포용하며 이해할 수 있다. 학교에는 언제 어떤 새로운 가치와 존재가 들이닥칠지 모른다.

민주학교가 왜 필요한가는 간략하게 정리할 수 없으니, 민주학교가 추구하는 몇 가지 목표를 하나씩 나열하며 그 필요성을 함께 찾아나가고자 한다.

민주학교를 이해하는 키워드들

구성원 모두가 존중받는 공동체

첫 번째, 민주학교는 민주적 공동체로서의 학교를 말한다. 우리의 학교가 민주적 공동체가 되기 위해서는 각 구성원들이 동등하게 존중받아야 한다. 언뜻 당연한 말 같지만, 우리의 학교는 아직 민주적 공동체와 거리가 멀다.

학교의 주인이 누구냐고 학생들에게 물으면 어린 학생들도 "우리요!"라고 대답한다. 하지만 학교가 정말 학생들을 주인으로 대접한 적이 있을까? 학교는 대부분 학교를 운영하는 사람들에 의해 모든 것이 정해져 왔다. 이들을 학교의 관리자라고 부르는데, 교장과 교감 그리고 각 분과의 부장교사부터 학급 내의 담임교사까지 포괄한다.

학생자치회가 있기에 학생들도 학교에서 자기 권리를 말할 수 있다고 생각할지 모른다. 그렇다면 학생자치회의 역사를 보자. 1980년대부터 학교에서는 학생들의 대표가 되는 학급장을 직접 선거로 선출하고 학생자치회를 구성해 학생 대표를 선거로 선출해왔다.

그렇지만 학생자치회는 어려움이 많았다. 지금의 중년 세대들은 기억이 날 것이다. 학급 담임교사가 학급장이 될 학생을 미리 내정해놓고 무언의 압박을 통해 선출되게 하거나, 아예 독단적으로 지명 또는 임명했던 것을 말이다. 심지어 학급의 학생 대표는 무조건 남학생으로 정해두어, 여학생은 기껏 부대표로만 뽑히기도 했다. 이런 결정들은 대부분 어른인 교사들이 내렸다.

그리고 학급 운영도 학생들보다 학급의 반장이나 임원들의 학부모 모임인 육성회에서 이루어졌다. 환경미화가 닥치면 뒤에서 커튼을 빨고, 청소를 하던 사람들도 어른들인 학부모였다.

폭력 문제도 있었다. 어떤 교사가 폭력을 행사했다는 뉴스가 보도되면 온라인 게시판에는 비슷한 사례를 나열하는 댓글이 달린다. 대다수의 의견은 '나도 저런 선생 밑에서 공부했다'는 비난이다. 학생이었던 사람들은 그들의 입장에서 부당한 대우와 처벌에 대해 기억하고 비민주적이었던 학교 문화를 비판한다.

그런데 반대로 학생이 교사를 폭행하는 사례가 나타나면 '스승의 그림자도 밟지 말라 했거늘'이라는 전근대적 댓글이 줄줄이 이어진다.

교사가 학생을 폭행하거나, 학생이 교사를 폭행하는 사례 모두 비민주적이며 비인권적이다. 이런 불행한 일들은 서로를 동반자로 생각하지 않기 때문에 일어난다. 한쪽의 권력이 비대해지면 권력을 가진 쪽은 힘을 과시하려고 하고, 반대쪽은 그 힘에 위축되어 있다가 억눌린 불만을 왜곡되게 터트리는 일이 발생한다. 사고가 나는 것이다.

교육계는 일찍이 학교 내의 사고가 권력의 불균형으로 일어난다고 파악했다. 권력의 균형을 맞추기 위해 학교 관리자와 교사의 막강한 권한을 나누어 학부모와 학생에게 돌려주고 지역사회도 개입시켰다. 지금의 학교는 교사, 학부모, 학생을 동등하게 놓으려고 애쓰며, 운영위원회를 필수적으로 만든다. 그리고 학교는 학부모만이 아니라 지역사회의 의견도 듣고 결정을 내리고 있다. 모든 학교가 학부모회를 만들어 운영위원회와 학부모회가 비슷한 힘을 발휘해서 학교 일에 적극 개입하도록 제도를 만들었다. 제도의 기틀을 갖춰놨으나 각 구성원들의 민주주의적 소양과 시민성이 어느 정도 일치하는지가 관건이다. 민주주의를 이해하는 정도가 다르면 학교 운영이 혼란스러워진다. 민주주의에 대한 이해가 부족하면 새롭게 권력을 받은 학생들이 자기주장만 할 수도 있다. 그리고 학부모가 교사의 학습 지도권에 개입할 수도 있다. 지역사회가 학교 운영에 과도하게 개입할 수도 있다.

민주시민교육이 안착되고 민주주의에 대해 비슷한 수준으로 이해하게 되면, 학생 대표와 교장의 회동으로 진솔한 대화를 나누고 민주적 의사결정을 체험할 수 있다. 그러기 위해 학생자치위원회는 학생들이 자기 자신의 복지와 권리를 존중하고 서로 존중할 수 있는 약속을 만들어나가야 한다. 모든 학생들이 서로 자원봉사자처럼 자기 학급뿐 아니라 학교 전체를 돌아보며 헌신할 수 있어야 한다. 여기서 바로 민주학교의 두 번째 목표인 정의로운 권리 중심 공동체로서의 학교가 필요해진다.

동의와 공감을 바탕으로 한 정의로운 권리

두 번째 목표인 정의로운 권리 중심 공동체로서의 학교란 무엇일까?

학교에는 세상에 존재하는 모든 계층과 계급이 공존한다. 다양한 각자의 사정을 들이대면 같이할 수 있는 일이 사라질 수도 있다.

학생들이 교실 안에서 싸우는 원인은 다양하다. 친구가 째려봤거나, 오늘 기분이 나빴거나, 선생님에게 야단맞았거나, 누군가 자기 물건을 함부로 다뤘거나, 우유를 흘려서 등등. 그 이유는 모두 각자의 입장에서 타당하다. 자신의 행동을 설명하는 그 수많은 이유에도 불구하고, 교실 안에서의 더 큰 원칙은 하나다. '주먹을 휘두르며 싸우지 않는다.' 이는 서로 약속한 정의다.

정의는 모든 학교의 중요한 목적이어야 한다. 학교의 규칙, 학생들의 행동에 대한 정책은 공정해야 하고, 사회와 국가에서 정의로 인정받는 것들이 학교에서도, 학생들에게도 인정받아야 한다. 그렇다면 이 정의는 모두가 동의하고 공감해서 지켜야 할 만한 것이어야 한다. 게다가 정의

민주주의를 배우는 학교

를 학교에서 실천하기 위해서는 각 구성원들의 역할도 중요하다.

학생들이 도덕적이되 자율적이어야 한다. 교실에서는 민주적 가치를 찾아낼 수 있을 만큼 정의를 찾는 일이 흔한 탐색 과정이어야 한다. 정의를 이해하기 위해 인간에 대한 존중, 서로의 존엄성을 지켜야 한다. 이것은 가장 보편적이고 이해하기 쉬운 가치다. 학생뿐만 아니라 학부모, 교사, 지역사회가 모두 과연 인간이란 무엇이고 나와 내 짝꿍은 왜 존중받아 마땅한지 이해해야 한다. 인권에 대한 합의가 있어야 정의로운 권리도 서로 약속할 수 있다.

당장 말은 쉽지, 실제로 가능한 것인지 의문이 들지도 모른다. 그 말은 맞다. 학교에서 민주적 공동체를 만든다고 선언한 뒤 적극적으로 실천했다가 낭패를 보는 경우도 있다. 민주적 학교를 지향했던 교사들이 교무실 내에서 민주적 의사결정 체계를 만드는 일에 어느 정도 성공한 학교가 있었다. 모든 사안에 대해 민주적 의사결정을 한다고 회의를 계속했다. 회의에 회의가 이어져서 일을 처리할 수 없을 지경이 되었다. 한 번의 논쟁으로 끝나지 않고 회의를 계속하다 언쟁으로 끝나는 경우도 많았다. 때로는 회의를 하다 울고 소리치는 경우도 있었다. 민주적 의사결정은커녕 감정만 쏟아내는 아수라장이 되기도 했다.

교사들 간에 민주주의가 실현되면 교장의 권한이 대폭 축소된다. 교장의 발언이 약화되고 조직의 위계가 무너질 수도 있다. 익숙하지 않은 체제에 직면한 구성원들이 서로 스트레스를 받아 아무도 행복하지 않다고 토로하는 경우도 있었다. 과연 민주주의가 효율적이고 합리적인지 모르겠다는 자조도 튀어나온다.

학생과 교사만의 문제가 아니다. 학부모의 학교 개입이 과도해져서 교권이 위협받는 사례도 많다. 교과과정 구성에 학부모가 개입했던 어느 학교는 해외의 특정한 교육이론을 주장하는 학부모들이 다수가 되어 교사에게 교육과정을 강요하는 일도 벌어졌다. 그러면서 학부모들이 주장하는 특정 교육이론에 익숙하지 않은 젊은 교사들이 교육대학에서 새로운 교육과정을 익히다가 지치기 시작했다. 때로 교사들은 교과과정에서 벗어나는 교육과정을 강요당하기도 했다. 학부모들의 요구에 응하지 않고 자기 주관대로 교육과정을 구성한 교사들은 반대쪽의 항의를 받으며 갈등이 깊어졌다. 왜 이런 일들이 일어날까?

학교에서 일어나는 심각한 사건은 탐사→해결→회복→제재→소통의 과정을 거쳐야 한다. 면밀히 사건의 원인을 분석하고 찾아내는 탐사 과정을 거쳐, 당사자 간의 합의를 도출하기 위해 모든 구성원이 조력하는 해결의 과정을 지나, 갈등 당사자가 함께 정의와 도덕에 대한 공부를 하는 회복의 시간이 필요하다. 때로 이 갈등 당사자들은 가해자와 피해자일 때도 있다. 만약 가해자와 피해자가 분명하다면, 가해자는 인권 존중의 필요성을 확실하게 학습할 기회를 얻어야 한다. 그다음으로는 공정하게 구성원들이 판단하고, 피해자나 갈등 당사자들을 비하하지 않는 제재의 과정을 거쳐서 가해자와 피해자 내지는 갈등 당사자들이 소통해야 비로소 사건이 해결되었다고 볼 수 있다.

사회에서는 무죄추정의 원칙이 적용된다. 유죄로 판명되기 전까지 모두가 무죄이며, 구속의 필요성도 재판부가 결정한다. 그러나 학교는 사회처럼 재판 시스템을 갖추고 있지 않다. 학교폭력을 제외한 사안은 서로 간의 감정 갈등이 많기에, 학교 밖의 해결 방법을 고스란히 적용할 수 없다. 따라서 학교는 배움터라는 본연의 목적에 맞는 권리 존중 방식이 따로 있어야 한다.

정의로운 권리를 중심으로 하는 학교 공동체는 먼저 학생을 대할 때, 유엔아동권리협약에 기초해야 한다.[2] 그리고 권리, 정의, 책임, 참여, 학생의 대의와 대표성, 경청하는 교사, 민주적 학교 분위기가 존중되어야 한다.[3] 기존의 학교에 대한 사람들의 불만은 학교 내에 도덕적·민주적 분위기가 부족하고,[4] 학생들의 자존감이 낮으며, 대인관계 기술이 결핍되어 있고, 반성 능력이 떨어지며, 자기 정체성 감정이 없다는 등 여러 가지가 있다. 권리와 정의, 돌봄과 배려를 서로 대립하는 개념이라고 볼 수도 있지만 학교 공동체에서는 이 개념들을 공존시키는 것이 핵심이다.

정의로운 권리를 지킬 수 있는 학교 공동체는 시민성 교육을 통한 갈등 해결 방안을 모색한다. 화가 나더라도 싸우지 않는 것이 착한 것이라고 강요하지 않는다. 갈등을 없애기 위해 무조건 화해를 권유하지도 않는다. 갈등이 종종 폭력을 불러오기 때문에, 갈등 해결은 분노를 참고 싸우지 않는 것이라고 생각할 수도 있다. 오히려 각자의 이해관계가 다르고 생각과 요구가 다를 때 일어나는 대립과 투쟁, 갈등을 해결하기 위해서는 무작정 화해를 종용해서는 안 된다. 마음이 움직이지 않는데, 억지로 이해하려고 애쓰기보다는 비판적으로 생각하고 포용하는 시야가 더 필요하다. 상대방 역시 나와 같은 인간이기 때문에 그 존엄성을 마치 나의 것처럼 존중하면서 다양성을 인정해주는 것이 필요하다.

이 방법으로 회복적 문제해결 대화나 비폭력적인 평화적 대화법을 사용할 수도 있다. 갈등을 해결해가는 방법이 보다 이성적이고 논리적인 것으로 자리 잡으면 감정에 치우쳐 갈등이 더 큰 갈등으로 증폭하는 것을 막을 수 있다. 이러한 민주적인 해결 방법에 익숙해지면 좋은 학습 모델이 될 수 있다.

학교 내에서 정의로운 권리를 만들어나가기 위해서는 더 넓은 시야가 필요하다. 학교 내의 일은 갈등 해결이 핵심이지만, 학교에서 길러내야 하는 민주시민은 학교에만 머무르지 않는다. 이들은 언젠가 학교를 떠나 세상으로 나아가며, 성숙한 시민으로 사회적 역할을 하게 된다. 학교 내에서 경험하는 민주적인 삶은 학생들의 성장 후, 우리 사회에도 큰 영향력을 발휘한다. 그러나 한 가지 유의할 점이 있다. 민주적 문화가 자리 잡은 학교에서 정의로운 권리 중심으로 생각하면 해결되던 문제가 사회에서는 그렇지 않을 수도 있다는 것이다. 더 다양한 가치를 이해하고, 민주시민으로 살아가기 위해 다음 단계가 필요하다.

학교 담장 너머와 손잡다

민주학교의 세 번째 목표는 더 넓은 지역 공동체에 참여하는 학교다. 민주시민교육을 정치교육, 유권자교육으로 분류하기도 한다. 대부분의 국가는 정치에 의해 중요한 의사결정이 내려진다. 시민들은 학교를 떠나 사회인으로 살면서 수많은 정치적 판단에 놓이게 된다. 학교에서 이에 대해 준비할 필요가 있다.

학교에서 배울 수 있는 민주주의는 제한적이다. 학교 구성원들은 질서를 유지하고 합의를 통해 갈등을 해결하려는 의지가 학교 밖 공동체보다 강하다. 학교 체계에서 질서가 무너지는 순간 큰 혼란이 올 수 있다는 것에 모두 동의하기 때문이다. 학교 안에서 체제를 전복시키려는 시도는 잘 일어나지 않는다. 그러나 학교 밖 공동체에서의 갈등은 보다 첨예하고 위태롭고 복잡하다.

학교 안에서는 서로에 대해 공감하고 시민의식을 갖추어 행동하면 더 나은 공동체를 만들 수 있다는 것을 배우게 된다. 동시에 정의롭지 않은 것이 공동체에 해악을 가져온다는 것도 금세 깨달을 수 있다. 이런 배움을 토대로 학교 밖에서도 민주적 의식을 지키는 것이 시간이 더 걸리더라도 공동의 이익을 만들어낼 수 있다는 굳건한 신뢰를 갖춰야 한다.

학교는 지역 공동체와 긴밀하게 연결되어 있다. 학교가 지역 공동체에 참여하는 계기는 불만이나 민원에서 비롯될 수도 있다. 예를 들어, 통학로가 안전하지 않다고 생각해보자. 여기서부터 사회적 정의, 민주시민으로서의 역할을 고민할 수 있다.

학생들의 통학로가 안전하지 않다면, 그 원인은 무엇일까? 도시를 계획할 때 보행자를 고려하지 않았거나, 도시계획으로 인해 보행자도로의 절반이 날아가 버린 경우도 있다. 그렇다면 정책을 만드는 사람들은 왜 통학로를 우선적으로 고려하지 않았을까? 그러면 우리 학교의 통학로가 위험할까? 학교 앞에서 일어나는 교통사고는 어떤 형태가 있을까? 학교 앞에서 사고를 당하는 학생들을 줄이기 위해 사회와 정치는 어떤 역할을 해왔을까?

학생들이 당사자가 되어 이런 문제를 놓고 탐구하다 보면 영역이 확장된다. 이 문제에 대한 꼬리에 꼬리를 잇는 질문은 학교 담장을 넘어 지역 공동체로 확장된다. 교사는 모든 학생들이 오가는 보행자도로와 차도의 문제를 함께 고민하고 안전과 민주주의의 상관관계를 토론하도록 유도할 수 있다. 그러나 당장 어떤 정책 입안을 위해 캠페인을 벌이거나 의회를 압박하는 정치적 행위에 참여하라고 권하지는 않는다.

학생들은 학교 구성원이기도 하지만 한 가족의 구성원이기도 하다. 학생이 소속된 학교와 가족의 정치적 입장, 경제적 입장, 도덕적 행동의 범위가 다를 수 있다. 학생 개인이나 교사 개인의 판단이 학교 구성원 다수의 입장과 다를 수 있다.

학교는 이미 지역 공동체를 바라보는 시선을 성숙시킬 수 있도록 교육할 수 있는 역량이 충분하다. 교사들만으로는 어렵다면 지역사회 시민 단체나 주민들과 연대해 지역 공동체에 참여할 수 있는 새로운 방법을 찾아볼 수도 있다. 특히 도시에서는 학생들이 발견한 지역 공동체의 문제를 제기하거나 해결하기 위해, 학생들이 직접적 행동을 하거나 지역 공동체 중심의 탐구 활동에 참여하도록 장기적인 교육과정을 운영할 수 있다.

지역 공동체에 참여하는 학교 구성원들은 학교의 민주주의를 기반으로 지역의 민주주의 기틀을 다질 수 있는 역량을 갖추게 된다. 배움을 통한 지적 자각이 일어나면 고민의 범위도 넓어진다. 그렇게 되면 학생들은 학교를 국가적·세계적 공동체로서 인식할 수 있게 된다.

세계라는 큰 원을 그리다

민주학교의 네 번째 목표는 학교를 지역적·국가적·세계적 공동체의 일원으로 이해하는 것이다. 학교는 지역 공동체, 국가 공동체, 세계 공동체의 가장 중심에 위치한다. 학교를 중심으로 지역 공동체가 뻗어나가면 국가 공동체가 그보다 큰 원을 그리고, 세계 공동체가 가장 바깥에 있는 원이 된다.

학교에서 길러지는 학생들은 미래에 이 모든 공동체에 속한 더 작은 공동체의 구성원이 된다.

최근 들어 사회적 정의를 얘기할 때 세계 시민성(글로벌 시민성)을 강조하는 교육과정도 늘어났다. 세계 시민성은 지속 가능한 발전이나 지구 환경에 대한 주제로 접근할 때 활용할 수 있다.

국가 공동체로서의 시민성은 정치적 갈등이 잦은 사회 특성상, 정치적 행위가 도드라진다. 그래서 정치적 중립성을 요구받는 우리나라 교사들 입장에서는 난처한 상황이 일어날 수 있다. 그러나 세계 시민성 교육은 국가 공동체보다 더욱 거시적이라, 우리 생활과 밀접한 듯 보이면서도 당장 자신의 정치적 입장을 정하지 않아도 된다. 빈곤, 질병, 인간이 만든 환경오염, 자연재해 등 정말 필요한 문제들을 세계 시민성의 관점에서 이야기할 수 있다.

민주시민교육을 실행하는 방법은 크게 두 가지로 나뉠 수 있다. 하나는 정치적 해석 능력을 북돋우고 국가적 차원의 시민성을 깨닫는 것에 초점을 맞추는 것이다. 다른 하나는 적극적 시민성을 강조해 선거나 캠페인을 중요하게 여기고 지역 공동체에서 이를 직접 실천하는 것이다. 그 외에도 봉사하는 시민의 역할을 강조할 수도 있다. 학생들이 다양한 시민성을 배우고, 선택할 수 있으면 더욱 좋다.

이 중에서 봉사하는 시민의 역할을 강조하는 방식은 유대-기독교 가치에 강한 영향을 받은 오랜 전통이 있다. 이는 인간의 존엄성을 중심에 두고 보편적인 사람의 책임, 정의, 인권 캠페인을 윤리적 차원에서 펼쳐나가는 방식이다. 모든 사람들의 연대, 보편적 인권에 기초한다.

유의해야 할 점이 있다. 시민교육에서 세계 공동체보다 국가 공동체를 강조하면 자칫 정치적·경제적·문화적·군사적 목적을 위한 강력한 충성심을 촉진하는 데 이용될 수 있다. 애국심을 우선으로 두는 시민교육은 시민교육의 본질을 왜곡할 위험이 있다. 국가 공동체로서의 시민교육을 위해서는 자기의 신념을 포함해 타인이나 다른 집단의 신념, 국가의 신념까지 비판적으로 검토할 수 있어야 한다. 각자의 신념을 비판적으로 검토할 수 있으려면 논란이 되는 쟁점에 대한 토론과 수업이 이루어져야 한다.

여기까지 민주학교의 목표를 크게 네 가지로 정리했다. 첫 번째는 민주적 공동체로서의 학교, 두 번째는 정의로운 권리 중심 공동체로서의 학교, 세 번째는 더 넓은 지역 공동체에 참여하는 학교, 네 번째는 지역적·국가적·세계적 공동체로서의 학교다. 네 가지 목표를 실현하기 위해서는 학교 자체가 민주적 배움터이자 삶터가 되어야 한다. 학교 전체가 민주적 학교가 되어야 하며, 이를 구성원들이 스스로 만들어나가는 것이 중요하다.

민주학교는 누군가 뚝딱 만들어주는 것이 아니다. 민주주의의 역사가 그러했듯이, 민주학교도 비민주적인 요소를 찾아내어 하나씩 소거하면서 새롭게 기틀을 다져야 한다. 토론과 논쟁, 합의를 거쳐 스스로 만들어 나가는 과정 자체가 민주학교의 주요 과제라고 할 수 있다.

구성원들이 민주적으로 참여하는 일을 반복하다 보면 그 자체가 적절한 훈련이 된다. 민주적으로 의사를 결정하는 일에 반복적으로 참여하면서, 자신의 권리를 현명하게 주장하고 타인의 주장을 잘 듣고 이해하는 법을 터득하게 된다.

다양성이라는 자산

앞서 민주학교는 민주주의를 수단 삼아 스스로 만들어나가는 학교라고 말했다. 민주주의를 말할 때마다 함께 다뤄야 하는 문제가 있다. 자신의 자유를 지키는 것과 제멋대로 행동하는 방종을 구분하지 못하는 것이다. 자유와 방종을 확실히 구별하여 올바른 민주학교로 나아가려면 어떤 방향을 바라보는지도 중요하다. 어떤 일이든 방향성이 전체의 성패를 결정짓기 때문이다. 태양을 바라보고 걷는 것과 달을 바라보고 걷는 것은 그 도착 지점이 완전히 달라지는 것처럼 말이다.

가장 기본적인 것은 존엄성의 인정과 존중이다. 학교의 구성원이 서로 존엄한 인간이라는 것을 깊이 공감하며 인정해야 한다. 협력하고 참여하면서 같이 운영할 수 있어야 한다. 참여자들이 이 과정에서 동원되었다는 느낌을 받으면 참여가 잘 일어나지 않는다. 동원되었다는 느낌을 줄이려면 결정권을 줘야 한다. 모든 일의 결정권을 한꺼번에 나눌 수는 없다. 아주 작은 것부터 하나씩 결정할 수 있는 권리를 나눠야 한다. 학교 내에서의 행위 규범, 규칙과 교칙을 민주적으로 결정하면 가치관과 의식, 태도 같은 눈에 보이지 않는 부분도 민주적 원리와 가치에 따라 만들 수 있게 된다.

민주학교에서는 학생들이 제도적 차별 없이 더불어 배워야 한다. 학생들의 다양성이 환영받아야 한다. 다양성은 하나의 자산으로 평가받아야 하고, 공동체의 폭을 넓혀줄 도전으로 여겨져야 한다. 어느 교육 운동 활동가가 중학교 학생들에게 어떤 세상을 꿈꾸느냐고 물었다고 한다. 가장 많은 답변은 '차별 없이 공정한 세상'이었다. 사회가 양극화되고, 경쟁이 심해지면서 학생들은 사방에서 자신이 차별받는다고 느끼고 있다. 키가 작아서, 공부를 못해서, 예쁘지 않아서, 부자가 아니라서 등, 차별의 원인은 다양하다. 이제 외적 조건으로 차별받는 일을 원천봉쇄하는 제도가 필요하다.

학교 분위기를 바꾸거나, 결정권을 갖고 권리를 회복한 학생들이 자존감을 향상시킬 수 있게 하는 것이 민주학교의 전부가 아니다. 민주학교는 그보다 더 높은 차원을 바라봐야 한다. 사회적 불평등을 줄이려는 노력과 그 불평등이 일어나는 조건을 바꾸려는 노력까지 포함해야 한다. 학교 안에서 일어나는 비민주적인 일들의 원인이 학교 밖에서부터 들어온다는 것을 깨달아야 한다. 사회 밑바닥에 깔린 불평등의 조건들은 찾아내어 개선하겠다는 의지를 북돋우는 교육이 필요하다.

민주학교는 최대한 경험하고 체험하며 스스로 익혀야 한다. 글과 말로 배우면 머리에는 남는다. 그러나 가장 먼 길은 머리에서 출발해 가슴에 도달하는 것이다. 지식으로 배운 것이 실천으로 이어질 수 있어야 한다. 공감하고 몸에 익어야 실천할 수 있다.

교과서는 모두 지식으로 구성되어 있다. 교육과정에서 교과서로 배운 지식이 삶에서 어떻게 작동하고 이용되는지 깨달을 수 있어야 한다. 체험과 경험이라는 말만 듣고, 이것을 놀이라고 생각할 수도 있다. 하지만 목표와 수단이 혼동되어서는 안 된다. 인간은 놀이를 통해 배울 수 있다. 하지만 일하고 배우고 사랑하고 경험하면서 더 깊게 배울 수 있다. 어떤 교육 방법이 우리를 실천으로 이끌 수 있는지는 교육자가 깊이 고민해야 할 문제다.

믿음과 용기를 주는 안내자

모든 사람은 살면서 여러 어려움을 겪는다. 그처럼 민주학교도 여러 번 고비를 넘기고 변화할 수 있다는 걸 염두에 두어야 한다. 아이라는 존재, 한 아이가 가지고 있는 개성, 한 아이만이 느낄 수 있는 감각을 존중해야 한다. 아이가 어른이 되고 다시 노인이 되기까지 개인은 수차례 변화한다. 아이만이 아니라 아이가 살아갈 세상과 사회구조도 수차례, 수십 차례 변화할 수 있음을 이해해야 한다. 그래서 변화하는 가치 개념과 공동의 세계를 실험적으로 모색할 수 있어야 한다.

기존의 관념과 현재의 기준은 계속해서 변화한다. 당장 수십 년 전만 해도 흔했던 교실 안의 쓰레기 줍기가 규칙과 책임, 그에 따른 보상 문제로 확산되는 것처럼 말이다. 따라서 미래의 규칙은 오늘 교육을 받는 아이들이 만들어나가게 된다. 아이들이 자라나갈 세상은 과거와 다를 것이기에, 그 차이점을 인지할 수 있도록 격려하고 계발해야 한다.

민주학교는 정해진 규칙에 의해 만들어지지 않는다. 따라서 계속 변화하고 토론하며 경험하고 다듬어져야 한다. 사회 변화와 이에 따른 쟁점들에 꾸준히 관심을 갖고, 민주적 토론이 되도록 노력해야 한다. 또한 모든 아이들이 일괄적으로 민주주의를 경험하는 것은 아니라는 사실도 받아들여야 한다. 토론과 교육과정을 통해 세상을 보는 시선이 많이 달라질 수도 있지만, 변하지 않을 수도 있다는 점을 이해해야 한다. 학교 구성원 간의 협동심을 격려하고 계발해야 할 뿐만 아니라 사회 변화에 대응할 적응력도 필요하다. 토론과 교육을 통해 책임감, 독립성, 창의성이 존중받아야 한다.

민주학교는 민주주의를 지향하는 교사, 부모, 교육 관계자들에게 학교 혁신의 과정과 경험을 생생하고 풍부하게 전달하면서, 믿음과 용기를 주는 안내자가 되어야 한다. 학교의 변화 과정과 연계된 내부 정책과 실제 운영 사례, 구성원과 학교의 관계나 분위기, 교육과정과 교수법 개발 혁신에 전략적 방향을 제공할 수 있어야 한다.

민주학교의 핵심은 주체, 참여, 공동체, 정체성, 시민성이다. 학교 구성원의 목소리를 서로 귀담아듣고 학교의 변화, 정치적 참여를 위한 추진력, 환경에 대한 관심을 이끌어내야 한다. 그리고 구석으로 몰린 문화, 지역사회에서의 존엄성, 삶의 회복을 추구해야 한다. 학교를 둘러싼 우리 모두가 민주주의를 익히고 배울 수 있어야 한다. 학교를 중심으로 관련된 모든 시민들이 학교 정책과 프로그램을 만드는 데 필수적인 정보를 주고받고, 여기 주체적으로 참여할 수 있는 권리도 나눠야 한다.

우리가 가야 하는 방향이 분명함에도 발목을 잡는 문제들이 있다. 한국 교육에서 학교 민주주의를 논의하려고 할 때마다 입시 문제가 가로막았다. 이미 인성교육, 문화예술교육, 민주시민교육, 민주적 문화 양성이 모두 입시 앞에서 가로막혔다. 입시 문제뿐만 아니라, 뿌리 깊은 관료 문화, 행정주의, 관리자 중심의 권력 구도, 아이들 삶의 다양성을 배려하지 못하는 학교생활이 불쑥 튀어오를 때마다 민주학교를 꿈꾸는 사람들은 좌절할 수밖에 없었다.

이러한 장애물들은 우리의 벽이 아니다. 이러한 장애물들은 민주주의가 긴장과 갈등 속에서 계속 만들고 가꾸어나가야 하는 것이라는 사실을 방증한다. 악습과 싸워온 시민들의 노력은 민주적인 학교를 원하고, 또 충분히 만들 수 있음을 보여준다. 민주학교는 민주주의를 실천으로 옮기려는 여러 제도적 틀과 기회를 현장에 뿌리내리고자 했던 수많은 교육자들이 노력한 결과다. 이런 기제들을 작동시키는 방식으로는 다음 세 가지를 들 수 있다.

첫 번째, 학교에서 민주적 생활 방식이 실현될 수 있는 '민주적 구조'를 만드는 것이다. 민주학교는 글자 그대로, 학교와 관련된 모든 구성원들과 외부 관련자들이 의사결정에 주체적으로 참여하는 것을 말한다. '나'의 판단이 학교의 방향을 결정짓는 제도가 보장되어야 구성원들이 더 신중하고 진지하게 민주적으로 생각하려고 노력하게 된다.

두 번째, 학생들이 민주적 경험을 할 수 있는 교육과정을 만들어내야 한다. 학교에서 오랫동안 지켜온 전통과 관습을 잘 살펴보면 아직도 중요하게 다뤄지는 것이 무엇인지 알 수 있다. 뛰지 마라, 복장을 단정히 해라, 화려한 옷은 입지 마라. 이는 단순한 규칙이 아니다. 이 같은 지시와 규율 자체가 보이지 않는 교육과정이다. 학생들은 이 보이지 않는 교육과정에서 정의, 권력, 존엄성, 자존감에 대해 은연중에 학습한다. 민주학교의 온전한 모습은 보이지 않는 규율이나 지시에서부터 시작해 전체 교육과정에서 민주주의를 실현하는 것이다.

세 번째, 민주학교를 만들어가는 핵심 주체는 교사임을 잊지 말아야 한다. 교사의 지도와 안내 없이 학생들의 민주적 참여는 불가능하다. 학교 구성원 중 어른들은 민주적 생활 방식을 활성화할 책임과 권리가 더 크다.

교사들은 교육과정을 통해 자신의 철학과 신념을 드러낸다. 교사들이 학교에서 얼마나 민주적인 주체로 활약할 수 있는지가 교과과정에 얼마나 민주주의를 담을 수 있을지를 결정할 것이다. 나아가 학생을 지도하는 학교 구성원들은 지역 공동체, 국가, 세계 시민 사이에서의 역동적 관계도 염두에 두며 민주주의를 실현해나가야 한다.

‘나는 내 학교에 간다’, 프랑스의 생나제르 자주 고등학교

미래를 준비시켜주는 학교

프랑스에는 생나제르 자주 고등학교(Lycée Autogéré de Saint Nazaire)가 있다. 생나제르 자주 고등학교는 1981년 프랑스에 진보좌파 정부가 들어서면서 시작되었다. 대안실험학교의 창시자인 교사 가브리엘이 알랭 사바리(Alain Savary) 교육부 장관에게 실험학교 프로젝트를 제안했다. 알랭 사바리 교육부 장관은 역사학자 앙드레 다니엘과 가브리엘 콘벤디를 만나 개혁적인 실험학교의 모델을 만들도록 했다.

생나제르 자주 고등학교 설립 초기에 교육부 장관의 지휘하에 현장연구자, 실험교사, 교육연구가들이 학교의 조직과 구성, 운영 전반에 대해 지속적으로 평가했다. 장학관이 파견되어 현장 밀착 평가도 했다. 하지만 의외로 교원노조는 장관의 실험학교 추진을 반대했다. 교원노조는 학생들의 권리가 신장되면서 교사에 대한 항의 투서가 남발되자, 예컨대 인간관계 문제, 학생 투서 문제, 행정적·재정적 문제 등 교육 이외의 문제를 먼저 해결하자고 요구했다. 생나제르 자주 고등학교는 중등학교인데, 활동 중심의 초등교육과정처럼 구성한다는 것도 교원노조가 반대한 이유 중 하나다.

학교가 설립될 지역에서도 주민들의 동의를 구하지 못했다. 정규교육과정에 적응하지 못한 아이들이 몰려올 것이라는 우려가 있었던 것이다. 실제로 지금도 생나제르 자주 고등학교에는 일반 학교에 적응하지 못하거나 일반 학교를 거부하는 아이들이 전국에서 몰려온다. 하지만 학교 가까이에 사는 주민들은 학교에 대한 오해를 지우고 여러 가지 실상을 이해하면서 교사와 학부모 사이의 민주적 관계를 만들어냈다.

'나는 내 학교에 간다.' 이것이 생나제르 자주 고등학교의 철학이다. 이 학교의 철학은 프레네 자유교육의 영향을 가장 많이 받았다. 프레네 이론은 기존 학교가 틀에 박힌 이론 중심, 텍스트 중심의 구조라는 문제의식에서 출발한다. 그리고 기존의 학교 구조와 완전히 다른 교육 공동체를 만들면 아이들이 삶과 배움을 스스로 조직할 수 있을 것이라고 믿는다. 또한 학교는 협력하고 책임감을 길러주는 '작업 공동체'가 되어야 한다고 주장한다.

프레네는 '자기-조직(self-organization, auto-organization)' 개념을 학교에 불어넣어야 한다고 주장했다. 이를 한국어로 적절하게 풀이하면 스스로 돕기, 즉 자조의 개념에 가깝다. 프레네 교육에서 핵심 단어는 학습보다 '작업'이다. 작업을 통해 학생들 개개인의 욕구를 만족시키는 것이 목표이기 때문에, 아이들이 자연스럽게 자기 욕구를 충족시키기 위해 노력하게 만든다.

작업이라는 개념이 교육과정에 들어가면 단순히 학습하고 외우고 배우는 것을 넘어서서 뭔가를 조작하고 만들어간다는 생각을 하게 된다. 학습이 큰 줄기라면 그 학습이 잘 일어나기 위한 도구와 수단, 방법과 인간관계를 만들어가며 학교생활 전반을 실험적으로 해나갈 수 있는 것이다.

교사는 아이들이 계획을 잘 진행시키는지 파악하면서 적절한 교구와 학습 계획을 배치한다. 그리고 아이들이 탐구 중에 어려운 일을 만나면 그 문제를 같이 해결해주는 안내자가 된다. 학생들은 스스로 배워나가는 작업 과정을 통해 삶과 배움을 일치시킬 수 있다. 학교 공동체 내에서 스스로 배워나가려면 얼핏 생각해도 협력과 민주성, 책임감이 있어야 한다는 것을 쉽게 유추할 수 있다. 작업은 배우는 수단이기도 하지만, 아이들의 미래를 준비시켜주는 직업학교와 같은 역할도 한다.

자기 결정권을 갖는 학급회의 시간

생나제르 자주 고등학교는 학생 여섯 명과 교사 두 명으로 구성된 학교운영위원회에 의해 운영된다. 표결 시에 학생 위원과 교

생나제르 자주 고등학교

사 위원이 동등한 한 표를 행사한다. 교사(특히 교장)와 학부모 중심인 우리나라의 학교운영위원회 구성과는 너무나 다르다. 생나제르 자주 고등학교의 학교운영위원회는 학생 위원의 수가 많은데도 충분한 의견 수렴과 토론 과정을 거치므로 잘 굴러간다. 학생들의 의견을 존중한다고 해서 어른으로서 교사의 역할을 포기하는 것은 아니다. 비상 사태에 대해서는 교사 위원 두 명의 결정권이 더 우위를 갖기 때문이다.

학교 설립 후 비상 사태는 두 번 있었다고 한다. 첫째, '약물에 중독된 학생을 퇴학 조치할 것인가'에 대하여 학생총회의 의견과 교사총회의 의견이 반대와 찬성으로 정면 충돌한 적이 있다. 해당 학생이 동료들을 회유하고 협박하여 퇴학에 반대하게 했는데 이 때문에 학교가 문을 닫을 위기에 처했다. 기나긴 논의와 재론을 거쳐 결국 퇴학 조치를 하는 것으로 위기를 수습했다.

둘째, 학생들의 생활 전반이 마약과 폭력으로 얼룩져서 학교운영위원회가 '1주일간 학교의 모든 기능을 정지'하는 결정을 내린 적이 있다. 대신 그 기간에 각 단위에서 좌담회를 조직하여 해결책을 찾은 덕분에 1주일 후 학교 운영은 정상화되었고 이후에도 잘 운영되었다고 한다.

생나제르 자주 고등학교가 가장 중요하게 여기는 것은 학급회의다. 프레네 교육에서도 '모든 교육의 핵심은 회의를 통한 민주시민교육'이라고 강조한다. 학급회의는 민주주의를 연습하는 배움의 장이다. 한국에서도 학급회의를 통해 타인의 말을 경청하고 나의 의견을 논리적으로 주장하며 합의점을 찾아낸다. 우리의 학급회의에는 의장이 있고, 학생들은 안건을 자유롭게 제안한다. 결정해야 할 경우 찬반 양쪽의 주장을 모두 들어보고, 다수결로 결정짓는 것이 우리나라의 일반적인 학급회의다.

생나제르 자주 고등학교에서는 설립 초기부터 학급생활 규칙, 공동생활 규칙을 회의를 통해 만들었다. 학생과 교사가 동등한 자격으로 참여해왔다. 학급회의는 사전에 준비하고, 주별로 또는 월별로 정기적으로 연다. 매주 금요일 마지막 시간에 학급회의가 진행된다.

모든 사람이 동그랗게 둘러앉는다. 한 학기 동안 일할 학급 대표를 선출한다. 학급 대표는 논의해야 할 주제가 적힌 항목 표를 갖고, 서기를 맡은 학생이 규정을 적은 책자에 모든 결정 사항을 적는다. 교사는 회의에서 일어나는 발언과 결정을 따로 기록한다. 한 달에 한 번 정도는 전교의 학급 임원들이 모이는 학생총회를 개최한다. 학급 대표들은 학급에서 결정한 사항을 전체 회의에서 공유하고, 전체 회의의 참석 결과를 학급에 전달한다.

교사들은 학생들의 의견을 반영해 학교생활의 개선 방안을 논의한다. 이런 절차를 통해 학교 내의 모든 구성원이 민주주의의 의사결정 방식을 경험한다. 개인은 자기의 사회적 역량을 확인하고, 자기가 결정권을 가졌다는 뿌듯한 마음을 갖게 된다. 학교 내의 의사결정 구조에 자신의 의견이 반영된 쾌감을 한 번쯤 누린다면, 주인이 되는 것을 망설이지 않게 된다. 모든 사람은 성공의 경험을 토대로 한 걸음 나아갈 수 있다.

한 번은 학생회가 학생들의 학생총회 참석률이 저조하다면서, '조속한 결정을 위해 학생 여러분의 의견을 참조하지 않고 결정하겠다'고 발표한 적이 있다고 한다. 학생들의 의견이 없자 학생회가 일방적으로 결정한 것이다. 결정된 내용은 학생들 각자에게 편지로 전달됐다. 그랬더니 학생회 활동에 소극적이던 학생들이 '우리 문제를 스스로 결정하지 않았더니 대표자가 마음대로 결정했다'고 반발했다.

학생들은 이런 일을 겪으면서 개인의 결정권을 포기하면 어떤 일이 벌어지는지 깨닫게 되었다. 이러한 생나제르 자주 고등학교의 방식은 영국의 서머힐 스쿨에서 도입한 개념인 '어린이 공화국'과 비슷하다. 학급회의를 통해 정치 현실을 비판적으로 바라보는 안목을 키우는 것이 궁극적

학생과 교사가 함께 꾸려가는 학교

인 목표다.

생나제르 자주 고등학교에서는 학부모가 운영위원회와 학교 회의에 참여하지 않는다. 아이들의 권한은 아이들의 것으로 남겨두고 부모가 대리하지 않는 것이다. 의사결정 구조에서는 어디에서나 잘못된 판단이 내려질 수 있다. 그렇더라도 토론과 회의가 일상화되어 있으니 수시로 수정할 수 있다.

학교운영위원회에 학생들이 요청하는 사안은 행정과 구성원들의 행동 관련, 두 가지로 나뉜다. 규정, 내규, 수학여행, 프로젝트, 교육 활동 관련 재정, 교사와 학생 양측의 행동 등이 안건이 된다. 가르치고 배우는 학습 활동에 대한 것도 가능하다. 학생총회와 교사총회에서 안건을 두고 토론을 거치면 1차 결론이 내려진다. 이 내용을 학교운영위원회에 상정한 뒤 학교운영위원회에서 의결하여 확정한다. 확정된 사안은 문서로 정리해서 법적 효력을 갖게 한다. 자문 역할만 하는 우리나라 학교운영위원회와는 위상이 크게 다르다.

운영위의 결정에 대해 누구든 이의를 제기하면 학교 운영위원회는 각 단위에 재심을 요구한다. 다시 의논을 하는 것이다.

아이들이 직접 점심을 만드는 이유

생나제르 자주 고등학교는 학생과 교사가 함께 꾸려가는 것을 학교 운영의 기본원칙으로 삼는다. 교수 학습과 학교 관리에도 교사와 학생이 동등한 자격을 갖는다. 교장은 따로 두지 않고 원로 교사 한 명이 교장직을 대행한다. 청소 인력, 보조교사, 행정직도 따로 없다. 모든 것은 학생과 교사가 학교 관리진을 꾸려서 공동으로 관리한다. 식당을 담당하는 학생과 교사가 함께 장을 보고 조리와 설거지까지 분담해 책임진다.

학생들은 매일 자신이 만들고 싶은 음식을 만든다. 조리 실력이 늘 수밖에 없다. 음식을 만들어본 사람은 안다. 화학과 물리를 이해하고, 불과 물의 원리를 파악해야 음식을 잘 만들 수 있다는 것을. 요리는 과학의 총합이다. 양을 조절하고 사람 수에 맞게 재료 분량을 측정하는 것은 수학 공부만큼이나 중요하다. 나와 내 친구가 먹을 음식이기 때문에 건강과 영양 상태도 고려해야 한다. 혼자 결정할 수는 없다. 구성원들이 뭘 원하는지 묻게 되고 경청하게 되며 만족스러운 식단을 구성하기 위해 애쓰게 된다. 사소한 일상까지 함께 결정하면서 협의하고 합의하는 태도를 갖게 되고 우선순위를 선정하는 현명함도 배운다. 더불어 살아가는 삶의 태도와 가치관도 공고히 다질 수 있다.

생나제르 자주 고등학교는 초기에는 대안교육을 경험하려는 학생들이 많았다. 지금은 정규학교에서 탈락한 학생들이 더 많다. 대입자격시험인 바칼로레아를 준비하지 않고, 사회 진출을 위한 재교육에 초점을 맞추고 있다. 교사들은 '스스로 주인이라는 의식을 갖는 우리는 행복하다'고 말한다. 이 학교는 설립 당시 진보좌파 정권의 도움을 받았지만 보수 정권이 들어선 이후 재정 지원이 줄면서 정부와 멀어지게 되었다. 하지만 학생들의 신뢰로 학교가 잘 유지되고 있다.

교사들은 프레네 교육으로 무장되어 있다. 학교에서는 모든 구성원들이 권한을 배분받고 책임진다는 것이 중요하다. 아이들은 생나제르 자주 고등학교에서 인생이 바뀌었다고 말하며 학생을 학교의 주체로 설정한 이념을 잘 실천하고 있다. 이 학교는 우리가 말하는 민주학교로서 민주적 공동체로서의 학교의 역할을 잘 수행하고 있다. 경쟁에서 밀려났거나, 경쟁 구도에 끼어들기 싫은 사람들도 충분히 자기 삶의 주도권을 갖고 공동체의 일원으로 역할을 수행할 수 있음을 생나제르 자주 고등학교가 잘 보여준다.

스스로 함께하는 일, 영국의 샌즈 스쿨

영국의 샌즈 스쿨(Sands School)은 1987년 9월에 션 벨라미,[5] 실비아 힉스, 데이비드 그리블에 의해 설립되었다. 영국의 공립학교 시스템에 회의를 느낀 교사와 학생들이 기존의 학교를 떠나 만들었다. 역시 대안교육이나 실험학교의 성격을 띠고 시작한 셈이다. 처음 21명의 학생과 네 명의 교사로 출발한 샌즈 스쿨에는 2014년 80명의 학생과 21명의 풀타임 · 파트타임 교사가 일하고 있다.

이들이 회의를 느낀 영국의 공립학교 시스템은 우리보다 조금 더 심각해 보인다. 공립학교에 대한 냉담, 높은 결석률, 학교 활동에 대한 학생들의 저조한 참여, 서유럽 최악의 문맹률이 영국 교육계의 현실이었다. 우리가 알고 있는 선진국에서도 교육은 언제나 힘든 주제다.

샌즈 스쿨에서는 교사가 각자 과목을 전담하고, 아이들의 진로와 생활 지도도 맡는다. 담임제는 아니지만, 멘토와 멘티로 교사와 학생 간의 역할을 나누었다. 세 명의 스태프가 학교의 행정, 상담, 시설을 책임지고 있다. 아이들은 매주 목요일과 금요일 오후에 특별반에서 자신의 멘토와 함께 프로젝트를 진행한다. 아이들이 스스로 학습 프로그램을 설계하고, 각자 자기 역량에 맞는 진도에 따라 공부한다. 15세 학생이 12세 학생과 같은 교실에서 공부하기도 한다.

몸으로 배우는 협동, 아틀리에 교육

전체 수업의 기획 구조, 자유 글쓰기, 편지 교환, 학급 신문 제작, 작업 계획 등은 협동적인 수업 조직의 테두리 안에서 사용돼야만 비로소 그 본래적 목적을 달성할 수 있다. 다양한 활동을 학급에서 동시에 수행하려면 학생과 교사가 동시에 수업을 구성해야 한다. 학급의 소통을 계획하고 실천하는 것도 협동과 관련된다.

협력하는 삶은 모든 학교생활과 관련되어 있지만, 수업 내의 집단 조직이나 아틀리에 중심의 노작 교육(학생들의 자발적이고 능동적인 정신과 신체의 작업을 중심 원리로 하는 교육)에서도 발견된다.

아틀리에는 아이들의 갖가지 작업 욕구를 위해 구획된 교실 같은 공간이다. 아틀리에는 수공업적인 작업(자연, 수공 작업, 가사, 구성, 상업)과 협동적 · 정신적 작업(지식의 출처 조사, 실험, 탐구, 창조적 작업, 편지 교환, 예술 작

샌즈 스쿨의 자유로운 분위기

업, 자유 표현) 구상을 위한 공간이다. 학년, 학급 개념을 제거하고 오로지 주제별 학습으로 아틀리에를 이해해야 한다.

아틀리에 방식은 국가 교육과정에도 나와 있다. 이는 곧 범교과 통합 교육이다. 15일간 수학 아틀리에 수업을 한다. 주제 수업의 주기는 2주다. 아틀리에는 교과 통합 수업이 원칙이다. 그래서 두 교사가 결합하여 운영한다. 주제는 교사와 학생이 협의해서 정하며, 주제에 따라 수업하는 교사가 선정된다. 수업 담당 교사는 선정위원회(교사 세 명, 학생 세 명으로 구성)에서 정하는데, 이때 교사의 전공이 고려된다.

모형 제작, 미술, 조형, 전기, 그림, 요리, 연극, 기계, 컴퓨터 등 아틀리에의 종류는 다양하다. 아틀리에의 운영도 한 학급에 한정되지 않는다. 아이들끼리 집단을 만드는데, 연령과 학년이 달라도 서로 도와주며 활동을 진행한다. 아틀리에 시간이 끝나면 각각 활동에서 집단의 구성원들이 완성한 결과물이나 활동 결과를 발표한다. 학생들은 무용(창의성 개발 모델), 시(학생 작품 모델) 등으로 참여하고, 교사들은 이 주제를 아틀리에로 끌어오거나 교육 전문지에 글로 싣기도 한다.

샌즈 스쿨에 학교 폭력이 없는 이유

샌즈 스쿨은 자율성을 누리는 사립학교이기에 국가의 교육평가 시스템을 따르지 않고, 학생들의 수준을 평가하지도 않지만, 대학에 가려면 졸업자격시험을 치러야 한다. 아이들은 학교에서 놀거나 대화하며 수업에도 참여한다. 물론 숙제는 적다. 공부하다가 밖에 나가 마을을 구경하거나 점심을 먹고 스케이트를 타기도 한다. 학생들을 학교에 잡아두고 감독하거나 행동을 규제하지 않는다.

교사가 아닌 학생회에서 선정한 여섯 명의 학생자치위원회가 학생들의 행동을 감독한다. 문제가 일어나면 학생자치위원회가 소집되지만 대부분은 자율적으로 문제를 해결한다. 일반적으로 관리자란 교장과 나이 든 어른들을 의미한다. 하지만 샌즈 스쿨은 학생과 교사들이 자율적으로 관리한다. 학생회와 어른들이 뒤섞인 소그룹이 학교를 관리하는 것이다. 어른들은 자문의 역할만 한다. 그런데도 학교가 운영되는지 궁금할 것이다. 학교 감독기구인 영국 교육청(Office for Standards in Education,

OFSTED)은 2013년 샌즈 스쿨을 방문하고는 아이들의 복지와 성장에 훌륭한 교육을 제공하여 창의적이고 자신감 있는 성인으로 키워내는 교육기관이라고 인정했다.

샌즈 스쿨은 민주적 의사결정 구조를 기반으로 한다. 학교 규모가 작지만 재정은 넉넉하다. 이런 요소들도 학교 운영에 영향을 끼친다. 모든 것이 순조롭게 흘러가는 것처럼 보이지만 샌즈 스쿨 교사들은 때로 폐교의 위험을 느꼈다고 한다. 특히 첫 10년은 모든 교사가 학교의 유지를 위해 상당한 개인적 희생을 감내해야만 했다. 이에 대해 샌즈 스쿨의 교사는 다음과 같이 말한다.

"이러한 개척자 정신은 오늘날에도 여전히 살아 있지만, 이제 우리는 재정 면에서도 안정되어 있고 우리 학교에 장기 근무가 가능한 좋은 선생님들을 유치할 만큼 충분한 급여를 지급하고 있다. 교사의 퇴직률은 매우 낮다. 이는 아이들과 함께 만들어가는 좋은 근무 조건과 삶의 질 때문이라고 생각한다. 이러한 안정된 근무 여건은 교사들에게 풍부한 교육 경험을 축적하게 한다. 새로운 아이디어를 가진 젊은 선생님들의 역할도 중요하지만, 우리 학교의 주요 특징 중 하나는 풍부한 경험을 지닌 교사들이 많다는 것이다."

샌즈 스쿨은 생나제르 자주 고등학교처럼 학교 운영에 학생과 교사가 평등하게 참여한다. 학교 예산 편성(샌즈 스쿨의 재정 규모는 75만 파운드, 2020년 환율을 기준으로 대략 11억 2500만 원 정도 된다), 교사 선발, 학생 선발을 학생과 교사가 함께 결정한다. 예를 들어, 교사는 학교총회에서 서류 심사를 거친 다음 2주간 학교생활을 함께한 후 투표를 통해 최종 선발된다. 그리고 학기마다 학생들에 의해 평가받는다. 3회 연속 기준 점수에 못 미치면 학교를 떠나게 되는데, 교사의 역량보다는 학생과 잘 맞는지를 평가 기준으로 한다.

아이들은 학교에서 일어나는 일들을 스스로 관리하는 주체가 된다. 교사를 평가하거나 선발하는 권한이 아이들에게 주어진다는 것은 혁명적인 일이다. 학생들은 이런 권한을 토대로 스스로 자기의 학업 생활을 결정한다. 학교 폭력이 없고, 학업 성취도도 높다. 섄즈 스쿨은 독립적인 사립학교다. 재정적 역량이 뒷받침되기 때문에, 정부의 감독으로부터 독립성을 유지할 수 있는 측면도 있다.

선택하는 법을 배우다

학교 운영과 관련된 모든 의사결정은 학교총회에서 이루어진다. 앞서 언급했듯이 교사 선발도 학생과 교사가 예비 교사와 2주간 학교생활을 함께한 후 학교총회에서 투표로 결정된다. 학교 방문과 체류 역시 학교총회를 통해 결정된다. 투표를 통해 결정된 사항들은 교사나 스태프, 학부모 등 어른들이 거부할 수 없기 때문에 학생들의 의견이 최대한 존중받을 수 있다. 학교총회의 안건은 학교운영위원회(교사와 학생의 동등한 파트너십을 기반으로 한다)에서 정하는데 주로 학생들 사이의 갈등 해결을 위한 노력, 학칙의 안내와 제정, 학교생활 관리 등이다. 학교총회는 학생총회에서 선출한 각 학년의 대표자로 구성되며, 학생들의 의견을 수렴하여 안건을 정하는 역할을 한다. 또한 학교 규칙, 징계 수준 등도 결정한다. 학교 안에서 발생하는 문제는 각종 위원회에서 결정한다.

샌즈 스쿨의 비전은 신뢰, 선택, 평등이다. 그래서 학생이 스스로 교육과 학교 운영을 위해 올바른 결정을 내릴 수 있다고 믿는다. 학생은 자신의 경험과 지식을 바탕으로 생각하고 선택하는 법을 배운다. 학생과 교사는 공부와 일, 재미를 위한 최고의 장소를 만들기 위해 노력한다. 이 바탕에는 모든 사람이 선하고 협력할 수 있다는 믿음, 즉 인본주의가 깔려 있다. 샌즈 스쿨은 사람 중심의 민주시민교육을 중요하게 여기기 때문에 소규모 교육의 특수성이 장점으로 작용한다.

샌즈 스쿨의 학교총회, 도서관위원회, 식당운영위원회 같은 학교 협동체를 구축하려면 학교의 규칙에서 출발하지 말고, 학교에 새로운 일이나 활동을 도입하는 것이 좋다. 예를 들어 학교의 텃밭 한곳에 식물을 키우거나 학생들에게 활동을 제안하면 자연스럽게 협력하며 활동을 시작하게 된다는 것이다. 그래서 학급의 규칙이나 운영 규정을 바로 소개하는 것을 권하지 않는다. 학급생활 중에 개선하고 싶은 것, 지금보다 좋아졌으면 하는 것 등을 의논해보면, 서로 지켜야 할 생활 규칙이나 약속이 저절로 생기고 학생들은 그것을 자율적으로 지킬 수 있을 것이다.

샌즈 스쿨의 또 다른 특징은 공간이다. 공간 배치가 다른 학교와 다르다. 집처럼 각 공간이 분리되어 있어 획일적이지 않다. 학습을 위한 교실

샌즈 스쿨은 공간을 자유롭게 활용한다

뿐 아니라 부엌과 복도, 응접실의 역할을 하는 곳도 있다. 틈새 공간이 마련되어 있으며 모든 교실은 10명 이내의 인원을 수용한다. 아이들은 은밀한 공간에 숨을 수도 있다. 실내 공간에는 카펫이 깔려 있어 보드게임을 하거나 널브러져 수학 문제를 푸는 광경도 목격할 수 있다. 마당에는 커다란 체리나무가 있다. 이 공간은 아이들의 작품 전시와 실습에 활용된다. 그밖에 설치 작품, 피자 화덕, 스케이트장, 암벽장 등이 있다.

샌즈 스쿨은 매일 당번을 정해 교사와 학생들이 함께 점심식사를 준비한다. 식단도 아이들이 정한다. 식사 당번은 오전 수업이 없는 교사가 맡는다. 교사는 식재료를 미리 준비하고, 점심시간 전에 아이들이 합류해 같이 음식을 만든다.

학생과 교사, 함께 여행을 떠나다

매년 학생들과 스태프, 교사들이 함께 여행을 떠난다. 샌즈 스쿨의 가장 큰 이벤트이자 교육 활동이다. 아이들은 정보 수집, 선택, 계획, 실행을 반복하며 스스로 여행을 준비한다. 투표를 통해 여행 경로를 정하고 이에 맞는 예산을 짜서 모금을 한다.

여행 계획을 짜본 사람은 알겠지만, 여러 명이 함께 낯선 곳으로 가서 경비에 딱 맞춰 알찬 시간을 보내기 위해서는 엄청난 노력이 필요하다. 이 과정에서 정보 수집 방법, 설득의 기술, 계획하기, 커뮤니케이션을 배우게 된다. 교실에 앉아 종이 위에 상상만 하는 것으로는 도저히 채울 수 없는 분야를 메우게 된다.

샌즈 스쿨에서는 아이들이 교과목을 선택해서 듣기 때문에 교사들은 실험적으로 교과과정을 운영한다. 수업에 매력이 없으면 아이들이 듣지 않고, 평가도 좋지 않다. 매력적인 수업을 만들 수밖에 없다. 대신 교사는 수업시간에 대해 절대적 권한을 갖는다. 수업시간은 누구도 관여할 수 없는 독립적인 시간이다.

삶의 태도를 다지다,
독일의 헬레네 랑에 학교

독일의 헬레네 랑에 학교(Helene Lange Gymnasium)는 영국의 서머힐 학교, 프랑스의 프레네 학교와 더불어 유럽의 3대 대안학교로 불린다. 헬레네 랑에 학교는 독일 공교육 혁신의 상징이다.

독일을 비롯한 유럽에서 학교 개혁은 사회적 쟁점이었다. 독일의 공교육도 이미 오래전부터 낙제점을 받아왔다. 재정과 교사가 부족하고, 학습량이 과도하다는 문제가 제기됐다.

이러한 문제 의식을 바탕으로 오랜 시간에 걸쳐 학교 운영에 대한 새로운 모델을 발전시켜 왔다. 헬레네 랑에 학교는 독일 헤센주 비스바덴에 있는 종합 중등학교로 우리나라에서 말하는 인문계와 실업계가 합쳐진 학교다. 종합학교라는 개념이 인문계와 실업계를 통합한 것이니 일단 통합교육을 지향한다고 볼 수 있다.

헬레네 랑에 학교의 전경

예나 리겔 교장이 헬레네 랑에 학교에 교장으로 부임하던 날 그녀의 눈앞에는 온통 검은색뿐이었다. 교사들이 장례식 차림으로 학교에 나온 것이다. '리겔은 절대 거부한다!'라는 뜻이었다. 학교 역사상 이 같은 거부 시위는 유례가 없는 일이었다.

그러나 20년이 지나 그녀가 은퇴하던 날 교사회는 그때까지 독일의 어느 학교에서도 보지 못한 큰 잔치를 베풀어 교장 선생님에 대한 고마움을 표시했다. 교사들은 며칠을 지새워 프로그램을 짜고 행사장을 준비했다. 모든 것이 교장에게는 비밀이었다.

이렇게 작별하는 자리는 여러 해에 걸쳐 이 학교에서 일어난 일들을 압축해 드러낸다. 그만큼 결실도 크고 추수의 기쁨도 컸다. 이 학교를 방문한 사람들은 이 같은 분위기를 금방 피부로 느낀다. 집 같은 편안함과 자유를 느끼는 것이다.

헬레네 랑에 학교는 개혁학교로서 몬테소리, 프레네, 발도르프 등의 이념에 따라 학생들을 수준별로 분반하지 않는다. 대신 이 학교에서는 학생들의 다양한 수준을 존중하는 방식으로 수업이 진행된다. 한 학급에는 아비투어(독일의 고등학교졸업시험 내지 대학입학자격시험)를 통과할 학생들과 9학년을 마치면 중등학교 졸업장을 가지고 직업교육을 받게 될 학생들이 함께 앉아 있다. 종합학교에서는 학생들이 수강 과목과 성취도에 따라 끊임없이 교실을 옮긴다. 끊임없이 레일을 바꾸는 기차처럼.

학교는 학습의 장인 동시에 생활 공간

헬레네 랑에 학교의 역사는 꽤 오래되었다. 2차 세계대전 이후 김나지움을 발전시킨 독일 교육계는 1985년에 이르러 교육 변화를 꾀하는 계획을 세웠다. 학교의 행정 조직과 내부 구조도 개혁한다는 계획이었다. 1987년 개교한 평범한 여학생 김나지움이었던 헬레네 랑에 학교는 1984년 리겔 교장이 부임하면서 개혁학교이자 실험학교로 거듭나기 시작했다. 헬레네 랑에 학교의 교장과 학교운영위원회의 의지로 근본적인 구조 개혁을 감행했고, 하나의 통합적 종합학교로 탈바꿈했다.

1995년부터는 헤센주 실험학교로 운영되고 있다. 실험학교란 무슨 이색적이고 특별한 일을 하는 학교라는 말이 아니라, 하나의 학습하는 제도로서 연구와 실천의 성과를 공개적으로 다룬다는 뜻을 갖는다. 학교는 마치 하나의 실험실이나 작업실 같은 성격을 띤다.

여러 학교에 재직하면서 학생들이 자신감을 가진 독립된 개체이자 주체적인 인간으로 살아가게 하는 교육이 필요하다는 생각을 해온 리겔 교장은 부임한 다음 해부터 학교 개혁을 위한 본격적인 노력에 착수했다.

종합학교로 전환할 때부터 교사 전체 회의와 학부모위원회에서 향후의 교육 방안을 토론하여 정리했는데, 그 내용은 다음과 같다.

1. 학생과 교사의 관계가 탄탄해야 한다. 꾸준하고 믿을 만하며, 서로 믿을 수 있어야 한다. 우리에게 맞는 방법은 스스로 찾아낸다.
2. 새로운 학습 방법이 필요하다. 학생이 사물을 분석하고 자기 것으로 소화할 수 있어야 한다. 자립성과 자발성을 촉진시키고, 스스로의 학습과정에 더 많은 책임을 질 수 있어야 한다. 지식 중심으로 두뇌를 혹사시키는 교육은 지양한다.
3. 학교는 가르치고 배우는 공간이면서 학생과 교사의 생활 공간이어야 한다. 단지 배우는 사람, 가르치는 사람의 구분이 없는 인간으로 편안함을 느낄 수 있어야 한다.

헬레네 랑에 학교는 지난 30년간 학교의 전체적 교육 구상을 바꿔왔다. 수업과 교실, 교사 간의 협력과 학교의 의식, 조직까지 근본적인 변화를 추구했다. 이 학교는 앞서 기술한 학교들과는 다르게 공교육의 범위

내에서 교장이라는 관리자를 두고 민주적 공동체를 이루어냈다. 그만큼 오랜 시간이 걸렸고 한 명의 교장이 20년간 학교를 지키기도 했다.

리겔 교장의 뜨거운 열정과 학구적인 노력 덕분에 새롭게 탈바꿈한 학교는 독일 전역에서도 아주 특별한 위치를 차지하게 되었다. 교장의 리더십은 지휘자와 오케스트라 단원들, 그리고 연주자가 모여, 마치 하나의 재즈밴드처럼 서로의 음악을 가슴과 머리로 따라가다가 각자가 솔로로 나설 대목에서 멋지게 두각을 드러내는 것과 같았다. 진정 훌륭한 학교장은 결코 단순한 기능적 직무수행자가 아니다.

좋은 지도자는 항상 어떤 불만족을 안고 간다. 신뢰란 다른 사람에게 요구함으로써 얻어내는 것이 아니라, 내가 다른 사람에게 믿음을 주어야만 얻을 수 있다. 일정한 위험 부담을 안고 예상치 못한 문제들을 감수하는 것은, 그렇게 하지 않으면 우리 학교들이 '좀비'로 가득할 것임을 알기 때문이다.

리겔 교장은 각각의 교사들이 능력을 발견하도록 깨우쳤다. 누군가를 이끌기 위해서는 권위가 필요하지만, 이끄는 자는 이를 다시금 내려놓을 줄도 알아야 한다. 이끌고자 하는 자는 자신이 이끌고자 하는 이들의 길을 막으면 안 된다. 리겔 교장은 이상적이고 열정적이었다. 때로는 현실과 타협한 현실주의자였다. 학교 개혁의 전망을 가진 교장이었기에 세상을 움직이는 마음으로, 더 나아가 세상을 즐기면서 지금의 학교를 탄생시켰다. 교장의 역할이 그만큼 막중했다. 리겔 교장은 주변을 살피며 운영한다는 철학으로 끊임없는 혁신을 통해 학교 내의 가장 적합한 중재자가 되고자 했다. 이 학교는 대안이나 실험적 모델이 아니라 대학 진학도 문제되지 않도록 학습 역량까지 높여나갔다. 아마 한국에서 가장 선호할 만한 모델일 것이다.

헬레네 랑에 학교는 고정된 낡은 관습을 타파하기 위해 노력했다. 교육과정을 통한 실험을 도입하고, 언제든지 고쳐나가겠다는 태도로 이를 지켰다. 그래서인지 헬레네 랑에 학교는 교사들의 배우고자 하는 자세가 돋보이는 곳이다. 이곳은 자기가 경험한 것과 관찰한 것을, 편견이나 선입관에 갇히지 않도록, 스스럼없이 논의한다. 또한 새로운 학습 형태와 학교가 가능하다는 희망을 갖도록 서로 격려해왔다. 학교는 학습의 장인 동시에 공동의 생활 공간이라는 것도 잊지 않았다.

아이들이 '배움의 주인'이 되는 프로젝트 수업

헬레네 랑에 학교는 '삶을 위한 공부', '배움의 주인이 되는 교육', '꿈을 심어주는 교육' 등 새로운 형태의 학습을 시도한다. 가끔은 의자에 앉아서 외우는 공부도 필요하다. 하지만 무엇을 제대로 이해하기 위해서는, 부족한 부분을 보충하기 위해서는 조금 다른 방법이 유용하고 필요할 때가 많다. 학교 밖의 현실을 탐구하고, 물체나 모형을 만들고, 과학 실험을 하고, 어쩌면 자신도 '완전히' 이해하지 못한 것을 설명하고, 계획을 세우고, 도움을 주고, 보여주고, 설득하고, 사회 문제에 참여하고,

익숙한 환경을 떠나 낯선 곳에서 스스로 어려움을 극복해보는 것이다.

학생들은 수업을 통해 사물, 생각, 타인, 미적 현상을 경험하면서 자신과 세상을 이해할 수 있어야 한다. 수업의 목적은 정답을 외우는 것이 아니다. 수업은 '만들기', '행동하기', '표현하기'로 집약할 수 있다. 우선 기술적이고 미학적인 물건과 작품을 '만드는' 일은 물질적 재료를 다루는 일이다. 여기서 할 일은 학생들이나 스터디 그룹이 발전시켰거나 교사가 정해준 계획에 따라서 도구와 보조 수단을 올바르게 사용하는 법을 익히는 것이다.

재료와 작업 도구는 '객관적'이다. 그것을 사용하는 일은 힘들고 인내가 필요하다. 학생들은 실패를 극복하는 법을 배우고 계획을 세우면서 풍부한 상상력을 기른다. 미리 생각하고 결과를 예측하는 훈련을 하는 것이다. 가끔은 무엇을 만드는 과정 자체에 집중하면 좋다. 작업장에서 그냥 특정한 기술을 배워보는 것이다. 헬레네 랑에 학교에서는 만들기가 대개 여러 과목을 포괄하는 프로젝트의 일환으로 열린 학습에 통합되어 있다.

또 행동을 배운다고 할 때의 '행동'에는 여러 의미가 포함된다. 그것은 탐구나 의사소통, 사회봉사가 될 수 있다. 현실적인 행동 범위 내의 활동인 것이다. 행동에는 대개 진지하게 받아들여야 할 결과가 따른다. 학생들은 봉사 활동에 자발적으로 참여할 수 있다. 양로원을 찾아가 노인에게 책을 읽어주고 난민 어린이에게 공부를 가르친다. 이때도 학생들은 인식하고 표현하고 교환하고 전달하는 경험과 관찰을 한다.

탐구란 관찰하고 조사하고 질문하는 일이다. 숲이나 강을 관찰하고,

헬레네 랑에 학교는 협력을 강조한다

교통 문제를 조사하고, 직업이나 지역의 역사를 연구한다. 중요한 것은 '무엇을 찾아내는' 좋은 방법을 알아가고, 자신의 추측이 실제 맞는지 검사하는 방법을 분명히 아는 일이다. 그리고 학생들은 학교 밖에서 수집하거나 교과서 등의 출처에서 얻고 토론한 정보를 텍스트, 그림, 보고서, 슬라이드로 '표현'할 수 있다. 아니면 단지 경험한 이야기로 정보와 자기 자신을 전달하고 대중에게 공개하는 능력을 키워야 한다. 대중 앞에서 발표하는 연습을 하거나 다른 사람들이 이해하도록 '표현'을 바꾸는 훈련을 해야 한다.

헬레네 랑에 학교는 획일적 교육에 반대한다는 입장을 고수했다. 프로젝트 수업을 다양하게 도입해서 학생들이 스스로 수업의 주인이라는 것을 실감하도록 교육과정을 구성했다. 프로젝트 학습은 학생 스스로 탐구 과제를 선정하고, 주체적으로 연구·탐색하며, 적극적으로 발표하게 함으로써 자신감과 자기 표현력을 길러주는 것이 목적이다. 프로젝트 중심의 수업과 더불어 헬레네 랑에 학교의 특징이었던 연극 수업은 대부분의 학생들이 다양한 기능과 역할로 연극 수업에 참여하게 한다. 프로젝트는 어떤 방식으로 수행했는지에 대해 교사와 학생이 대화를 나누면서 스스로 깨닫게 한다. 600명가량의 전교생은 매주 월요일 오전이면 함께 모여 일부 그룹의 발표를 듣는다.

아이들은 자기가 원하는 것을 배우기 위해 새로운 교육과정에 관심을 갖고 살펴볼 수 있는 기초 역량을 갖추게 되었다. 우리나라 중학교에서 시도하고 있는 자유학기제가 이와 유사한 형태라 볼 수 있다.

헬레네 랑에 학교에서는 다른 학교와의 공동 작업도 많이 진행한다. 한 학교에서 다 소화해내기 어려운 프로젝트는 더 큰 공동체 안에서 협력하고 연대하며 해결하도록 했다. 그 덕분에 커뮤니케이션 기술, 다시 말해 토론과 설득, 협의의 기술들이 발달할 기회가 많아졌다. 헬레네 랑에 학교에서는 학교 개혁을 모색하다가 머리와 손을 이용한 '실용적 학습'이라는 개념을 교육과정에 도입했다. 실용적 학습을 통해 아이들은 생활과 학습을 결부시킨다.

실용적 학습은 하나의 원칙으로서 모든 과목과 일상적 학교생활에 적용된다. 이것은 대상과 모델을 만들어내는 것, 학교 밖의 현실을 탐구하는 것, 자연과학 분야의 실험을 하는 것을 말한다. 특별한 실용적 학습 방식은 교사와 학생이 서로를 대하는 태도를 변화시키고, 학생과 학생 사이의 소통 구조도 바뀌게 했다.

소통 구조의 변화로 서로 교류할 기회가 확장됐다. 학생들은 다양한 교류를 통해 인간 대 인간으로 서로 어떻게 소통할지 고민한다. 생활양식의 변화에 따라 학교의 규칙과 의식을 정하는 일이 때로 축제처럼 여겨졌다. 학습과 놀이가 경계를 넘나들면서, 학교는 학생들을 위한 놀이 공간도 조성했다. 지역의 문화예술 전문가가 학교로 들어와 학생들에게 연극 작품을 연습시키고 공연도 올렸다. 네팔의 작은 마을과 자매결연을 맺고, 구호 활동을 통해 아홉 개의 학교를 짓기도 했다.

헬레네 랑에 학교에서는 교사들의 협동이 중시된다. 교사야말로 국가가 책임지는 공교육의 최후 보루라고 생각한 것이다. 기존의 커리큘럼 대신 새로운 방식의 프로젝트 수업을 기획하고 작업할 수 있도록 준비했다.

프로젝트 수업을 통해 감성을 개발할 수 있다. 미학에 기초한 음악, 연극 등의 문화 수업도 매우 중요하다. 고대 문화를 배울 때는 로마에 대한 이론만 배우는 것이 아니라, 관련 자료를 수집하고 토론을 하며 콜로세움, 로마 거리 등에 대해 스스로 습득한다. 프로젝트 수업에서 학생들은 이론만 배우는 것이 아니라, 관련 자료를 수집하고 토론하고 실제 모형을 만들어보는 등의 작업을 통해 스스로 지식을 습득하고 다양한 체험을 한다.

교사들은 팀을 구성해 새로운 교과과정을 구성하기 위한 연구를 계속했다. 교사들은 한 학급을 5학년부터 10학년까지 6년간 책임진다. 지속가능한 교육을 지향하며 학생들 스스로 몸에 익히도록 한다. 학교는 하나의 공동체이며, 학교 구성원들은 그 안에서 함께 살아가며 배운다는 것을 강조한다. 이 학교에서 추구하는 교육철학은 삶을 위한 공부, 배움의 주인이 되는 공부, 꿈을 심어주는 교육이다. 오후 4시에 수업이 끝나면 학생들은 학교 공부방에 자율적으로 남아 6시까지 프로젝트를 준비한다. 헬레네 랑에 학교는 시험을 없애 경쟁의식을 낮추고 협력을 강조한다.

'다툼'과 '화해'를 통한 시민교육

학교에서 아이들 사이에 사소한 다툼이 벌어진다. 아직 갈등이 사그라지지도 않았는데 협력하라고 말하면, 아이들은 억지로 화해하면서 자기 감정을 억누른다. 헬레네 랑에 학교는 다투고 화해하는 절차를 인정하며, 이를 통해 시민교육을 실천한다. 아이들이 학교 말고 어디서 민주주의 의식을 배울 수 있을까? 아이들이 대부분의 시간을 보내는 곳이 바로 학교이며, 인생 전반기의 대부분을 학교에 의지하게 된다.

헬레네 랑에 학교는, 공립학교는 필연적으로 '시민학교'여야 한다고 역설한다. 시민학교란 학교 내에서 민주주의를 실천하고 생활화하는 '민주학교'다. 학교 내의 민주주의란 무엇보다 학생 개개인이 공동체 내에서 함께 공부하고 생활하는 것을 독립적이고 책임감 있게 수행해내는 것을 뜻한다.

학기 초에는 교사의 권위에 의해 정의를 행사하지만, 점차 아이들이 주도적으로 정의란 무엇인지 모색하면서 탐구해간다. 또한 교사들은 아이들이 작은 사회 안에서의 정의를 규명하고 실천하도록 인도한다. 학교에서는 먼저 사회적으로 합의된 행동 규범을 지키도록 하지만, 의견을 모으고 결정할 때는 진지한 토론 과정을 거치는 것이 원칙이다. 일부 학생들의 일탈 행위나 폭력 사태는 어디에서나 일어날 수 있다. 헬레네 랑에 학교의 교육은 문제가 발생하지 않도록 막기보다, 구성원들이 어떻게 대응할지 결정하는 일을 중요하게 여긴다. 그리고 균열이 생긴 상황을 원래대로 회복시키는 것에 집중한다.

관계 회복을 위해 실천해볼 수 있는 공동 작업은 뭘까? 다름 아닌 청소다. 이 학교는 학년별로 구역을 나누어 100여 명의 학생들과 여덟 명 정도의 교사들이 책임 지고 공간을 깨끗하고 아름답게, 공부하기 좋게 가꾸게 한다. 묘목을 구해서 정원을 가꾸는 일도 스스로 하게 한다.

아이들이 청소하고 환경을 가꾸는 것에 대해 독일 내에서도 비판 여론이 있었다고 한다. 아이들을 '부려 먹는다'는 것이다. 그러나 학생들에게 자기 생활 반경 내에 들어 있는 환경에 대한 책임감을 갖게 하는 데에는 이유가 있다. 학교 구성원들이 규칙을 지키지 않을 때 타인에게 직접적으로 전해지는 피해를 경험함으로써 아이들은 서로 주의를 기울이게 된다. 어떻게든 어지러워진 환경을 회복시키면서 아이들 사이에는 토론도 발생하고 협의도 일어나게 된다.

교사는 자기 반 아이들이 실제로 학습의 내부 문제와 갈등 상황을 주체적으로 해결하는 법을 터득할 수 있도록 북돋아야 한다. 만일 아이들이 모든 사안에 대하여 회의를 통해 결론을 도출해내는 것으로 독립성과 배려의 정신을 배울 수 있다고 생각하면 그것은 오판이다. 그렇게 판단하는 것을 민주주의로 착각해서는 안 된다. 결국 어떤 결정을 내린다는 것은 자신과 다른 사람에 대한 책임을 동시에 지는 것이라고 할 수 있다. 따라서 다수결의 원칙만으로 쉽게 결론을 내려서는 안 된다.

헬레네 랑에 학교가 폭력을 다루는 법

헬레네 랑에 학교는 어떠한 상황에서든 강자가 약자를 강압하거나 무시하는 것을 용납하지 않고, 또한 학교에서 폭력을 절대 허용하지 않는다. 어린 학생들이 특정한 행동 원칙을 배우는 것은 그다음 단계로 나가기 위한 전제다. 특정한 행동 원칙이 집단 내에서 자리를 잡으면, 이때부터 생산적인 토론이 가능해질 것이다. 학급회의에서 개인 간의 갈등을 넘어, 실제 이해관계의 충돌에 대해 논쟁하는 경우에 이는 명확해진다.

하루를 등산하는 날로 정하고 이날 무슨 활동을 할지 이야기한다든지, 졸업 여행을 어디로 갈지 등을 정하는 경우를 생각해보자. 이 과정에서 좋은 논거를 가진 주장으로 의사결정이 이루어지기를 바랄 뿐이다. 누가 누구를 설득하며, 누가 자기 입장을 철회하는가? 누가 공동체를 고려하여 자기 입장을 잠시 접어둘 줄도 아는가? 어떤 사안에 대해 결정을 내리는 행위는 사전에 진지한 토론 과정을 전제로 해야 의미가 있다. 어떠한 결정을 내릴 때 개인이 갖고 있는 자유에는 한계가 있다는 사실도 아이들은 배워야 한다.

폭력적인 말을 하거나 벽에 낙서를 하거나 다른 친구들을 괴롭히는 것은 어디서도 환영받지 못할 행동이며, 만일 스스로 이 문제를 해결하지 못하면 학교가 나서서 일정한 원칙을 가지고 규제할 것임을 아이들이 알도록 해야 한다. 어떤 일이 벌어졌을 때 관리인부터 교장에 이르기까지 모두가 무관심하게 넘기는지, 아니면 피곤한 하루를 보냈어도 아이들이 필요하다고 하면 언제 어디서든 달려와줄 준비가 되어 있는 교사가 있는지를 아이들은 느낌으로 안다. 결석한 아이의 집에 직접 전화를 해서 안부를 묻는 것은 물론 노력이 필요한 일이지만, 아이에게는 매우 큰 영향을 미치는 일이다.

폭력은 모든 학교에서 일어난다. 어떤 학교도 이 문제를 완전히 해결할 수는 없다. 중요한 것은 이에 어떻게 대응하느냐다. 이 문제에서 가장 중요한 원칙 가운데 하나는 상황을 원래대로 되돌려놓는 일이다. 열린 사회는 다수의 구성원들이 자기가 속한 지역 공동체에서 그리고 정치사회적인 의결 과정에서 자신의 목소리를 낼 수 있어야만 유지될 수 있을 것이다.

헬레네 랑에 학교는 다양한 교육의 변화를 시도하면서도 공교육의 틀 안에서 문제를 해결하고자 했다. 그런데 공교육에서 민주적인 학교 문화를 만들기 어려운 이유는 관료주의 때문이다. 관료주의는 활기와 자발성을 억압한다. 이런 학교는 마치 공장이나 병영, 심지어 감옥과도 같은 느낌을 준다. 이 구조에 익숙해지면 군림하고 지배하는 형식에 익숙해지고, 생동감과 자발성도 질식되어간다.

이런 문제 의식은 학교에서만이 아니라, 이를테면 회사의 행정과 경영 방식에서도 일어나고 있다. 우리는 이러한 개혁을 위한 변화를 예의 주시해야 한다. 요컨대 전통적인 행정구조에서는 서열과 자기 자리, 그리고 특수한 영역에 갇혀 있는 전문가가 주 요소를 이루는 반면, 개혁을 추구하는 회사는 유기체적인 노동으로 이루어진 개방된 행정 구조를 지향한다. 이 개방된 구조는 서로가 서로에게 의존할 때 비로소 의미 있게 기능한다. 이런 의존성 때문에 서로의 관계는 통제가 아니라 신뢰를 통해 이어지고, 모든 일은 더 이상 강요가 아니라 즐거움에 의해 행해질 수 있다.

이렇듯 관료주의적 행정 구조와 유기적인 운동 사이에는 근본적인 차이가 존재한다. 양자 사이에서 학교는 어떠한 위치에 서야 하는가? 학습은 오랫동안 마치 공장의 생산 공정처럼 이루어져왔다. 이런 식의 학습은 분명 기술공학적으로 발전된 방법임에는 틀림없으나, 다른 한편으로는 언어적 생동성을 기계화해버리게 된다. 물론 우리의 특별한 학습 방법과 주제, 학습 동기와 학습 문화를 제대로 정착시키기 위해서는 조직화가 필요할 때도 있다. 전통적 행정제도를 따른 공교육 기관은 서열에

의해 각자의 자리를 차지한 전문적 관료들이 유기적 흐름을 틀어막는다.

하지만 개혁을 바란다면 서로가 서로에게 의지하고 전문성을 존중하며 위계 질서를 잘 활용해서 조직적으로 응축된 추진력을 발휘할 수도 있다. 무엇이든 신뢰를 기반으로 하면 즐겁게 일할 수 있다.

헬레네 랑에 학교는 앞서 열거한 특성을 기반으로 네 가지 개혁의 방향을 정했다. 첫 번째는 개혁적 교육이다. 이는 기존의 수업과 학교, 교육보다 더 대안적이고 더 나은 것이어야 한다. 개혁 교육학의 다양한 방향을 토대로 다양한 운동과 시도를 통해 교사들에게 동기를 유발한다. 단, 그 과정도 욕심날 만큼 매력적이어야 한다.

두 번째로는 지식을 피상적으로 배우기보다 체험을 통해 심화하고 체득하게 해야 한다. 학생들이 근본 원리를 체득하게 하자는 것이다.

세 번째는 실천적 학습을 발전시키는 것이다. 삶과 현실에 개입하는 살아 있는 지식을 배우자는 것이다.

네 번째는 공동 학습의 가능성을 모색하는 것이다. 경쟁보다 협동으로 기술 중심 사회에서 살아나갈 수 있는 인간의 자리를 찾는 것이다.

헬레네 랑에 학교의 핵심은 인권 존중 철학, 능동적 학습, 실천적 과제, 교사의 지원, 다양성 인정이다. 사실 이 모든 생각과 지침은 교육의 근본을 다시 강조하는 것과 다름없다.

더 넓은 세상을 꿈꾸다,
덴마크의 에프터스콜레

교육은 전 세계인이 어떻게 바뀌어야 할지 함께 고민하고 생각하는 어려운 주제다. 선진 복지국가로 알려진 덴마크에도 기존의 공교육에 대한 비판을 극복하고 대안을 제시하기 위한 여러 시도들이 있었다. 그중 덴마크 에프터스콜레(Efterskole)는 우리나라의 중학교 정도에 해당하는 과정이다.

기숙학교의 형태로서, 단 한 개의 학교가 아니라 전국에 깔려 있는 교육과정의 시스템이다. 2015년 통계에 따르면 덴마크 전역에 260여 개 정도가 있고, 매 학년의 25퍼센트가 에프터스콜레에 지원한다. 일종의 사립형 자유학교지만, 덴마크 지방정부는 돈 때문에 원하는 학교에 못 가는 일이 없도록 기숙학교인 에프터스콜레 학생들에게도 학비를 지원한다. 물론 상황에 따라 일부는 개인이 부담하게 한다.

덴마크의 교육제도에서는 중앙정부의 정책과 지방정부의 자율권이 나뉘어 있다. 중앙정부는 몇몇 교과에 대해 의무적으로 시험을 보라고 하지만, 각 학과의 학업 성취를 결정하는 것은 지방정부다.

1980년대와 2000년대에는 에프터스콜레에서 주제별 특화 학교가 발전하기도 했다. 체육, 음악, 연극, 자연과 생태가 인기 주제였고, 국제 협력을 중점적으로 배우는 학교도 있었다. 기숙학교이기 때문에 학생과 교사가 하루 종일 같이 지낸다. 함께 부대끼며 생활하기 때문에 일상생활을 공유한다는 장점이 있다. 이 과정에서 학교는 학생들의 인격적 성숙을 도모하면서 에프터스콜레를 졸업한 후에도 사회에서 성숙한 시민의식을 빛내도록 지도한다.

에프터스콜레의 다섯 가지 자유

에프터스콜레는 법률을 통해 '삶의 계몽과 보편 교육, 민주적 시민의식에 기여한다'고 규정되어 있다. 정부의 지원금으로 자유로운 교육과정을 구성할 수 있다. 이곳에서는 우리가 아는 기본적인 교과과목 외에 승마나 축구와 같은 스포츠, 춤, 연극, 기업가 정신, 시민의식과 같은 다양한 과목을 가르친다.

덴마크엔 의무교육이 없다. 아이들의 학습권이 보장받는다는 사실만 증명하면 홈스쿨링도 가능하다. 심지어 특정한 인간관과 세계관을 가르치기 위해 대안학교를 만든다면 국가에서 운영비를 지원해준다. 현재 에프터스콜레는 농촌 지역이나 작은 마을에 많다.

덴마크 교육은 근본적으로 민주적이고 건강한 시민 양성이 목표다. 아이들을 한 인간이자 능동적 시민으로 간주한다. 시민 양성이 교육의 목적인 만큼 에스프스콜레는 자유학교라는 별칭으로 불린다. 시민들이 스스로 자기 삶을 주관하고 자유로운 인격으로 성장하게 돕자는 것이 에프터스콜레의 목표다.

에프터스콜레에서 말하는 자유[6]는 크게 다섯 가지 원칙을 바탕으로 한다. 첫 번째, 이념의 자유. 모든 국민은 이념의 종류나 성격에 관계없이 학교를 설립할 자유가 있다. 두 번째, 교육적 자유. 모든 국민은 교육 내용이나 방식에 상관없이 학교를 설립할 자유가 있다. 세 번째, 경제적 자유. 모든 국민은 정부보조금으로 학교를 운영할 자유가 있다. 네 번째, 고용의 자유. 학교는 이사회를 만들고 이 이사회에서는 직원의 자격과 역할을 정할 자유가 있다. 다섯 번째는 학생은 모든 학교에 입학 신청을 할 수 있고, 학교는 학교 방침에 맞지 않는 학생의 입학을 거부할 자유가 있다는 선발의 자유다.

덴마크의 에프터스콜레는 사회적 기능을 수행할 사람을 길러내고, 민주시민교육을 실천하는 곳이다. 덴마크는 민주시민교육을 철저히 지키는 나라이기도 하다. 학교 교육의 목표에 따라 덴마크는 소수자에 대한 존중과 평등, 개인의 자유가 중시되는 나라이기도 하다. 에프터스콜레는 민주시민의 기초 과제를 소홀히 하지 않으며, 개인의 전인적 발달을 목적으로 하는 일반 교육도 병행한다. 학교를 작은 사회로 여기며 다음의 원칙들[7]을 지키고자 한다.

- 계획으로 잡힌 활동은 공통이든 의무든 반드시 참여해야 한다.
- 일상의 허드렛일을 해야 한다. 빨래, 방청소, 공동 구역에 배정된 일, 순번(1년에 일주일씩)으로 돌아오는 부엌이나 바깥마당 청소.
- 남의 일을 자기 일처럼 돌봐야 한다. 환경도 역시 자기 소유물처럼 가꾸어야 한다.
- 타인과 자신의 차이를 안다.
- 술이나 마약을 해서는 안 된다. 학교 안은 물론 학교 외부에서 이런 일이 발생하는 경우, 혹은 등하교 때 이 규칙을 어길 경우 즉시 제적된다.
- 방과 후 학생들은 일정한 규칙에 따라야 한다. 남학생은 남학생 방만 방문할 수 있고, 여학생은 여학생 방만 방문할 수 있다. 이 규칙을 어길 경우 즉시 제적된다.

한 아이가 세상에 나가기 전에 필요한 준비들

덴마크 에프터스콜레는 세 가지 목표를 학교 현장에서 이

기숙학교인 에프터스콜레

루고자 한다. 이들의 목표는 삶의 계몽, 인격 함양, 민주시민교육이다.

첫 번째 목표인 삶의 계몽은 정규 직업훈련이나 지식 교육만이 아니라 세상과 소통하는 방법을 말한다. 세상과 소통하면서 아이들은 자신감을 얻는다. 또한 자신을 둘러싼 모든 것들과 소통하며 낯선 것들의 원리를 깨달을 수 있다. 에프터스콜레는 학교마다 다양한 주제를 두고 있다. 학교마다 아이들의 관심사와 개성에 초점을 맞춘 교육과정을 만들어 운영한다. 앞서 말했듯 다양한 예체능 활동, 여행, 국제 교류, 종교 등 정신적 활동도 주제로 한다.

교육과정은 학교 내에서 자체적으로 고민하고 개발해 새롭게 설계한다. 에프터스콜레에 다닌 경우 공립학교에 재학한 것으로 인정받는다.

중학교에서 고등학교를 진학하는 사이에 에프터스콜레로 옮겨야 그 학교의 집중 주제에 따라 공부하고, 다시 학교로 돌아갈 수 있다. 집중 주제에 따라 다양한 형태의 탐구 학습을 진행하면 원리를 깨닫고 연구하는 자기 역량을 기를 수 있다.

두 번째 목표는 인격 함양이다. 에프터스콜레의 1년이 일반 학교의 1년보다 훨씬 더 낫다는 평가가 있다. 청소년들이 성년기를 준비하기에 좋은 제도라는 것이다. 에프터스콜레는 주제 중심 중점 학교지만, 이 주제만을 탐구하는 것이 아니라 일반 학문 분야와 엮어서 다양한 관점을 배울 수 있다. 자기 자신을 중심으로 일반 교육과정과 연계해 공부하다 보면 한 개인이 각 세계와 얼마나 밀접하게 연관되어 있는지 깨닫게 된다. 기숙학교의 특징상 학생들은 교사와 함께 지내며 밀접하고 격의 없는 관계를 맺게 된다. 가정의 주 양육자 외에 교사와 다른 성숙한 어른을 만나는 것은 학생들의 인격 형성에 좋은 기회다.

학교 공간에서 교육과 생활을 같이하며 친밀하고 도덕적일 뿐만 아니라 사회적인 인정까지 접할 수 있다. 이 세 가지는 인격 형성에 필수적인 요소이기도 하다. 인격은 개인이 혼자 만들어나가는 것이 아니라 상호 인정을 통해 형성되기 때문이다. 익숙지 않은 사람, 낯선 세상을 맞닥뜨렸을 때, 아이들은 완전히 새로운 세상에서 자기의 가치관을 어떻게 작동시켜야 하는지 배워나간다. 어린아이들에게 여행이 좋은 기회가 된다는 건 이런 이유 때문이다. 지나치게 잦은 자극은 스트레스가 되겠지만, 적당한 울타리 안에서 새로운 사람과 세계를 만난다면 아이들은 차근차

에프터스콜레에서는 교육과 생활이 함께 이루어진다

근 자기만의 기준을 정해나가게 된다.

아이들은 에프터스콜레에서 다른 학생과 함께 생활하면서 연대의식을 갖고 사람, 사물, 환경, 학문과의 관계를 만들어나가게 된다. 혼자 모든 것을 해결할 수 없다는 걸 절실히 깨닫고 세상과 내가 어떻게 결합해야 하는지 깨우친다. 책상머리 교육으로는 도저히 깨우칠 수 없는 세상살이의 원리를 배우는 것이다.

세 번째 목표는 민주학교의 원리인 민주적 시민의식의 형성이다. 에프터스콜레가 시작된 것은 공립 기초학교에서부터다. 민주시민교육은 덴마크에서 19세기 중엽부터 강조되어왔다. 덴마크에서 진행되는 민주시민교육은 삶의 모든 측면을 대비하기 위한 것이다. 공동체에 대한 개인의 이해를 높여야 학생들이 장차 성인이 되어서도 우매한 판단을 하지 않고, 자기 삶을 잘 꾸려나갈 수 있기 때문이다.

정답과 해법 대신 대처 능력을!

에프터스콜레에는 삶의 다양성을 이해하기 위한 세대 간의 회의 시간이 있다. 정답과 해법은 없다. 교사들도 함께 참여한다. 우리가 세상이 작동하는 모든 원리를 이해하고 있는 것은 아니므로, 이들의 대화는 불확실하다. 교사들은 청소년들의 인생과 미래에 대한 진지한 질문을 받아주는 진정한 대담자이며, 아직 정답을 알지 못하는 문제의 해결법을 찾아내도록 지도해주는 사람이다. 학생들은 학교 안에서 경험한 사회적 통일성이 더 넓은 세상에서도 작동한다는 것을 깨닫는다. 개인의 성숙을 꾀하고 이를 바탕으로 책임감 있는 시민이 되어 공적이고 민주적인 공동체의 일원이 될 준비를 할 수 있다.

아이들은 성인들과의 동등한 대화를 통해 사랑, 도덕과 권리, 연대의식과 사회성을 얻어야 한다. 아이들은 언젠가 학교를 졸업하고 세상에 나간다. 이때 만나는 어른들은 교사들과 같지 않다. 때로 아이들을 곤란에 빠트리고 이용하고 착취하기도 한다. 불확실한 세계에서 아이들이 온전하게 자신을 지키기 위해서는 미성년일 때 받았던 애정, 그때 획득했던 도덕과 권리에 대한 의식, 누군가 나를 도와줄 수 있고 나도 누군가에게 도움을 줄 수 있다는 연대의식, 나 혼자만의 문제가 아니라고 인지하는 사회성이 필요하다. 새로운 세상에 발을 내딛기 전에 복잡한 현대사회에 대처할 능력을 기르는 것이 에프터스콜레의 기본 교육 목표이며, 이는 민주시민교육의 목표이기도 하다.

자기 삶의 주인을 길러내는 일

앞서 소개한 외국의 네 가지 대표적인 사례들이 민주학교라는 제목으로 함께 묶여 있는 것은 아니다. 다만, 한국 사회에서 민주학교를 만들어간다면 한 번쯤 참조할 수 있는, 민주학교의 개념을 가장 잘 표현한 대표적인 학교들이다. 이 중 일부 방식은 이미 우리 사회의 공교육과 사교육에 뿔뿔이 흩어져서 시도되고 있고, 일부는 이미 자리를 잡기도 했다.

주제별, 중점별 교육은 자유학기제로 자리 잡았다. 고교 학점은행제를 통해 주제별 지역사회 연대, 타 학교와의 연합 등을 시도한다. 학년제를 없앤 것은 학교보다 사교육 학원에서 시도되는 형태다. 일부 학교에서는 학교자치회를 강화하거나 학생, 학부모, 교사가 참여하는 대 토론회를 자주 열어 민주적 학교 문화를 만들어나가려 애쓰고 있다.

생나제르 자주 고등학교의 학생 권리 중심의 민주적 공동체, 샌즈 스쿨의 정의로운 공동체로서의 학교, 헬레네 랑에 학교의 지역사회 공동체로서의 학교, 에프터스콜레의 더 넓은 공동체와 함께하는 학교는 한국 사회에서 분절적으로 시도되고 있다.

한국의 학교들이 이 모든 형태를 실행하기는 어려울 것이다. 독일과 덴마크처럼 공교육의 테두리 안에서 시도하는 것은 넓은 개념의 민주학교 형성에 참고할 만하다. 또한 프랑스 생나제르 자주 고등학교와 영국 샌즈 스쿨의 교육 형태는 각 공동체에서 분절적으로 도입할 만하다.

소개한 해외 사례들은 실험적인 교육 방식을 통해 교육 체계를 혁신해왔다는 데서 공통점을 찾을 수 있다. 학생들은 학교에서 다양하게 활동해본 경험을 통해 인간관계에서 사회적 관계로의 발전을 꾀한다. 또한 민주시민으로서의 소양을 갖추고 더 넓은 세상에서 성숙한 시민으로 살아갈 기초도 다진다. 주의할 것은 민주시민교육이 교양 있고 품위 있는 엘리트를 길러내기 위한 또 하나의 인성교육으로 전락하지 말아야 한다는 것이다. 인격을 갖춘 사람을 만들어내는 것도 학교 교육의 중요한 임무다. 그러나 민주시민교육은 그보다 더 급박하게는 생존의 문제를 해결하는 것, 넓게는 아이들이 세상에서 평화롭게 자기와 타인의 권리를 함께 지키며 어떤 공동체에서든 주체적으로 살아가는 진짜 자기 삶의 주인이 되게 하는 것이 목표다.

민주적 학교와 교실은 열린 논의, 토의와 자문 등 민주주의의 원리에 기반해야 한다. 학교에서 학생들이 체감하는 교사의 위력은 교사들이 깨달을 수 없을 정도로 거대하다. 아이들을 기르는 주 양육자들의 위력도 마찬가지다. 어린아이들에게 성인들의 영향은 막대하다. 아이들이 집단적으로 성인들과 상호작용을 해야 하는 이유는 권위에 굴하지 않고 스스로 시민적 역량을 체득하기 위해서다.

모든 민주주의 국가는 다양한 차원에서 다양한 방법과 수단을 통해 민주적 학교 체계를 갖춰야 한다. 최근 들어 자주 호출되는 '거버넌스(공동의 목표를 달성하기 위하여, 주어진 자원 안에서 모든 이해 당사자들이 책임감을 가지고 투명하게 의사결정을 수행하게 하는 제반 장치)'라는 말은 국가 기관, 즉 정부 혼자 이 모든 일을 해결할 수 없음을 드러낸다. '국난 극복이 취미'라는 농담이 통용될 만큼, 한국은 위기 상황을 시민들의 힘을 통해 해결해온 역사가 길다. 정부 혼자 해결할 수 없을 정도의 큰 위기가 왔을 때 시민들이 모두 뒷짐지고 정부만 쳐다보았다면 우리는 아무것도 해결하지 못했을 것이다. 이는 시민들의 올바른 판단, 민주사회를 유지하고자 하는 욕망에서 시작한다. 정부는 공정하고 정의로운 기회를 제공하는 일에 주력해야 한다. 한편 시민들은 지역적이고 현실적인 방안을 선택하도록 때로는 정부에 힘을 실어주기도 하고, 때로는 감시와 압박에도 나서야 한다.

정부가 여론을 좇아 잘못된 계획을 철회하거나 시민의 아이디어에 따라 더 나은 방식으로 행정을 이끌기도 한다. 민주사회에서 가능한 협동과 연대의 형태가 우리를 위기에서 조금 더 빨리 끌어내줄 수 있다.

따라서 학교는 민주주의를 확장하고 지지하는 방향으로 소임을 다해야 한다. 먹고살기에만 급급한 사람들을 양성한다면 학교는 쓸모없거나 사회적으로 위험한 기관이 될 뿐이다.

민주주의는 한 번의 투표로 해결되지 않는다. 민주적 생활 방식의 기초를 이루는 원칙과 가치를 포함하는 근본적인 공동생활의 형식이 자리 잡아야 한다. 학교에서는 민주주의 원리를 실천하는 공공의 시민(Publics)을 배출해야 한다. 학교는 축소된 사회이기 때문에 아이들이 장차 민주시민으로 살아갈 수 있는 역량을 기르고 훈련하도록 도와야 한다.

민주주의를 실천하다 보면 긴장과 갈등, 투쟁과 논쟁이 반복된다는 것을 깨닫게 된다. 깨닫는 과정은 고통스럽고 괴롭다. 민주주의를 하려니 너무 복잡하고 자꾸 싸움이 벌어져서 피곤하다는 이야기를 듣는다. 그러나 우리가 갈등하고 긴장하는 것은 다양한 삶의 모습을 받아들이는 과정일 뿐이다. 모두의 입장을 이해할 수 없는 인간 사회에서 싸우고자 하는 요구와 욕망을 모두 억누른다면 민주주의는 실현될 수 없다. 이런 것들을 인정하지 않으면 결국 내 삶의 위협으로 왜곡되어 폭발한다.

싸움 자체를 막기보다는 싸우고 화해하기 위한 훈련이 필요하다. 이 훈련의 기반은 더 민주적인 사회를 만들어 서로 안전해질 수 있다는 믿음이다. 더 나은 민주주의와 민주사회를 원한다면 학교가 작은 시민들에게 훈련의 기회를 충분히 제공해야 한다. 시민의 역량을 길러내고 훈련시킬 수 있는 곳은 오직 학교뿐이기 때문이다.

학교가 공동체 전체와 공공의 선에 복무하는 시민을 길러내고자 한다면, 교육가와 학생뿐만 아니라 시민들이 함께 협력할 것이다. 이러한 협력에 대한 믿음이 곧 희망이다. 학교는 더 넓은 공동체를 믿고 협력하고 연대하며 민주시민을 길러내는 유일한 곳이다. 민주학교를 특징짓는 핵심적 가치는 협력, 상호 존중, 자율성, 민주적 의사소통, 비판적 대화와 담론의 교환, 정의와 다양성 및 포용과 공평에 대한 헌신, 지역사회 참여 등을 포괄한다(Trafford, 2008). 학교의 민주적 운영을 통해 학생들의 민주적 리더십을 향상시키는 민주학교의 역할이 결국 다음 세대가 살아갈 우리의 미래 사회를 만들어낼 것이다.

2부

'성적' 대신 '성장'에 집중하는 아이들

민주시민교육에 참여했던 초중고 아이들의 놀라운 변화

1장

받는 것만 익숙했던 아이들에게 열린 새로운 세상

장경훈

덕장초등학교

기다림만큼 자라는 아이들

나는 2013년부터 2019년까지 7년 동안 경기도 군포시 당동초등학교에 재직했다. 현재는 경기도 의왕시에 있는 덕장초등학교에서 아이들과 행복하게 생활하고 있다.

이 이야기에는 당동초에 근무했던 7년간의 생활이 담겨 있다. 아파트로 둘러싸인 당동초는 약 1000여 명의 아이들과 80여 명의 교직원이 근무하는 도시형 혁신학교다. 당동초가 2016년 혁신학교로 지정된 후 나는 동료들의 배려로 3년이나 교무혁신 부장을 전담했다.

2018년에는 교육부에 신설된 민주시민교육과에 교육연구사로 파견됐다. 과원들과 함께 12월 '민주시민교육 활성화를 위한 종합계획', 그 이듬해 2월 '민주학교 기본계획'을 수립한 후 학교로 복귀했다.

2019년, 5년 만에 담임으로 만난 아이들은 많이 달라져 있었다. 그 변화에 나처럼 4년이나 담임을 하지 않아 뒤처진 교사는 당황할 수밖에 없었다. 변해버린 아이들만큼 달라진 현장의 흐름을 따라잡기 위해 열심히 뛰어야 했다.

"누구나 잘못을 할 수 있어"

2019학년이 시작됐다. 4년 만에 5학년 담임을 맡게 됐다. 학기가 시작된 3월 초에 호열이의 어머님에게서 전화가 왔다. 어머님의 말씀은 호열이가 선생님이 자기만 싫어해서 학교에 가기 싫다며 집에 오자마자 운다는 것이었다. 어머님의 전화를 받자 잊고 살았던 담임 본능이 깨어났다. 내가 호열이만 집요하게 싫어할 정도로 한가하지 않다는 것과 5학년쯤 되면 자기중심적 사고에서 벗어나 다른 아이들과 사회적 관계를 맺는 것이 중요하다는 점을 이야기했다. 나를 믿고 조금 기다려달라고 호열이 어머님에게 말했다.

집에서 호열이는 터울이 한참이나 있는 형들을 둔 귀여운 막내였다. 그러나 거센 형들과 싸우며 자랐다. 방과 후에는 학원을 늦게까지 다녔으며, 학교에서는 학원 숙제를 하느라 늘 화가 나 있었다. 집에서 귀하게 자랐으나 아이는 늘 바빴다.

호열이는 자신의 권리가 친구의 권리와 어떻게 연결되어 있는지를 모르고 있었다. 이런 건 그냥 모를 뿐이라서 가르쳐주면 된다. 아이가 운다는 것은 애정이 있다는 이야기이고 이럴 때는 조금 시간을 두고 기다려 줄 수 있어야 한다.

호열이는 첫날부터 비슷한 덩치를 가진 민혁이와 싸움을 벌였다. 체육 시간에는 승패에 지나치게 집착해서 자기 팀이 조금이라도 점수를 내어 주면 실점한 아이들을 닦달하고 상대방에게는 욕을 해댔다. 자신에게 맞섰던 민혁이를 골려주기 위해서 민혁이에게 맞았다고 울면서 나에게 거짓 하소연까지 했다. 다른 아이들에게 맛있는 걸 사주고 거짓으로 그 장면을 봤다고 말하게 했다.

반 대항 스포츠 경기를 마칠 때마다 다른 반 아이들과 다투고, 저학년 아이들을 괴롭혀서 항의가 들어오기 시작했다. 급기야 화장실에서 볼일을 보려던 4학년 아이를 곤란하게 만들고는, 사과도 하는 둥 마는 둥 하다가 곤경에 처하게 되었다. 호열이는 사태가 심각해지고 나서야 나에게 도움을 청했다.

나는 호열이를 데리고 4학년 교실로 갔다. 4학년 아이와 담임선생님께 호열이가 보는 앞에서 고개 숙여 깍듯하게 사과했다.

"호열이 담임입니다. 호열이를 잘 못 가르쳐서 나쁜 짓을 저질렀네요. 사과드립니다." 아이는 나의 정중한 사과에 놀라는 눈치였다. 호열이는 살면서 제대로 사과를 해본 적이 없었다. 난 사과 그림이 그려진 편지지를 건넨 후 4학년 동생에게 줄 편지를 쓰게 했다. 조금 있다가 들고 온 편지지에는 뭐가 미안한지도 모르는 내용이 담겨 있었다. 결국 우리는 한 줄씩 읽어가며 진심이 담긴 편지를 같이 썼다.

"호열아! 사람은 누구나 잘못을 할 수 있어. 그러니 자신의 잘못에 대해 인정하고 사과하며 용서를 구할 줄도 알아야 해."

이후 호열이의 좌충우돌은 점점 줄어들기 시작했다.

물론 옛 버릇이 잘 고쳐지지 않아 또 다른 잘못을 저지르거나 친구들에게 험한 말을 뱉어내기도 했지만, 변명하지 않고 진심으로 사과를 건네기 시작했다. "선생님! 이번 일은 제가 잘못했습니다. 얘들아! 미안해"라고.

'1학년 밥 언니 프로젝트'와 '함께 나누는 권리'

아이들은 가정에서 개인의 소중함에 대해 배운다. 그러나 함께 살아가는 법은 다른 아이들을 만나는 학교에서 배워야 한다. 처음부터 잘해내는 아이도 있지만 그렇지 않은 아이도 있다. 특히 가족애나 자기애가 강한 아이일수록 함께 살아가는 일이 더 어렵게 느껴질 수 있다. 그래서 더 세심한 설계가 필요하지만, 교과 내용에서는 찾아보기 어렵다. 이를 보완하기 위해 경기도 교육청 인정 교과서인《더불어 사는 민주시민》을 활용했다.

《더불어 사는 민주시민》은 우리나라에서는 처음으로 민주시민교육 관련 내용을 체계적으로 갖춘 교과서로 세상에 나온 만큼 주제를 중심으로 실생활 위주로 구성되어 있다. 조금씩 더불어 살아가는 주제에 대해

5~6학년이 사용하는《더불어 사는 민주시민》교과서

배워가면서 호열이의 생각에도 변화가 생겼다. 곁에 앉는 짝을 정하거나 급식 먹는 순서를 정하는 문제는 정답이 없다. 처음에는 자기 생각을 일방적으로 강요하거나 화를 내던 호열이도 아이들의 다양한 의견이 제시되자 조금씩 달라졌다.

여러 가지 주제가 토의될 때마다 자신의 주장과 이익만을 고집하던 아이도 자신의 의견이 다수의 의견과 다를 수 있다는 것과 다수의 아이들이 몸이 불편한 아이나 시력이 안 좋은 아이를 고려하여 내리는 결정을 보면서 생각이 바뀌고 변화하기 시작했다.

1학년 밥 언니 프로젝트를 진행했다. 갓 입학한 1학년 아이들이 급식소에서 배식받아 밥을 먹기란 여간 어려운 일이 아니다. 3월 한 주 동안 아이들은 자신이 맡은 1학년 아이들의 손을 잡고 급식을 먹이며 여러 가지를 배운다. 5학년이 된 아이들에게 이 프로젝트는 늘 누군가에게 받기만 하다가 누구를 챙겨야 하는 새로운 세상을 맞닥뜨리게 만든다. 호열

1학년 밥 언니 프로젝트

이는 급식도 제일 먼저, 가장 빨리, 대충 먹기로 유명하다. 그런 아이도 동생 앞에서는 모범을 보이려고 노력했다.

"밥은 천천히 꼭꼭 씹어 먹어야 해. 이거 한 개만 더 먹어봐. 생선은 가시를 발라서 먹어야 하니까 잘 보고 따라 해."

경쟁 활동에 지나치게 공격적인 아이를 변화시키기 위해 '함께 나누는 권리'에 대해 공부했다. 내 소중한 권리는 다른 사람의 권리 앞에서 멈춰야 함을 운동장에서 일어나는 다양한 갈등을 중심으로 생각해보는 시간을 가졌다. 내가 존중받기 위해서 다른 사람을 존중해야 하는 이유를 알아가는 과정이었다.

결국 호열이는 민혁이와 함께 반 대항전에서 서로 합심하여 준결승까지 가는 쾌거를 이루었다. 승부에 집착하지 않고 경기에 진 친구에게 위로를 건네거나 이긴 친구들을 칭찬할 줄 아는 어린이 시민으로 변하기 시작했다.

학교에서 유달리 가르치기 힘든 아이들이 있다. 가정에서도 마찬가지다. 아이가 변하길 기다리지 말고 아이가 변할 수 있도록 가르쳐야 한다. 변할 기회를 주어야 한다. 그래야 아이들이 변한다.

종업식날 집에 가지 않고 내 주변을 배회하는 호열이를 안아주며 머리를 쓰다듬어주고 보냈다. 한 시간쯤 후에 아이의 어머니에게서 메시지가 왔다.

> 선생님 안녕하세요.
> 한 해 동안 저희 아이 때문에 고생 많으셨죠. 선생님 덕분에 사람이 좀 된 것 같습니다. 끝까지 잘 이끌어주시고 사랑으로 지켜봐주셔서 너무 감사드립니다. 아이가 지금 하교하자마자 전화하더니 우리 선생님 다른 곳으로 가신다며 울먹이더라고요. 아이가 선생님을 많이 좋아해서 헤어짐이 너무 슬픈가 봅니다. (후략)

아이들은 자란다. 좋은 것을 배우면 좋은 사람이 되고, 멋있는 것을 배우면 멋있는 사람이 된다. 그 배움을 가로막아서는 안 된다. 교육만큼은 기다림이 필요하다.

그렇게 학교는 민주주의로 물들었다

경기도 군포시에 있는 당동초는 2012년부터 경기도 교육청 인정 교과서인《더불어 사는 민주시민》초등 교과서 집필을 시작했던 학교다. 그러다 보니 학교의 교육과정에 민주시민교육을 녹이기 위해 노력해왔다.

학교 교육은 크게 새싹 민주학교, 사계절 생태학교, 물결 예술학교로 이루어졌다. 민주시민교육을 중요시하다 보니 아이들이 배우는 교육과정이 민주적인지부터 돌아보게 되었다. 민주시민교육을 학생자치나 창의적 체험 활동으로 생각하지 않고 처음부터 교육과정을 중심으로 고민하기 시작했다.

많은 학교들이 교육과정을 재구성하여 가르친다. 그러나 소위 생태나 환경, 자연 등 말랑말랑한 주제만을 다룬다. 다루기도 쉽거니와 쟁점이 별로 생기지 않아 문제를 제기하는 사람도 없기 때문이다. 이런 상황에서 민주주의를 중심에 놓고 교육과정을 바라본다는 게 결코 쉬운 일이 아니었다. 그간에 이루어진 신뢰 관계가 없다면 불가능한 일이기도 했다.

민주시민교육의 주제를 10가지로 정하여 주제 중심 교육과정을 운영하고 교과를 통합하여 교육과정을 재구성하거나 창의적 체험 활동, 계기교육에 활용하는 등 다양한 시도를 했다. 교육과정 중에도 수업에 충실하다 보니 불필요한 행사나 사업을 대부분 없앴다. 외부에서 들어오는 강사 수업도 예체능 기능 위주로 최소화했다. 교실에서부터 교육과정을 민주적으로 바라보고 운영하다 보니 학교 문화는 자연스럽게 민주주의로 물들었다. 그렇게 교사들은 교육과정의 생산자, 민주주의자로서 자기 삶의 주인이 되어갔다.

급기야 2019년에는 교육과정을 재구성만 할 게 아니라 교육과정을 새롭게 구성해보자는 이야기가 나왔다. 오랜 시간 함께 공부하고 교육과정을 고민해온 동료들과 머리를 맞대었다. 새로 전근을 오셔서 5학년을 함께할 선생님들께 과정을 설명해드렸더니 흔쾌히 동참해주셨다.

마침 2015 개정 교육과정이 5~6학년에 적용되는 해이기도 해서 5학년 교육과정을, 시민성을 기르는 주제 중심으로 편성하여 운영했다. 1학기에는 민주주의, 인권, 정의, 노동, 다양성을, 2학기에는 평화, 미디어, 안전, 연대를 대 주제로 선정했다.

한 달에 하나씩,
민주시민교육 프로젝트

2019년 한 해 동안 월별 주제를 선정하여 진행된 5학년 교육과정을 몇 가지 소개하면 다음과 같다.

3월은 '함께 살아가기(민주주의)'를 주제로 정했다. 3월은 새로 만나는 아이들이 함께 살아갈 수 있도록 서로의 보이지 않는 약속이 정해지는 때다. 학기 초 아이들과 해야 하는 중요한 활동은 서로에 대한 약속이다.

첫째 주에 학년과 학급생활 약속 정하기는 아이들을 주권자로 만드는 첫 단추다. 다른 사람과의 관계를 맺는 방법을 배우고 자신의 정체성을 발달시키는 두 과정을 통해, 아이들은 다른 사람에 대해 배워가면서 그들 자신에 대해서도 배우게 된다. 함께 살아가기는 다른 사람뿐만 아니라 자신에 대한 정보를 제공해준다. 말하자면, 다른 사람은 어떤 사람인지, 다른 사람과의 관계 맺기를 어떻게 해야 하는지, 자신은 어떤 사람인지에 대해서 알려준다. 결국 함께 살아가기를 통해, 아이들은 서로의 성장을 지지해주고 도와준다.

어린이를 시민으로 인정한다는 것은 학생들을 지도의 대상으로 보는 게 아니라, 같이 학교에서 살아가는 동반자로 보는 것이다. 특히 학년이나 학급생활 약속을 학생들이 직접 정하는 과정을 통하여 다른 사람의 다양한 의견을 듣고, 내 생각을 말하면서 공동체 활동에 참여할 수 있다. 이 과정에서 아이들은 모두가 정한 약속에 대한 스스로의 주인의식과 책임감을 갖게 된다.

'우리 반의 약속'과 다양한 프로그램

학년생활 약속이 정해지자 이 테두리 안에서 우리 반의 약속을 정했다. 해마다 정해지는 약속은 다르다. 아이들은 매년 변한다. 한 해가 다르게 아이들의 관심사와 학교의 문제가 달라지기 때문이다. 시민교육에서는 각 학교 내의 학생자치 활동도 중요하다. 그러나 교육과정이 연결되지 않은 채 학생자치만으로는 효과를 거두기 어렵다.

다음으로, 진단 활동을 통하여 아이들의 발달단계를 파악하면서 학급회장 선거를 염두에 두고 선거에 관한 수업을 먼저 시작했다. 이 땅에서 우리는 조상 대대로 어려움을 극복하고 모두가 서로 도와가면서 함께 살아가고 있다는 걸 알려주기 위해 《백두산 이야기》[1]를 먼저 읽어주었다.

《꼴뚜기》[2]를 읽으면 축구공을 지키기 위해 길이찬네 반 학생들이 낸 다양한 의견과 동생들에게 했던 행동을 살펴보았고, 《찬성》[3]을 읽으며 다섯 늑대가 의사 결정을 하는 과정을 통해 토의란 때론 자신의 의견을 다른 사람을 위해 바꿀 수도 있고, 모두의 행복을 위해 포기할 수도 있는 과정임을 보여주고 토의의 궁극적 목적이 무엇인지 함께 생각해보았다. 운동장 사용을 둘러싼 다양한 다툼과 모두를 위한 합리적 결정을 다룬 《소리 질러, 운동장》[4]을 읽고 나서 각자의 의견을 말해보고, 생각이 다를 때에는 함께 토론하며 운동장 놀이 시간표를 작성했다. 토의는 의견을 모으는 것이며 갈등 해결의 좋은 방법이라는 것도 알았다. 친구와의 갈등을 해결하고 자연과 평화롭게 생활하는 것이 어떤 것인지를 알 즈음에는 남과 북이 함께 살아가기 위해 평화로운 세상을 만들어야 한다는 것을 알게 되었다.

6월에는 '사람들은 일을 해요(노동)'를 주제로 교육과정을 구성했다. 먼저 직업 탐색을 시작으로 아이들의 미래를 상상해보게 했다. 《태일이》[5]를 읽으며 우리나라의 산업 발전을, 한 인물의 삶으로 살펴보았다. 애니메이션 〈폼포코 너구리 대작전〉[6]을 보면서 산업 발달로 터전을 잃어버린 너구리들을 통해 산업 발달의 폐해를 알아봤다.

학교에서 진행하는 한 학기 한 권 읽기 프로그램도 활용했다. 아이들과 함께 《행복마트 구양순 여사는 오늘도 스마일》[7]을 읽고 일상에서 우리가 자주 만나는 마트 직원 구양순 여사의 이야기를 통해 우리 주변 노동자들의 삶에 대해 생각했다.

| 주제 망 생각 그물 |

우리 주변에서 힘들게 일하시는 분들을 찾아 인터뷰도 했다. 학교에서 환경미화원을 보통 '여사님'이라고 부른다. 딱히 명칭이 있는 것도 아니라 아이들은 '청소 아줌마'라고 불렀다. 한 아이가 그분과 인터뷰를 하고 싶다고 했다. 환경미화원을 찾아뵙고 6월 교육과정에 대해 말씀드렸더니 흔쾌히 응해주셔서 인터뷰 시간을 잡았다. 인터뷰를 진행한 아이들은 내용을 요약해서 수업 시간에 들려주었다. 여러 고충에 대해 말씀해주셨는데, 특히 화장실에서 뭉친 휴지에 물을 묻힌 후 벽에 집어 던지는 장난은 하지 말아달라고 당부하셨단다. 그걸 벽에서 일일이 떼어내어 치우기

가 너무 힘이 들고 많은 시간이 걸린다고 하셨단다.

아이들의 흔한 장난이 누군가에게는 큰 어려움이 된다는 것을 깨닫는 순간이었다. 특히 우리 반 장난꾸러기들의 동공이 흔들렸다. 아이들은 옆 반의 누가 그렇게 하는 걸 봤다는 둥, 나는 아니라는 둥 말이 많아졌다. 그렇게 아이들은 또 하나를 배웠다. 그러나 우리는 한 발 더 나가보기로 했다. 아이들이 쉬는 시간과 점심시간에 당번을 정해서 화장실을 돌아가며 살폈다. 문제 행동을 일으키는 아이들에게는 점잖게 한소리 하는 방법도 정했다. 그렇게 또 하나의 문제를 헤쳐가며 아이들은 민주주의에 한 발 더 가까워지고 있었다.

아이들이 바라본 급식 파업

7월에는 학교 비정규직 노동자들이 3일간 파업에 돌입했었다. 아이들은 3일 동안 밥 대신에 카스텔라를 먹었다.

이 급식 파업을 소재로 시사 논쟁 수업을 진행했다. 아이들에게 급식 파업은 어떻게 다가갔을까? 먼저 아이들은 관련 기사를 찾으며 자기 생각을 정리했다. 팀을 구성하여 관련 문제에 관한 언론 기사를 조사하거나 친구들의 의견을 알아보고 급식 조리원, 공무직 분들과의 인터뷰를 준비했다.

정부의 입장도 찾아보았다. 그리고 이러한 문제가 생기는 원인에 대해 알아보고 각각의 사람들이 처한 위치에 따라 달라지는 의견을 정리했다. 주어진 정보, 자신이 조사한 내용, 개인적인 생각 등을 중심으로 주제에 접근하는 다양한 이야기를 들었다. 여기서 중요한 것은 자신의 의견이 옳다는 주장이 아니라 다른 사람의 의견을 듣는 것이다. 초등학교 아이들의 생각은 주로 보거나 들은 것을 기억해내는 경우가 대부분이라, 사실이라고 알고 있는 지식에 대해 강한 믿음을 가지기 쉽다.

따라서 아이들은 자신이 알고 있는 지식을 주장하는 경우가 많은데, 무조건 자신이 옳다고 쉽게 생각하지 않도록 여러 의견을 듣고 가장 합리적인 것을 골라 생각을 다듬어가는 경험을 하는 것이 중요하다. 아이들의 의견을 듣다 보면 정확하게 이해하지 못하거나, 생각을 정확하게 표현하지 못할 때도 있다. 그러나 그 순간이 그 아이의 생각이 발달하는 찰나일 수 있으므로 아이들의 말을 끝까지 듣고 난 후 적절한 질문을 통하여 더 나은 표현을 고민하게 하는 것이 나의 몫이었다. 학교 비정규직 노동자들의 요구를 다시 살핀 후 아이들은 대안을 제시하는 활동을 했다.

1. 일하시는 분의 수를 점진적으로 늘려나가야 합니다. 원하는 대로 늘려주면 돈이 너무 많이 듭니다.
2. 필수 용품을 먼저 사주고 안전 용품은 돈이 마련되면 또 사주어야 합니다.
3. 다치면 안 되니까 다쳤을 때 치료할 수 있도록 해주어야 합니다.

4. 급식기구를 사서 보급해주어야 합니다.
5. 이야기해보니까 돈 문제가 많네요. 한꺼번에 너무 많은 돈이 들어가면 세금이 늘어나니까 조금씩 변해야 한다고 생각합니다.

수업을 통해 느낀 점은 초등교육과정에 노동에 관한 내용은 아예 없고, 제대로 된 경제교육이나 기업가 정신에 관한 교육 등도 하지 않는다는 것이다. 국가 수준 교육과정이 가지고 있는 이러한 치우침은 교육과정의 주도권이 시도 교육청이나 단위 학교로 이관되어야 한다는 근거를 역설적으로 제공해주기도 한다.

학교 밖 더 넓은 세상을 공부하다

10월은 '미디어가 내 손에(미디어 리터러시)'를 주제로 교육과정을 구성했다. 1인 미디어 시대가 열린 지금, 아이들은 수많은 미디어를 접한다. 요즘 아이들은 일상 속에서 유튜브와 함께 생활하고, 유튜버가 되기를 꿈꾼다. 그래서 미디어 리터러시 교육의 중요성이 그 어느 때보다 강조되고 있다.

먼저 미디어의 발달 과정과 매체의 특성에 대해 알아봤다. 미디어로 인해 생기는 문제와 갈등 상황을 제시하고 토론하는 시간을 가졌다. 활동을 통하여 미디어에는 특정한 관점이 있다는 것을 알게 되었고, 그 관점에 따라 미디어가 주는 정보가 다를 수 있다는 것도 알게 되었다.

미디어가 우리의 생각과 판단에 미치는 영향력을 인식하고, 다양한 미디어가 주는 정보를 비판적으로 수용하고 올바르게 사용할 수 있는 능력이 있어야 하며, 더 나아가 미디어를 적극적으로 활용하여 자신의 생각과 느낌을 표현하는 능력이 중요하다는 것을 깨달았다. 연예인들의 자살 사건과 맞물려 가짜뉴스를 다룰 때는 다소 무거울 수 있는 주제임에도, 아이들은 누군가의 마음을 다치게 하지 않으면서 영화나 광고의 한 장면을 모방하여 전혀 다른 이야기로 바꿨다. 아이들의 재치 덕분에 의미 있게 수업을 마무리할 수 있었다.

12월과 1월은 '함께하면 행복해요(연대)'를 주제로 교육과정을 구성했다. 자연재해나 큰 사고로 어려움을 겪는 이들의 소식을 듣고 그들을 알지 못하는 사람들이 도움을 주기 위해 자원봉사나 모금 활동에 참여하는 사례들을 알아보았다. 인간다운 최소한의 삶을 누리기 위해 고안된 사회보장제도에 대해서 알아보았다.

더 나아가 국가의 경계를 넘어 전 지구적으로 일어나는 연대 활동에 대해 자료를 찾고 이야기를 나누었다. 마침 2015년 개정 교육과정이 처음으로 적용된 5학년 2학기는 역사를 배우는 시기였다. '조상들은 역사적으로 함께 살기 위해 어떻게 연대했는가?'를 중심으로 역사 연극을 준비했다. 역사적 장면을 24개로 나누어 6개 반이 맡았다. 총 3일에 걸쳐 역사 연극이 발표되었고 아이들은 서로 협력하며 준비와 공연을 마쳤다. 함께 공연을 준비하고 갈등을 해결하는 경험을 통하여 역사 속에서 어려울 때마다 서로 도와가면서 나라를 지켜왔던 조상들의 연대에 대해 배웠다.

교사가 행복한 학교

혁신학교 종합평가의 일환으로 '성장 나눔의 날'을 운영했다. 인근 학교에서 관심이 쏟아졌다.

'드림(dream) 당동이라던데 이유가 뭐지?'

'뭐가 그렇게 민주적이라는 거지?'

이 같은 질문들과 함께, '학교를 민주적으로 만드는 비법'에 관해서도 물었다. 특별한 게 없는 우리로서는 제대로 답변해줄 게 없었다. 종합평가를 마치고 우리는 '왜 민주적인가?'를 돌아보게 되었다. 정리해보면 다음과 같다.

교육 활동은 마음에서 우러나와야 한다.

교육 활동은 마음에서 우러나와야 한다. 실행 주체가 자신이기 때문에 더 그렇다. 독서록 쓰기가 독서교육 방침인 학교가 있다고 하자. 그곳에서 독서록 쓰기가 독서를 방해한다고 생각하는 교사는 스스로 동의할 수 없는 방침을 억지로 따라야 된다. 그러면 제대로 된 교육이 이루어질 수 없다.

학교마다 잘못된 교육방침으로 교사들을 괴롭히는 경우를 나는 수도 없이 봐왔다. 2007년 6학년을 맡게 되었을 때였다. 한부모 가정이나 조손 가정이 많았던 그 학교에서, 책에는 하나도 관심이 없는 우리 반 아이들에게 약간의 재미를 더해 책을 읽어주기도 하고, 그걸 아이들에게 흉내도 내게 하면서 아침 독서를 신나게 진행했다.

한 달쯤 지나자 갑자기 교무회의 자리에서 교장 선생님이 우리 반 이야기를 예로 들면서 다른 반도 모두 아침 독서를 하라고 지시를 내렸다. 물론 나와는 아무 상의도 없었다. 그 이전까지 독서교육에 대해 어떤 지원이나 계획도 없다가 갑자기 내린 지시였다. 다음 날부터 엉겁결에 선생님들은 옛날 웅변대회 수준으로 책 읽어주는 선생님이 되어야 했다. 졸지에 나를 원망하는 눈빛을 느껴야 했다.

그 이후 어찌 되었을까? 아침 독서교육은 흐지부지되어 어느새 사라지고 말았다. 강요만 있었지 구체적인 계획이 없었다. 당연히 교사들의 마음을 움직이는 그 무엇도 없었다. 자발성 없이 시행되는 정책은 오래

당동초의 당찬 수다 대 토론회

가지 못한다. 철저한 준비 없이 시행되는 정책은 가만 있으면 사라지게 되어 있다. 수없이 많은 교육 정책의 홍수 속에서 교사들이 살아남는 비법이기도 하다.

가르치는 사람도 인간인지라 모든 것을 완벽하게 할 수 없다. 어떤 선생님은 아이들과 따뜻하게 이야기하는 재주를 가졌다. 어떤 선생님은 아이들과 항상 운동장에서 공 하나를 두고 뛰어다닌다. 아이들이 선생님을 좋아하는 데에는 그만한 이유가 있다. 모든 걸 잘하는 선생님은 없다. 학교에서는 아직도 이런 일이 많이 일어나고 있다.

교사도 좋은 건 알아서 빨리 배운다

우리 학교에서 처음부터 공을 들여 변화시킨 게 학생평가다. 기존의 중간고사, 기말고사라고 부르던, 모든 아이가 같은 날 단 한 번 치러지는 시험의 결과로 평가받는 일제식 평가의 폐해를 없애고 싶었다. 그러기 위해 2014년 5학년에서부터 평가를 바꾸기 시작했다. 배움이 부족한 아이들이 준비되었을 때 평가를 다시 볼 수 있도록 했다.

그래서 사계절 '꿈키 통지표'도 만들었다. 자칫 너무 많은 평가가 교사에게 큰 부담이 되는 걸 막기 위해 다양한 변화를 주면서 여러 가지 보완 장치도 마련했다. 교사의 평가권을 강화하기 위해 평가지 결재도 학기말 사후 결재로 바꾸었다. 진단평가 대신에 진단 활동을 실시하고 아이들의 발달 상황을 살폈다. 학부모들은 평가를 통해 아이들의 변화가 눈으로 확인되자 전폭적인 지지를 보내주었다.

다른 학년 선생님들도 변화된 평가에 관심을 가지기 시작했다. 그렇게 1년 반 만에 어떠한 강요도 없이 모든 학년에서 평가가 바뀌었다. 그리고 그러한 평가 방식은 경기도 교육청 초등 '과정 중심 평가'에도 많은 영향을 주었다.

교사에게 평가권을 주다 보니, 스스로 더 좋은 방식을 찾아가는 것이다. 만약 평가의 변화를 강요했다면 어떻게 되었을까? 아마 교사들의 반대에 부딪혀 실패했을 것이다. 대부분의 학교에서는 새로운 변화가 생기면 기존의 낡은 것이 사라지지 않은 채 그 위에 더하기가 된다. 그러니 누가 변화를 좋아하겠는가? 좋은 게 있으면 알아서 더 빨리 배운다.

학교는 회의를 자주, 길게 한다. 의견을 물어보긴 하지만 답은 정해져 있는 경우가 허다하다. 심지어 정해진 의견을 학교장이 뒤집기까지 한다. 너도 말해보라고 하지만 새로운 일을 만들고 그 일을 누가 할 건지를 정하기 위해 한참 시간을 끈다. 발언하는 사람에게 일이 주어지는 경우가 많다. 그러다 보면 가장 나이가 어리거나 마음이 여린 교사가 그 일을 맡게 된다. 이런 일이 없어야 한다.

당동초 회의는 좀 달랐다. 회의 안건에 대해 가장 잘 아는 교사가 미리 준비한 후 최소한으로 간추려서 설명한다. 이 '요약 설명'에 대한 준비를 잘해야 한다. 그리고 모두의 의견을 듣는다. 제시된 의견들의 장단점을 살핀다. 처음으로 의견을 낸 교사가 말한 대로 결정 나는 경우가 많았다. 왜냐하면 이렇게 하든 저렇게 하든 서로 믿고 의지하다 보니 모두가 받쳐주어서 잘되게 만드는 경험이 많았기 때문이다.

자기가 낸 의견이 받아들여지는 경험은 공동체 구성원에게 매우 소중하다. 특히 새내기 교사거나 항상 조용히 남의 의견을 듣던 사람의 경우에는 더 그렇다. 그 수줍은 말 한마디를 모두가 격려해주고 그 의견이 좋은 결실을 맺도록 힘을 보태었다. 그런 경험은 커다란 힘이 되어 교사를 주체적 의지를 가진 민주시민으로 바꾼다. 이 모든 이야기를 나누는 데 보통 10분, 의견이 갈리면 30분밖에 걸리지 않는다.

한 달에 하루,
아이들의 눈빛만 바라보는 날

교사들만으로 학교에서 민주주의는 힘들다. 우리 학교에서 가장 많은 일을 한 사람이 누구냐고 묻는다면 나는 단연코 교장 선생님이라고 말한다. 예전에 당동초에서 퇴임하신 송명순 교장 선생님께서 사진 한 장을 보여주신 적이 있었다. 프랑스 어느 초등학교 교장실에 있는 빼곡하게 종이가 널브러진 책상과 메모지가 한가득 붙어 있는 게시판이었다. 그 한 장의 사진에는 그녀가 교장이 되면서 가졌을 마음가짐이 담겨 있었다.

송 교장 선생님은 프랑스 초등학교에 탐방 갔을 때 청바지를 입은 교장 선생님이 열쇠 뭉치를 직접 들고 학교 문을 열어주던 기억이 아직도 생생하다고 했다. 그래서인지 본인도 임기를 마칠 때까지 학교 열쇠 뭉치를 직접 들고 다녔고 책상은 일거리로 넘쳐났지만 어떤 일이건 구성원의 동의를 구했다. 권위는 그렇게 생긴다.

해결해야 할 다음 과제로 학교를 숨이 막히게 만드는 여러 가지 요인을 살펴보았다. 다양한 점검표들은 담당자도 왜 하는지 모르고 하는 경우가 많았다. 관련 공문을 찾아보고 불필요한 요인들을 제거하기 시작했다. 학기를 마칠 때에는 교육과정 평가회를 열고 담당 업무나 교육과정 운영의 문제점을 찾아낸 후 반드시 고치려고 노력했다. 행사와 사업이 사라지기 시작했다. 급기야 교사들의 얼굴에 여유가 생겼다. 학년 연구실은 언제나 북적이는 소리, 웃는 소리로 가득했다.

반 아이들에 관한 이야기를 주고받으며 동료 교사의 조언을 구했다. 선배 교사들의 경륜이 묻어나는 이야기와 젊은 교사들의 하소연이 연구실을 뜨겁게 만들었다. 여유로운 교사들은 아이들의 눈빛을 본다. 그러다 문득 우리가 아이들과 눈을 맞추는 시간보다 TV나 모니터를 보는 시간이 더 많다는 생각도 들었다. 한 달에 단 하루지만 '아이들 눈빛만 보는 날'을 정했다. 그렇게라도 아이들의 눈빛이 보고 싶었나 보다. 그날엔 교사들이 컴퓨터를 끄고 아이들은 TV 대신 서로의 눈을 바라보며 수업이 이루어졌다.

교사 열정 총량의 법칙

송 교장 선생님이 늘 하시던 말씀이 '학교에 모든 것을 쏟지 맙시다'였다. 직장에서 상사의 지시나 고객의 요구를 다 들어준다면 아마 제대로 자기 삶을 영위하기 힘들지도 모른다. 지시나 요구를 들어야 하는 그 한 사람도 한 가정의 소중한 구성원임을 잊지 말아야 한다. 학교도 마찬가지다. 매일 쏟아지는 공문과 수백 쪽의 계획서를 다 읽을 수 없을 정도로 할 일이 넘쳐난다. 처리해야 할 일의 가짓수가 감당할 수준을 넘어선 지 오래다.

감당하기 어려운 업무로 인해 자기 한계에 다다른 사람들은 다른 사람에게 자기 일을 떠넘기거나, 일을 대충대충 하게 된다. 학교에서는 '아이들을 위해서'라는 말로 수없이 많은 요구들이 쏟아진다. 아이들을 위해서 조금만 희생하라는 일이 감당할 수 없이 많다. 국회의원의 요구, 교육부의 실적, 시도 교육청의 실적, 지역 교육청의 실적, 학교의 실적은 모두 학교의 교사들이 만들어줘야 가능하다. 교사의 열정에도 총량이 있다.

부당한 민원이나 요구에는 단호하게 대처해야 한다. 요즘은 학교폭력이 초등학교에서 많이 발생하고 있는데 학교폭력 문제가 거의 없던 당동초에도 문제가 생기기 시작했다. 학교폭력 사안이 발생하면 학부모들은 대부분 자기 아이를 지키기 위해 날을 세운다. 자기 아이가 잘못한 일에도, 아이에게 무슨 불이익이 생길까 봐 더 심한 말을 내뱉는다.

학교가 담임에게 일 처리를 떠넘기면, 학부모들은 담임선생님이나 학교를 원망하며 감정싸움으로 가거나 소송으로 문제를 해결하려 한다. 일은 점점 커지고 학교는 엉망이 된다. 나는 이런 학교들을 수없이 봐왔다. 우리 학교는 담임을 배제하고 관리자 두 분과 상담 선생님, 학교폭력 담당 교사가 양측의 학부모를 만났다. 두세 시간의 긴 하소연을 듣고 적절한 절차와 조언을 한다. 거친 말투와 화가 누그러질 때까지 긴 대화가 오고 가면 마음이 가라앉는다. 그러면 위로의 말을 건네고 문제 해결의 실마리를 찾는다.

당동초에는 수업 축제 같은 행사가 없다. 교육계에도 수업을 더 잘하기 위해서라는 명목으로 대규모 수업 공개와 같은 행사를 많이 하던 시절이 있었다. 수업은 잘하고 못하는 게 아니다. 아이들에게 수업이 어떻게 다가가는지가 중요하다. 잘 짜인 수업에 대한 환상을 버려야 한다. 많은 사람이 보는 게 의미 있는 게 아니라 자신에게 도움을 주는 선배들과 동료들이 필요하다. 함께 이야기를 나누는 시간이 중요하다. 보여주는 수업 한 시간에 들인 공을 토대로 교사의 성장을 판단할 수 없다. 대규모로 진행되는 행사는 마켓이 되고 교사와 학생은 상품이 된다.

지금까지 교사들은 아이들에게 비판적 사고의 중요성을 강조해왔다. 교사들도 자기 수업을 비판적으로 바라볼 필요가 있다. 수업에도 비평이 필요하다. 내 수업을 분석하여 개선의 자료로 쓰일 수 있도록 격려하는 분위기가 중요하다. 이런 문제를 개선해나가기 위해 당동초에서는 공동 연구와 공동 실천을 통하여 공동 수업을 진행했다. 공동 수업을 준비하면서 놓치지 말아야 할 것은 신규 교사나 경력이 짧은 교사에게 부담을 주지 않아야 한다는 점이다. 우리는 어느 정도 경륜이 있거나 수업을 잘하는 교사가 공동 수업안을 작성하고 먼저 수업을 했다. 신규 교사나 경력이 짧은 교사는 경험이 풍부한 교사들의 수업을 보고 함께 이야기를 나눈 후 맨 마지막에 수업을 하게 했다. 그러자 그들의 심적 부담이 크게 줄었고 배움은 늘어났다.

결과적으로 신규 교사나 경력이 짧은 교사가 가장 잘된 수업을 하게 되어 수업에 참여한 동학년 모두에게 신뢰와 존중이 쌓이게 되었다. 비가 올 때 우산을 씌워주는 것도, 비를 같이 맞아주는 것도 멋있지만 때론 먼저 비를 맞아주는 것이 중요하다.

학교 업무에 교사들을 맞추는 대신 교사들의 교육과정 운영에 학교 행정력을 맞추다 보면 학교는 따뜻해진다. 수고로움은 서로가 나누어 아무것도 아니게 된다. 아침 9시부터 6교시가 끝나는 14시 30분까지 학내 메신저로 업무 지시나 연락을 하지 않았다. 담임선생님이 메시지를 확인하는 단 1초 만에 아이들은 싸운다. 누가 넘어지거나 다치기도 하고 갑자기 울음이 터져 나오기도 한다. 교사가 메신저에 잠깐 한눈을 팔면 일어나는 일이다. 교사와 학생을 중심에 놓고 보면 이런 게 보인다. 물론 개인적인 메신저나 학년 협의를 위한 메신저는 자율에 맡겨야 한다. 수업 중에 갑자기 색종이나 도화지가 부족할 때에는 '색종이 구함. 두 배로 갚을게요' 같은 메시지를 보내야 한다.

아이의 작은 고민에 귀 기울여 고민을 해결하는 과정이 아픈 경험이 아니라 의미 있는 시간이 되고, 다른 사람과의 관계를 이해하고 자신을 연결해가는 과정이 되어야 한다. 그러나 이 작은 변화들이 누군가의 일방적 지시나 강요로 이루어진다면 지금까지 한 이야기는 안 하느니만 못하다.

아이들은 지금보다 더 행복해질 수 있다

나는 이제 곧 12년간의 학부모 생활을 마치고 졸업한다. 줄곧 초등학교 과정을 맡고 있다 보니 딸아이가 다니는 고등학교의 교육과정은 잘 몰랐다. 그래서 딸아이가 다니는 학교의 교육과정을 들여다보기로 했다. 주말에 짬을 내어 학교 홈페이지에 들어가서 정보공시된 항목을 찬찬히 들여다보았다. 마지막 학부모 생활을 그냥 보내기에는 너무 아까워서였는지 학부모회 학년 부대표 역할도 맡았다.

관심을 갖고 들여다본 후에야 아이의 학교 교육 목표가 '21세기 더불어 사는 삶'이라는 것을 알게 되었다. 아이가 다니는 학교의 학부모회는 학생회 조직보다 더 거대하다. 각종 위원회와 동아리 활동이 계속 이어지면서 1년에 1000번의 모임이 성사된다. 하루 세 번꼴로 학부모 모임이 있다는 이야기다. 학부모들은 자체적으로 교육을 진행하고 학교를 지원한다.

교육과정 속에 학부모도 한 축으로 작용한다. 교육과정이 쉽게 읽히고 눈에 잘 들어온다. 직관적이라서 그런지 아이들이 배우는 교육 내용이나 프로젝트도 하나같이 믿음직스럽다. 이런 교육과정을 왜 국가는 못 만들었을까?

열여덟 살이 된 딸아이가 21대 총선을 처음 치렀다. 선거 날이 되어서야 고3 수험생의 일상을 보내느라 바쁜 아이에게 첫 선거에 대해서 어떻게 생각하는지 슬쩍 물었다.

"우리 학교 아이들이 팀을 만들어서 공약을 분석했어. 정당 이름을 가리고 공약만 보고 자신이 원하는 당을 선택했거든. 나도 내가 생각하는 것과 비슷한 공약을 내건 정당과 후보에게 투표할 거야."

부끄럽지만 내 30년 투표 인생에 이런 경험은 없다. '선거연령 인하'에 관한 논쟁에서 가장 큰 우려를 불러일으킨 것은 정치적으로 성숙하지 못한 아이들에게 투표권을 주었을 때 제대로 선택할 수 있겠느냐는 것이었다. 우리의 기억 속에서 탄핵이라는 역사는 어른들의 선택이 틀릴 수 있다는 걸 알게 해주었다. 어른들의 선택이 결코 아이들의 선택보다 낫다고 말할 수 없다.

2017년 내가 속해 있는 '학교시민교육전국네트워크'에서 선거연령 인하를 주제로 국회 토론회를 진행한 적이 있다. 이 주제에 관해서 어른들이 왈가왈부하는 방식이 아니라 전국의 초중고 학생이 모여서 자신들의 이야기를 전달하는 방식이었다. 웬만한 TV 토론보다도 아이들은 자신의 의견을 솔직하고 조리 있게 이야기했다. 내가 이때 깨달은 건 아이들의 토론 내용이 어른들의 토론 내용보다 훨씬 다양하고 수준도 높다는 것이었다.

자녀 교육에 관심이 많은 우리나라 학부모들은 과연 자녀가 다니는 학교의 교육과정에 관심을 가질까? 자녀가 학교에서 무엇을 배우는지 궁금하다면 교육과정을 보라. 그곳에서 아이가 어떻게 자라는지가 보일 것이다. 또한 아이가 다니는 학교의 모습도 보인다. 학부모들은 아이들의 성적에는 관심을 갖지만, 어떤 교육과정을 통해 아이들이 평가받는지에는 별 관심이 없다.

본인들이 학교를 다닐 때 배웠던 과정이 어떤 의미인지 고찰해볼 여유가 없기도 했을 것이다. 교육과정에는 학교의 교육철학이 담겨 있다. 그걸 함께 고민해보는 게 필요하다. 그래야 학교가 내 삶이 된다. 아이가 어린 시절의 대부분을 보내게 되는 공간에 대한 이해나 관심을 가지지 않으면 내 아이의 삶이 더 좋아질 수 없다.

민주시민이 자라는 교육과정은 어떠해야 할까?

국가 수준 교육과정은 교사에게 최소한의 수업 시수와 성취 기준만 제시해야 한다. 그리고 교사에게 교과를 구성할 권리와 교재 편성의 자율성을 일정 부분 보장해야 한다. 이것은 학교를 민주적으로 만들기 위한 최소한의 규정이기도 하다.

학생, 학부모 자치위원회, 교사회 자치 활동이 생활 영역에서 학습 영역으로 확대되어야 한다. 학급, 학년, 계열별로 교육과정 구성과 개발에 구성원들이 참여해야 한다. 학생들이 상급 학교에 진학할 때, 이전 단계에서 경험한 학교 문화와 학생 발달의 정도를 고려할 수 있어야 한다. 그리고 아이들이 경험할 교육 활동이나 교육과정을 유기적으로 조정해야 한다. 또한 교육과정을 연계시키면서 어떻게 계속해서 운영할지를 고민하는 측면으로 확대되어나가야 할 것이다.

학교란 학생이 생활하는 공간이고 미래를 준비하는 곳이다. 따라서 학교는 교육과정을 통해 학생이 민주시민의 자질과 역량을 키워나가도록 도와주어야 한다. 그러기 위해 교육 주체의 역할이 모두 중요하다는 것을 공감하고 사회나 일반 교과뿐만 아니라 학교에서 이루어지는 모든 활동이 민주시민교육의 내용 요소이자 교육과정이라는 시각을 가져야 할 것이다.

삶과 교과를 통합한 주제 중심 통합교육이 활발하게 이루어져야 한다. 나는 교육계 일각에서 자주 쓰는 융합교육이란 말이 와 닿지 않는다. 26년간 교직에 몸담았던 나조차 이해할 수 없는 말이다. 학부모나 학생들은 오죽할까 싶기도 하고, 아무리 들어봐도 기존의 '주제 중심 교육과정'과 별 차이를 느끼지 못하겠다. 어렵고 낯선 말보다 익숙하고 쉬운 말을 써야 모두가 이해하기 쉽다. 주제 중심 교육과정은 학생들의 삶과 관련된 주제를 중심으로 여러 가지 교과와 활동을 통합하여 교육과정을 구성하는 것이다. 그래서 시작부터 학습자의 흥미와 관심을 고려하게 되고 운영 방식이 한 시간 단위 수업에 얽매이지 않게 되어, 훨씬 풍부하고 다양한 학습 효과를 기대할 수 있다.

단순히 학생들을 기쁘게 해주는 효과적인 접근법이라서가 아니라 지식을 실생활의 문제들에 응용되도록 해주기 때문에 다양한 학습 효과가 나는 것이다. 여기서 다루는 지식은 시험에 필요한 개념, 사실, 기능이 아니라 지역사회 및 실제 삶과 긴밀하게 연결된 내용이어야 한다. 그러한 지식을 배우는 학생들은 자신은 물론 다른 사람들의 삶에 변화를 가져온다. 현재의 관심사와 미래의 꿈을 반영하는 교육과정이 되어야 한다. '어떤 지식이 가장 중요하고 가치가 있는가? 어떻게 지식이 획득되고 만들어지는가? 학교에서 무엇을 왜 배울지를 누가 결정하는가?'에 대한 고민을 학교가 함께하면서 만드는 교육과정이어야 한다.

생활 속 민주주의의 실천은 일상에서 구체성을 띤다. 일상에서 민주적인 관계를 배우고 형성하는지를 돌아봐야 한다. 그래야 아이들이 생활 속에서 민주주의를 실천할 수 있다. 학교의 교육 경험에 대해 학부모, 지역 주민, 특히 학생들을 포함하는 모든 이들의 의미 있는 참여를 증진시킬 수 있는 실질적인 길을 꾸준히 모색해야 한다. 학교와 지역 공동체 간의 학습 공동체도 꾸려야 한다. 배운 만큼 돌아볼 시간을 주어야 한다.

2013년 시작된 당동초의 민주적 학교 만들기의 경험은 2019년부터 교육부의 민주학교 정책의 모델이 되었다. 당동초의 경험은 뭔가 대단한 학교를 만들어간 이야기가 아니라 민주주의를 배우고 실천하는 학교의 모습을 생각하고 만들어간 이야기다. 여러 형태로 존재하는 이 땅의 민주학교들은 구성원들의 의지와 노력으로 지금도 변화를 위한 발걸음을 재촉하고 있다. 난 그들에게 박수와 응원을 보내고 싶다. 그리고 그들과 함께할 것을 약속한다.

축구 경기 거리 응원전에서도, 촛불 혁명이 일어나던 때에도, 벚꽃축제를 걱정할 때에도, 총선을 치를 때에도 수식어처럼 '성숙한 시민'이 따라다닌다. 수백만 명이 집회를 해도 거리가 깨끗하게 유지되고 사소한 폭력조차 일어나지 않은 채 권력을 교체한 시민들이 당연히 받아야 할 찬사다. 외부적으로 봤을 때, 우리는 충분히 성숙한 시민이 되어가는 중이다. 사회 곳곳에서 소수의 의견을 경청하고, 고함을 대화로 이끌고, 불통을 소통으로 바꾸고, 혐오를 연대로 변화시켜가면서 국민에서 시민이 되어가는 중이다. 그러나 민주주의를 일상 속에서 체득하고 실천하고 있는지에 대해서는 말하기 조심스럽다. 코로나19 감염병이라는, 현재 진행형인, 재앙에 가까운 현실의 문제를 해결하기 위해서 다시 지혜를 모아야 한다.

나는 학교에서 그 답을 찾아야 한다고 생각한다. 공교육을 통한 민주시민교육에 대해 고개를 젓는 분들이 있다. 민주시민교육을 정치적으로 악용해온 경험이나 역사 국정화 사태를 겪은 우리로서는 당연한 우려다. 그러나 공교육은 모든 아이가 자라면서 경험하는 파급력이 큰 과정이다. 그래서 나는 교육과정을 통해 민주시민교육을 체계적으로 해보고 싶은 유혹을 떨칠 수가 없다.

우리는 시민이 권력의 중심에 서는 민주주의를 시작하고 있다. 권력이 시민의 눈치를 봐야 하는 시대다. 그러나 그 '시민'이 민주주의를 이해하고 있는지 우리 스스로 돌아봐야 한다. 여전히 학생의 인권을 무시하는 교사, 내 아이만 소중한 부모, 사회적 약자나 소수를 무시하고 증오하는 혐오주의자, 내 생각만 옳다고 확신하는 사람…… 내가 그런 사람이 아닌지 되돌아봐야 한다. 시민은 완성형이 아니다. 완벽한 존재도 아니다. 우리 사회가 이런 한계를 인정하고, 실수를 용서하는 살아 있는 민주주의를 이루어내려고 노력해야 한다. 민주주의자가 되기 위해, 민주주의자를 기르기 위해 노력해야 한다.

나는 가난한 사람도, 실수를 저지른 사람도 따뜻하게 품어 안을 수 있는 사회를 원한다. 급기야 끊임없이 서로를 갉아먹어야만 생존할 수 있었던 야만의 사회가 다시 오지 않기를 희망한다. 대통령이 누가 되더라도 상관없는 사회, 아이들이 학교에서 배우고 즐겁게 뛰어노는 사회를 원한다. 민주시민교육이 나아갈 방향은 민주주의를 이해하고 실천하는 시민으로 학생들이 자라나도록 교육 내용과 학교 환경을 변화시키는 것이다. 지금처럼 인권교육 몇 시간, 환경교육 몇 시간으로 물 한 잔 먹이는 교육이 아니라 하나의 물결이 되는 교육이 되기를 바란다. 함께 잘살자.

인터뷰 1

도시에 소방서를 만든 아이들

전라남도 순천시 신대초등학교 김재윤 선생님

순천 신대초등학교는 언론의 주목을 받은 혁신학교다. 학교 공간을 혁신한 사례로 널리 알려지기도 했다. 신대초는 2018년, 순천 신대지구 신도시 건설과 함께 개교한 신설 학교다. 교사들은 신설되는 학교다 보니 새로운 문화를 만들 수 있다고 생각했다. 학교 민주주의에 대한 절실함은 어디나 마찬가지다. 선생님들은 신생 학교에서 해낼 수 있는 새로운 일들에 대해 모색했다.

고향이 순천인 김재윤 선생님은 학교 민주주의를 실천하기 위해 '민주시민이 되자'를 급훈으로 내걸고 교과과정을 재구성했다. 생각보다 교과목 내에서 민주시민교육을 실천할 수 있는 방법은 많았다. 학교의 필수교육과정에서도 지역과 사람을 우선 생각하는 가치를 아이들과 함께 탐구할 수 있다.

김 선생님은 4학년 사회 교과의 지역사회 참여와 민주주의 단원을 준비하며 부산 용암초등학교의 일화를 아이들에게 소개했다. 부산의 용암초등학교는 원래 대변초등학교였다. 학교 이름이 배설을 연상시킨다며 오랫동안 학생들의 불만이 누적되어온 곳이다. 인근에 있는 대변항과 같은 이름이고 한자어도 배설과는 상관없지만, 초등학생 입장에서는 한자까지 따져가며 두 번 생각할 여유가 부족했다. 큰 대회에 나갈 때마다 "대변초등학교 ○○○ 나오세요"라는 얘기를 들은 학생회 임원이 학교명을 바꿀 수 있는지 알아봤고, 교명 변경을 학생회 안건으로 올렸다. "더 이상 똥 학교 소리 듣기 싫다"는 구성원들의 동의를 얻어 부산시 교육청의 교명선정위원회 의결과 부산시의회 조례 개정을 거쳐 용암초등학교로 이름을 바꿨다. 이 사례는 책으로도 출간되었다.

더불어 살기 위해 필요한 것들

신대초가 위치한 신대지구는 대규모 아파트 단지와 골프장, 근린시설지구로 이루어져 있다. 자동차 도로를 끼고 새로운 신도시가 형성되고 있다. 4학년 3반 김 선생님은 주민편의시설, 즉 공공기관이 부족한 지역 조건에 주목했다.

부산 용암초의 학교명 변경 사례를 들은 아이들은 자신과 비슷한 또래인 친구들이 직접 실천하고, 그 결과를 사회적으로 인정받은 과정에 깊은 인상을 받았다. 다른 지역이지만 같은 어린이들이 세상을 바꿨다는 것에 가슴이 뛰었다. 아이들은 교사와 함께 지역을 돌아보았다. 주말에 모여 우리 마을에 무엇이 있는지 직접 걸으며 확인했다.

생각보다 지역에 공공시설이 부족하다는 걸 깨달았다. 새로 조성된 계획 도시였기 때문에 모든 공공기관이 준비되지 않았다. 지역 주민들도 불편하다고 입을 모으던 터였다. 지역사회의 변화에 대해 김 선생님은 아이들이 스스로 의견을 내어 시청과 유관기관에 설립 요청을 할 수 있다는 것을 알려줬다. 국어와 사회 교과와 연계해 직접 제안하는 글도 써보고 역할극도 해봤다.

아이들은 우리 모두가 더불어 살기 좋은 마을을 만들기 위해 필요한 공공시설들을 꼽았다. 아이들은 여러 공공기관 중에 모든 사람의 안전과 생명을 위한 소방서 설립을 우선 과제로 꼽았다. 학부모들의 지지도 적잖은 힘이 되었다. 아이들이 직접 시청에 편지를 쓰고 민원을 제기했다. 2018년 지방선거로 순천 시장이 교체되었지만, 신대초 어린이들은 2019년 순천시청을 방문할 수 있었다. 시장님과 사진도 찍고 '신대지구에 필요한 공공기관 만들기'의 결과를 알렸다.

신대초 어린이들은 소방서뿐 아니라 장애인복지관 건립도 제안했다.

지역사회의 변화에 대한 프로젝트 수업을 진행하던 중, 김 선생님은 서울 강서구의 장애인학교 설립을 놓고 주민들이 갈등한 이야기를 소개했다. 그러자 한 학생이 동주민센터를 방문한 이야기를 꺼냈다.

"선생님, 저희 아빠가 동주민센터에 회의를 하러 가시는데요."

그 아이는 주민협의체 회의에 가는 아버지를 따라 동주민센터를 방문했다. 마을문고에서 책을 읽으며 아버지를 기다리다가 돌아오곤 했는데, 동주민센터 2층이 비어 있는 것을 보았다. 아이가 사는 아파트 단지에는 장애인이 살고 있었는데, 신대지구에는 장애인복지관이 없어 멀리 순천 원도심까지 간다는 이야기를 들었던 기억이 났다.

"2층이 비어 있는데, 그런 곳에 장애인복지관을 만들 수 있지 않나요? 저희 동네 아저씨가 너무 멀리 가신다던데 가까이 있으면 더 좋을 것 같아요."

시민이 정책에 참여하는 것이 가능하다는 걸 알게 된 아이들은 동사무소 2층으로 부지까지 선정해 시청에 제안했다. 소방서의 역할을 할 수 있는 119안전센터는 2019년 12월에 문을 열었지만, 장애인복지관 설립은 조금 더 기다려봐야 할 것 같다.

신대초는 아이들의 변화에 발맞춰 민주화운동기념사업회에서 진행하는 청소년사회참여대회를 참조하여 정책 제안 발표 대회를 만들었다.[8] 몽실학교(지역사회협력 미래형 청소년 자치 배움터)도 참조했다.

2019년 신대초는 정책 마켓을 펼쳐 교육운영 대회에 반영했다. 아이들이 선정한 정책은 학교 스포츠클럽 활성화, 장기자랑 무대, 학교 내 콘서트 진행 등이다. 진로 체험 프로그램도 있었지만, 코로나19 감염병 확산으로 2020년에는 쉬어갈 수밖에 없었다.

내가 바로 이 학교의 주인

학교 혁신교육을 무난히 해나가는 데에는 학교 관리자의 적극적인 예산 지원과 각 부장들의 정보력이 큰 도움이 되었다. 동아리 활동 지원이나, 새로운 프로그램의 설계·기획에 들어갈 예산을 비교적 수월하게 사용할 수 있었고, 각 부장들은 다른 학교나 지역에서 빛났던 교육 프로그램과 프로젝트를 소개했다.

신대초는 담임 재량으로 교과 시간표를 조율할 수 있다. 전담 시간을 빼놓고 김 선생님은 학기 초에 아이들과 함께 시간표를 결정했다.

"자, 일주일 동안에 우리는 정해진 시간만큼 공부해야 해. 대신에 수학시간과 체육시간을 바꿔서 체육을 두 시간 연속으로 하면 더 재미나겠지? 어떻게 생각해?"

아이들은 회의를 통해 한 학기 동안의 시간표를 결정한다. 체육이 끝나고 난 뒤 국어 수업을 하면 너무 졸릴 것 같다거나, 음악은 점심을 먹고 난 뒤에 하면 좋겠다는 의견을 낸다. 선생님은 정해진 시수와 변경할 수 없는 시간을 먼저 알려주고 나머지 빈칸을 아이들과 함께 채워나간다.

또한 신대초는 같은 학년의 교사회의를 통해 교육과 활동에 대한 반성을 한다. 신대초는 교사들만 교육 활동에 대한 평가를 하는 것이 아니라 아이들도 학급 내에서 교육과 프로젝트에 대한 반성을 해나간다. 이 회의를 통해 아이들은 자신들이 해냈던 일의 성과를 확인하고 다음 실천에서는 어떤 역량을 강화해야 하는지 점검한다.

선생님들은 아이들이 스스로 일궈내는 성과를 보면서 선한 영향력을 받는다. 김 선생님은 아이들에게 기본 원칙과 당장 바꾸기 어려운 규칙을 알려주는 것은 꼭 필요하다고 전한다. 정해진 틀 안에서, 즉 정해진 학교 운영규칙 안에서 당장 이룩할 것이 있고, 그다음에 더 큰 원리를 바꿔내는 과정이 순차적으로 진행되어야 한다는 것이다. 앞서 예를 든 소방서와 장애인복지관 설립 제안도 교사가 먼저 사례를 소개하고 아이들의 생각을 이끌어냈기 때문에 가능했다.

아이들이 정책을 제안하고 학교 운영에 참여하다 보니 자연스럽게 학교 공간 혁신에도 참여하게 되었다. 공간 혁신 프로젝트는 전북 교육청의 교육감 공약이었다. 하지만 단순히 인테리어 공사로 오해받을 가능성도 있어서, 구성원 간의 합의와 공간주권에 대한 이해가 선결되어야만 하는 조심스러운 프로젝트다. 신대초의 아이들이 민주적 의사결정을 해낼 수 있다고 판단했을 때, 교사들은 아이들과 함께 공간주권을 회복할 시기가 왔다고 확신했다.

2019년 신대초는 공간주권을 돌려주는 민주시민교육의 일환으로 진행된 전북 교육청의 학교 공간 혁신 프로젝트에 참여했다. '신나go, 힘차go, 알차go'라는 제목을 붙인 이 프로젝트는 아이들이 모여 '학생 공간 만들기' 팀을 운영하고, 건축 전문가와 함께 공간을 이해하는 워크숍을 진행했다. 또한 공간 민주시민교육 수업도 듣고, 학교 공간을 이용하는 규칙도 함께 정했다.

의견을 내고 합의하는 과정을 경험한 아이들이 더 성숙한 태도로 상호 간의 합의를 만들어냈다. 신대초는 공간 혁신에도 아이들과 함께 운영하고 결정해나갔다.

이 과정에서 교사의 업무가 가중되는 것은 피해가기 어렵다. 교사는 학교 내 구성원과 학교 밖 전문가들의 중간 조정자 역할을 해야 한다. 교사도 인테리어나 건축에 대한 전문가는 아니기 때문에 끊임없이 공부하고 연구해야 한다. 그 과정에서 구성원과 작업자들이 서로를 이해하고 주어진 환경에서 의견을 조율하는 일이 발생한다. 이 과정이 민주적으로 이루어져야 책임과 권리도 분산된다. 김 선생님은 공간주권을 돌려주는 과정이 민주시민교육 그 자체라고 말했다. 학생들은 이 과정을 통해 '내가 바로 이 학교의 주인'이라는 생각이 절로 들었다고 한다.

성공의 기억이 중요하다

신대초의 공간 혁신 사업이 끝난 뒤, 아이들은 스스로 공간 사용에 대한 운영위원회를 만들고 운영에 대한 업무도 나눠 맡았다.

학교 공간 이용규칙 제정을 위한 대 토론회를 전교 학생회자치회의를 통해 결정했다. 스스로 결정한 것이기 때문에 아이들은 불만도 적었다. 새롭게 발견되는 문제는 각 학급별 회의와 자치회의를 통해 바꿔나갔다. 운영을 맡았던 아이들이 6학년이 되자 후배들에게 위원회의 역할을 물려줘야 한다는 것을 깨닫고 상호배움의 시간을 가졌다. 물론 이 과정에도 교사는 갈등 조정을 전담하며 원칙과 한계를 규정짓는 역할을 했다.

교사들은 성공의 기억이 중요하다는 것을 강조했다. 우리가 스스로 만들어낸 것에 대한 기억이 있는 한, 다음 단계로 도약할 수 있다. 이후에도 어떤 합의 과정이 가장 현명했고, 모두에게 이로운 결론을 도출했는지 선명하게 이해할 수 있다.

아이들은 기성세대보다 민주적인 태도와 합의에 보다 익숙하다. 지난 수년간 많은 이들이 공동으로 노력한 결과다. 학교 안은 차츰 단계적으로 민주적인 모습을 갖추고 있다. 성공했던 경험이 적고 학교 공간 안에는 위계가 존재하기 때문에 모든 것이 한꺼번에 바뀔 수는 없다. 하지만 교육부나 교육청의 지원으로 행하는 많은 시도들이 학교 내에 국한되어 지적받기도 한다. 학교 밖에서는 학교 안이 비민주적이라고 비난하지만, 학교는 사회와 유기적으로 결합되어 있다. 학교만 바뀐다고 학교 홀로 민주적인 모습을 만들어나갈 수는 없다.

학교 현장에서는 학생들과 교사들도 많이 민주적인 합의 과정에 도달했다고 평가한다. 그러나 교육 행정은 아직도 분절적이라 이 과정의 통합이 무척 중요하다.

신대초의 민주시민교육은 선택이 아닌 필수다. 민주시민교육을 모든 아이들에게 동일하게 제공하긴 어렵다. 아이들도 이해의 폭과 각자의 상황이 다르기 때문이다. 그러나 한 아이의 힘은 생각보다 위대하다.

아이들은 민들레 홀씨처럼 퍼져나가 다른 땅에 도착해서 민주주의의 싹을 틔운다. 교사들은 민주주의 속에서 자라난 아이들이 상급 학년이나 학교에 진학한 뒤에 자기들이 배운 것을 퍼뜨리는 모습을 생활 속에서 눈으로 확인했다. 이제 고민은 그만해도 되지 않을까. 실천하고 도전하는 모습이 아름다운 신대초에서 민주주의로 나아가는 학교의 모습을 재확인할 수 있다.

인터뷰 2

한 걸음씩 나아가면 언젠가 닿겠지

경상북도 안동시 대구교육대학교 안동부설초등학교 신창훈 선생님

초등학교 4학년 사회 교과에는 지역문화재를 조사하고 소개하는 단원이 있다. 아이들의 문화재 조사는 대부분 인터넷에서 이루어진다. 문화재청이나 안동시청 홈페이지에 들어가서 문화재를 검색하고 조사한다. 그 결과를 발표하는 시간이 됐다. 대부분의 학생들이 의미를 모른 채 읽기만 했다. 배움이 일어날 리 없다.

"아치형이 무슨 뜻이죠?"

"툇마루가 어느 부분을 가리키는 거죠?"

신창훈 선생님이 묻자, 아이들은 사실은 무슨 말인지 모른다고 말했다. 말이 너무 어렵다고 토로했다. 신 선생님은 아이들과 함께 직접 자료를 뒤져 아이들이 쉽게 이해할 수 있는 문화재 안내 문구가 있는지 찾아봤다. 문화재청에서 제시한 몇몇 유명한 문화재를 제외하고는 쉽게 설명된 것을 찾기 힘들었다.

몇몇 친구들이 우리가 한 번 바꿔보자며 의기양양한 목소리를 냈다. 이렇게 문화재 안내판 개선 프로젝트가 시작되었다. 문화재 소개 문구를 이해하기 쉽게 아이들의 말로 바꾸며 소개를 재구성하자 아이들이 즐거워했다. 공공기관에서 설명한 문화재 소개 문구와 아이들이 자신들이 이해하는 표현으로 바꿔낸 문화재 소개 문구를 나란히 학교에 전시하고, 어느 게 더 좋은지 스티커를 붙이는 방식으로 설문조사를 실시했다. 그런데 의외로, 기존의 어려운 말로 된 문화재 소개 문구에 더 많은 스티커가 붙었다. 신 선생님은 저학년 학생이 어려운 소개 글에 스티커를 붙이는 모습을 보고 '왜 그 글이 더 좋은지' 물었다. "무슨 뜻인지는 모르겠는데 저는 글자 잘 읽어요." 1~2학년 아이들의 대답이었다.

신 선생님과 아이들은 깨달았다.

'쉽게 설명하는 글이라고 해도 저학년은 글의 분량이 많으면 읽기 힘들어하는구나.'

'읽어도 무슨 뜻인지 모르는 경우도 많구나.'

신 선생님과 아이들은 문화재 소개글을 다시 만들었다. 저학년의 호기심을 자극하고 이해를 돕기 위해서는 그림이나 영상이 들어가야 했다. 어린이들이 만든 문화재 소개 글과 영상을 각 문화재에 같이 붙이면 좋을 것 같았다. 그래서 문화재청과 안동시청에 제안서를 보냈다.

문화재청에서 답변이 왔다. 안동시청 문화재과에서 아이들의 의견을 반영해줄 수 있을 것이라는 이야기였다. 안동시청에서는 4학년 아이들이 '문화재 안내판 개선 사업 시민자문단'으로 활동할 수 있는 여건을 마련해주었다.

아이들은 현재 안동시 '호계서원'의 문화재 안내판 개선에 힘쓰고 있다. 2020년 12월, 호계서원 문화재 안내판에는 아이들이 직접 쉽게 풀어쓴 소개글과 영상이 QR코드로 제시될 예정이다. 배움과 삶이 하나 되는 과정이다.

어린 유권자들의 성숙한 책임 의식

대구교대 안동부설초는 국립 학교이며 아이들은 교복을 입고 다닌다. 이 학교에서는 학생자치회 선거 때마다 대규모 선거 운동이 있었다. 강당에 전교생이 모여 앉으면 후보자들은 공약을 발표하고 선거 운동을 돕는 친구들과 함께 장기자랑을 했다.

'쉬는 시간을 늘리겠다', '잔디를 깔겠다' 등 구체적인 실천 방안 없는 실현 불가능한 공약들이 떠돌았다. 어린 유권자들은 공약의 실천 가능성을 생각지 않고, 학생자치회 간부를 선출했다.

안동부설초에서 민주시민교육을 시도한 것은 2018년부터다. 신 선생님은 민주적인 학교 문화를 만들어가는 것을 처음 시도

하는 입장에서 많은 것이 조심스러웠다고 한다. 문제가 이미 드러난 것, 개선해야 할 것들부터 고쳐나갔다. 그 대표적인 것이 인기투표가 되어버린 학생회 선거제도였다. 선거공약추진관리위원회를 만들고, 장기자랑식 선거 운동을 없앴다. 학교 방송 시스템을 이용해 생방송으로 토론회를 만들었다. 첫해에는 토론회에서 주어진 질문지 중에 선택하여 상대 후보에게 질문하도록 했다. 두 번째 해에는 아이들이 잘해낼 것 같아 질문을 정해주지 않았는데, 상대 후보를 곤란하게 하거나 비난하는 일은 없었다. 역시 믿는 만큼 잘한다는 걸 보여줬다.

교장 선생님도 선거공약추진관리위원회 회의에 참석해 학생회의 이야기를 들었다. 학생들이 스스로 공약을 실천하기 위해 필요한 사항들을 점검하고 지원하는 데 집중했다. 학생회는 공약 실천 상황을 수시로 전교생에게 알렸다. 전교 학생회의 방식에도 변화를 주었다. 단순한 생활 목표를 정하고 반성하는 것이 아닌, 학교의 문제점을 찾아보고 학생들의 힘으로 해결할 수 있도록 도왔다. 필요한 예산 또한 학생들이 직접 활용했다. 네 학기를 거치며 공약 이행 정도는 30퍼센트에서 90퍼센트까지 올라갔다. 학생들은 스스로 선택하고 결정하며, 그 상황에 대해 책임을 다하기 위해 노력하는 모습으로 탈바꿈했다. 확대된 자율성에 따라 개인과 공동체의 책임 의식이 높아짐을 확인할 수 있었다.

학생들 사이에는 일주일에 한 번은 사복을 입게 해달라는 요구나 이를 학생자치회 공약으로 내걸겠다는 의견도 있었다. 학생이 교칙 개정에 참여하고, 학생들의 의견을 수렴하여 학교운영위원회 안건으로 올릴 수 있지만 너무 과하지 않은가 하는 판단이 앞섰다. 학교의 모든 권한과 책임을 아이들과 나누는 것이 과연 교육적으로 바람직한지도 의문이었다.

아이들과 민주적인 학교 문화를 함께 만들어나가려면 지역 전체가, 학교 내부가 민주적 합의에 우선 동의해야 한다. 경기도 지역에서도 한 학교가 복장 단속 자율화를 시도했을 때 가장 많이 반발했던 집단은 교사도 학부모도 아닌 지역 주민이었다. 안동시청에 붙어 있는 학교의 지리적 특성과 지역 분위기를 감안한다면 학교가 얼마나 자율적으로, 다른 학교의 사례를 모방할 수 있을지 확언하기는 어렵다. 또한 지역 특성이 있는데, 모두가 경기도나 서울의 혁신 사례대로 도전할 필요도 없다.

대구경북 지역은 보수적이다. 중앙부처나 수도권의 강사들이 대구경북 지역에 와서 민주시민교육에 관한 교장단 연수를 진행하면 연수장 분위기는 썩 좋지 않다고 한다. 각자가 생각하는 민주주의와 민주시민교육에 대한 기준이 다르기 때문이다.

그렇지만 교장 선생님은 학교 일에 대한 최종 결정권자다. 결정권자인 만큼 책임도 지게 된다. 아직도 많은 학교들이 교장 선생님이 최종적으로 결정하는 시스템에 익숙하다. 구성원에게 주어진 자율권이 없으니 창의성이 발현되지 못하고 책임감도 갖지 못한다. 변화에 둔감해진다. 그러나 구성원의 자율권을 보장하는 교장들이 늘어나며 학교 문화도 조금씩 바뀌어가고 있다.

직책과 나이가 사라진 곳에 깃든 자율

민주학교에서는 민주적 의사결정 협의체를 구성해 토론할 수 있는 여건을 만들고 거기에서 결정된 사항에 대해 특별한 사유가 없으면 그대로 시행한다. 최종 결정권을 가진 한 사람이 권위를 내려놓아야 민주주의가 스며드는 것 자체가 안타깝기도 하지만, 우리의 교육은 수십 년간 한 사람의 결정권에 의탁해 성장한 것이 사실이다.

안동부설초는 현재 교장 선생님이 상당 부분 최종 결정권을 내려놓고 있다. 각 학년 회의에서 선생님들이 결정하면, 바로 진행된다. 결정권을 가진 만큼 주어진 현안에 대한 심도 있는 토의가 진행된다. 창의성이 발현되고 책임감은 늘어난다.

한 사람이 결정하는 구조에서는 구성원들이 판단과 책임에서 자유롭다. 그래서 변화를 주도하지도 못한다. 민주적 절차로 이행되는 과정에서 한 사람의 책임은 여러 사람에게 분산된다. 이 과정에 익숙해질 때까지는 어디나 진통을 겪기 마련이다. 초기에는 한도 끝도 없이 서로 맥락 없는 말을 하며 갈팡질팡한다. 그러다가 지칠 때쯤 상황에 적합한 의사결정 구조 및 장치를 만들게 된다. 몇 가지 제안, 그중의 선택. 합리적이고 민주적인 의사결정 구조를 구성원들이 함께 만들어나가는 것이다. 안동부설초가 지금 그 과정에 있다.

안동부설초는 교육대학교 부설이라 서로 수업을 공유하는 기회가 많다. 수업 공유 후엔 수업에 대한 협의회가 열린다. 동료 교사의 수업에 대해 적극적으로 의견을 내는 사람은 몇몇으로 정해져 있는 경우가 많았다. 이 역시도 민주적으로 바꿔나가는 중이다. 나이와 직책을 떠나 모든 사람이 참여할 수 있는 협의회로 변하려면 어떻게 해야 할까?

먼저 아이들처럼 모둠을 만들고 수업을 진행한 교사에게 질문할 내용을 정리한다. 모든 사람이 참여하되 질문자가 드러나지 않으니 동료 교사에게 전달하는 과정의 부담이 줄어들었다. 몇 년간 한 공간에서 생활하는 사람에게 비판과 지적을 하는 것은 모두에게 어려운 일이다. 손을 들고 나를 드러내며 발언하는 것보다 모둠의 의견으로 정리하고 포스트잇을 붙이는 것이 훨씬 수월했다. 다양한 의견이 나온 만큼 수업에 대한 성찰의 폭이 넓어졌다.

수업협의회의 작은 변화는 학교 일상에도 영향을 끼쳤다. 직책과 나이에 따라 권위를 내세우는 사람이 없으니 민주적인 의사결정에 대한 두려움이 줄어들었다. 교사들에게도 자율과 책임이 나눠졌다. '해보니 되더라'는 말이 교사들 사이에서도 나왔다. 정작 교실 안에서 자기가 가르치는 아이들에게는 '자율과 책임'을 강조해왔으나 교사들은 실천하지 못하던 일들을 하나씩 찾아 바로잡고 있는 것이다.

천천히, 신중하게 서로를 기다려주자

학교 민주주의를 실현하는 과정에서 새로운 프로젝트들이 수립된다. 학교는 교육 기관이기 때문에 교육의 형태로 문화를 바꿔나간다. 따라서 없던 회의가 추가되고 이를 수행하는 팀이 구성되어야 한다. 예산을 받아와 새로운 시도를 하려면 예산 수립, 예산 관리, 영수증 처리, 보고서 작성 등 관련 업무를 전담할 사람이 있어야 한다. 행정실은 학교의 새로운 프로젝트를 수행할 만큼의 여력이 부족하다. 이미 처리해야 할 일들이 쌓여 있기 때문이다. 따라서 새로운 프로젝트를 제안한 사람이 이 업무를 떠맡는다. 교사는 수업 준비, 서류 작업과 타 공기관과의 협의를 모두 해내야 한다.

안동부설초는 민주학교를 처음 정책적으로 받아들일 때, 누군가의 업무가 늘어나거나 집중되는 일을 막기 위해 내부적으로 합의를 거쳤다. 완전히 새로운 것은 하지 않는다. 기존 프로젝트나 교육, 행사에 민주주의의 가치를 더하고 학생들의 참여와 선택권을 늘린다는 것이다. 정해진 시간에 한정된 사람들이 해야 하는 일이니, 할 수 있는 만큼의 선을 긋고 시도해나가는 것이다. 그리고 이 모두를 효율적이고 합리적으로 진행하도록 애쓴다.

업무의 하나로서 학교 민주주의를 실현하는 일이 어려워진다면, 민주학교를 만드는 것이 누군가에게 괴로운 일이 된다면, 그렇게 얻은 학교 민주주의가 과연 아이들에게 좋은 교육을 펼칠 수 있는 기회가 되는지 되물어야 할 일이다.

대구교대 안동부설초는 스스로를 초보 단계에 있는 민주학교라고 말한다. 그만큼 조심조심 천천히 한 발씩 걸음마를 내딛듯이 신중하게 민주학교를 만들어나가고 있다. 한꺼번에, 급격하게 변화하려고 할 때, 결국 넘지 못한 벽에 부딪혀서 쓰러지는 일이 많다. 스며들듯이 퍼져나가는 민주주의를 학교 안에서 만들고자 한다.

신 선생님은 학생들을 대할 때 가장 중요한 것이 서로를 기다려주는 것이라고 말했다. 답답해서 끼어들고 싶을 때가 많지만 아이들의 성장을 위해서는 기다리는 것이 가장 중요하다고 말한다. 민주학교도 마찬가지다. 학교 구성원 모두가 이해하고 소화할 수 있을 만큼 한 발 한 발 나아간다. 안동부설초의 차분한 변화가 기대된다.

2장

학교 공간에 던진 물음, 변화를 만들다

김혜자

상일중학교

교도소보다 저렴한 교실 건축 비용

아이들이 좋아하는 닭을 보러 가는 길에 놓인 오솔길이에요. 우리 학교는 학생, 교사, 학부모가 함께 만들어가는 학교입니다. 학부모들이 여름 한철 텃밭 운영을 마치고 버린 팻말을 조리실, 행정실 선생님들이 모아 알록달록 길을 낸 거죠. 누가 시키지도 않았는데, 조리실 선생님까지 학교를 자신의 공간이라고 생각하고 공간을 변화시키고 있다면, 다들 학교의 주인으로 살아가고 있는 거 아닐까요? 공간주권은 자기가 머물고 있는 공간에서 주인으로 사는 거라고 생각합니다.

세종시 수왕초등학교 김지영 선생님이 말하는 공간주권 행동은 공간에서 주인으로 살아가는 것이다. 수왕초는 안전 검사에서 D등급을 받아 다시 지어야 했다. 학교는 개보수에 그치지 않고 공간의 구조를 바꿨다.

벤치에 색을 입히는 수왕초 학생들

학생, 교사, 학부모 모두 주도적으로 학교 공간 혁신에 동참했다. 단순한 시설 공사로 접근하지 않았다. 학교 공간을 바꾸는 일은 학교에 사는 사람들의 삶을 바꾸는 것이라는 가치를 앞세워 공간주권에 관한 공부를 했다.

학교란 무엇인지, 어떤 학교에서 살고 싶은지, 학생들과 교사들이 어떤 수업을 하고 싶은지, 어떤 생활이 가능한 학교였으면 좋겠는지를 수차례 논의했다. 그렇다고 이런 활동을 위해 따로 시간을 내진 않았다. 교사들은 학교 공간을 주제로 교과 수업과 학년 수업을 재구성했다. 이 과정은 단순히 공간의 인테리어를 바꿔서 물리적 공간을 변형하는 것을 넘어섰다.

모두가 이 공간에서 어떻게 살 것인지에 초점을 맞췄다. 김 선생님은 달라진 공간이 바꿔낼 사람들의 삶에 관심이 있다. 김 선생님이 집중하는 것은 공간에 사는 사람들이 어떻게 주인으로 살아갈지, 그 길을 찾아가는 공간에 대한 권리 행사다.

감시와 훈육이 목적인 교실

2017년 조달청에서 공공건축물의 유형별 공사비를 조사한 적이 있다. 그 내용에 따르면 교실 한 칸을 짓는 비용은 교도소 한 칸을 짓는 비용보다 적다. 학교 시설물의 제곱미터당 평균 건축 단가는 152만 원에 불과하지만, 교도소는 194만 원, 주차장 시설은 199만 원이다. 시청, 구청 건물은 217만 원에 달한다. 우리나라의 학교는 그 모양이 획일적이고, 한쪽으로 복도가 쏠려 있으며, 반듯한 네모 모양이 주를 이룬다. 이는 우리 교육의 권위주의와 폐쇄성의 얼굴이기도 하다.

학교는 시대의 요구에 따라 만들어진 장소다. 학교 건축의 기원을 말하지 않더라도 학교는 오랫동안 규율과 훈육, 침묵, 위계 질서가 구현된 공간이었다. 중앙 현관 좌우에 자리 잡은 교무실과 교장실, 교실에 붙어 있는 시간표처럼 같은 크기의 교실들, 운동장, 위병소를 닮은 경비실. 군대 막사 같은 그곳에서 아이들은 한국의 산업 전사로 길러졌다. 권력의 위계가 선명한 공간에서 살다 보면 의식도 위계를 자연스럽게 받아들인다. 주체적이거나 자율적일 수 없고 위계를 따르게 된다.

근대의 대량생산 시스템이 학교 공간에 녹아들었다. 표준화, 단순 반복 작업, 단순 지식과 기능까지. 대량생산이 이루어지는 공장과 학교의 구조는 비슷하다. 학교는 병원, 감옥과도 닮았다. 모두 감시와 통제가 목적이다. 시민의 의무인 교육은 권위적·경쟁적·효율적인 공간에서 이뤄졌다.

학교 공간의 구조는 대체로 학습과 체력 단련을 중심으로 만들어졌다. 자연스레 학생들의 상상력이나 자유를 위한 공간은 빠져 있다. 훈육과 통제를 위한 구령대와 체육 활동을 위한 운동장이 있을 뿐이다. 위계적인 공간 권력은 교사 영역과 학생 영역, 관리 영역으로 공간을 구분한다.

학교 공간은 아이들의 자율적인 욕구를 억제한다. 학교의 건물 구조는 복종형 인간을 길러내는 훈련관 역할을 해왔다. 모든 학교엔 각 교실로 들어가는 복도가 있다. 복도를 따라 교실은 일렬로 정렬되어 있다. 복도를 거치지 않으면 바깥으로 나갈 수 없고 복도에 누가 나와 있는지 한눈에 볼 수 있는 구조라, 학생들을 통제하기 좋다. 복도는 오직 이동을 위한 통로다. '뛰지 마시오'가 당연한 규율이 된다.

조용히 뒷짐 지고 걷기가 학생 생활 규정인 곳도 있다. 복도는 아이들이 교실 외에 선택할 수 있는 거의 유일한 실내 공간인데도, 지나치게 좁다. 친구들과 이야기하기도, 놀기도, 사색하기도 어렵다.

학교 공간 중 가장 넓은 공간인 운동장은 군대의 연병장과 같다. 지금은 많이 사라졌지만 10여 년 전만 해도 운동장은 의식 행사를 위해 전교생을 모아놓고 훈계하는 공간이었다. 모래 바닥에 축구 골대 하나씩만 덩그러니 있었다. 그나마 축구하는 남학생들의 전유물이었다. 오직 축구 말고는 활용하기 힘든 대형 운동장을 다수의 학생들이 제대로 이용할 수 없었다.

요새는 주차된 차들이 파손된다는 이유로 공놀이를 못 하게도 한다. 학교는 오랜 세월 그 공간의 중심에 아이들이 없었다. 학생과 교사들, 또 학교를 일터로 둔 사람들에게 학교 공간은 그저 주어진 공간일 뿐이었다. 이미 만들어진 건축물인 학교에 수동적으로 머물며 지냈다. 학교 공간은 사람들에게 공감을 주는 곳이 아니다. 오히려 반대다.

2019년 4월 한 TV 프로그램에서 학교 공간을 다루면서 학교와 군대의 공간 배치가 비슷하다는 것을 보여줬다. 군대에는 사단장, 장교, 사병, 내무반장, 당직, 파수병, 계급, 1소대, 1분대가 있다. 학교에는 교장, 교사, 학생, 반장, 당번, 주번, 학년, 1반, 1분단이 있다. 철저한 위계 구조다.

가장 반인권적이고, 비교육적인

건축가 유현준은 '(학생들은) 똑같은 옷, 똑같은 식판에 똑같은 음식을 배급받아 먹고 있다. 학교는 교도소와 똑같다'며 우리는 '12년간 교도소에 있었다'고 일갈한다. 그는 '이런 학교 공간이 학생들에게

무의식적으로 영향을 미친다. 학생들이 조종당할 수 있다'며 학생들을 12년간 수감 상태로 두고 있는 학교 공간을 개탄한다. 이와 같은 환경은 학교만이 아니다. 전 국민의 대부분이 똑같은 환경인 아파트에서 살아가고 있다.

유현준은 '양계장 같은 곳에서 닭처럼 사육당하고 있는 학생들에게 창업하라고 말해봐야 그런 일은 절대로 일어나지 않는다. 우리는 아이들을 어마어마하게 망가뜨리고 있다'며, 학교 공간의 반인권적·비교육적 현실을 강도 높게 비판하고 있다.

학교에는 학생별로 성향과 행동에 맞는 다양한 외부 공간이 있어야 한다. 학교의 공간 구조 자체가 불평등을 체화시켜서는 안 된다. 어둡고 폐쇄적인 교실, 창문의 쇠창살, 추운 복도, 냄새 나는 화장실, 시끌벅적 시장터 같은 급식실이 학교에서의 삶을 보여준다. 그동안 교육과정은 수차례 바뀌었다. 바뀐 교육과정은 교과과정에만 그친다. 사회의 변화에 따라 아이들의 가치관과 일상도 바뀌고 있는데, 학교 공간은 그대로다.

교실 규모는 학급 인원수와 관계없이 표준화되어 있다. 농촌의 10명이 있는 교실이나 대도시 40명의 교실이나 크기가 같다. 전국 어디나 똑같은 교실 크기의 이면에는 1962년에 의무화된 학교 표준설계도가 있다. 표준설계도에는 건물의 배치, 교실의 크기, 복도의 폭, 창문의 크기, 천장의 높이 등 학교 건축의 세세한 기준이 규정되어 있다. 1992년에 표준설계도는 폐지됐지만, 이후에 세워진 학교들도 표준설계도에서 크게 벗어나지 못했다.

교실의 여백은 인권의 문제다. 코로나19 감염병으로 위기를 맞은 사회에서는 더욱 그렇다. 해법은 단순하다. 학급당 학생 수를 줄이는 것이다. 소규모 학교를 제외하고 대부분의 학교들은 교실 안에 학생 수가 많아 3밀(밀폐, 밀접, 밀집) 문제를 갖고 있다. 학급당 학생 수가 줄어들면 3밀 문제를 해소할 수 있다.

학급당 학생 수 감축은 공간주권을 이루기 위한 첫 번째 조건이다. 공간주권은 프랑스의 사회학자인 앙리 르페브르가 처음 제시한 개념이다. 그는 공간을 권력의 관점에서 비판적으로 성찰해 공간을 평등하게 재구성할 권리에 주목했다. 이에 대해 2019년 교육부가 주최한 공간 수업 프로젝트 보도자료에서는 '학생들이 학교 공간 안에서 자신들의 공간이라는 주인 의식을 갖고 능동적으로 살아가며, 공간을 주도적으로 구성하고 변화시킬 수 있는 권리'로 설명했다.

공간주권은 감염병 시대가 아니더라도 공간에 사는 이들의 기본권(인권)이다. 쾌적하고 안전한 공간에서 살 권리의 출발점이기도 하다. 코로나19로 대부분 원격수업이 이뤄지던 것과 달리 전교생이 등교 수업을 하는 학교들이 있다. 더불어민주당 소속 21대 국회의원인 이탄희 의원에 따르면 2020년 상반기 서울·경기 지역의 과학고들은 실질적 개학 이후로 하루도 빠짐없이 등교 수업을 했다고 한다. 이 두 학교들은 학급당 학생 수가 평균 15.8명이다.

반면에 수도권 신도시들은 30명이 넘는다. 최근에 학생 집단감염 사례가 발생했던 수도권의 모 고등학교 같은 경우에도 한 반에 30명 내외 수준이다. 우리나라의 평균 교실 면적은 20평 정도다. 15명이면 한 명당 1.3평 이상의 공간이 확보되는데 30명이 넘으면 0.6평 수준이다. 한 명당 1평의 공간도 할당되지 않은 것이다.

이 의원은 이 문제에 대해 '결국 평소에 학급당 학생 수가 많아서 학습 여건상 불이익을 받았던 학생들이 이 코로나 상황에서도 불이익을 받고 있고 그것이 등교 일수, 수업으로까지 연결돼서 결국은 학력 격차가 배가되고 있다'고 강조했다. 적정 수의 학급 인원, 적정한 교실 크기는 단지 시설 환경 개선의 문제가 아니다. 공간 자체가 학생들의 건강할 권리를 제한해서는 안 된다. 학생들의 체격은 달라졌지만 교실 크기는 변하지 않았다. 배움의 내용이나 가르치는 방식은 달라지고 있는데 그에 따라 공간은 호응하지 못했다.

학교 공간 안에서 학생과 교사의 민주적 관계가 가능한가. 학교 공간에서 학생들은 주체적으로, 독립적으로 생활하고 있는가. 수업 시간에는 교실 안에서 서로 존중하며 자율적으로 지내고 있는가. 학교 공간의 문제는 공간 구조와 공간 그 자체는 물론, 같은 공간에서 살아가는 학생과 학생, 학생과 교사의 관계와도 연결된다. 그동안 우리 학교는 민주시민이 자라는 학교 공간이 되지 못했다. 당연히 민주시민으로 지낼 수 있는 공간으로도 부족함이 많았다.

폐교 위기를 맞은 학교가
다시 고민한 것

우리는 늘 공간 속에서 산다. 학교 공간에는 학교에 사는 사람의 일상이 있다. 학교 공간을 통해 학교에서의 삶을 사유할 수 있다. 학교 공간을 들여다보면 그 안에 사는 사람들을 만날 수 있다. 학교 공간을 바꾼다는 것은 학교 공동체를 바꾸는 과정이다. 이는 더 나은 삶이 있는 공간으로 혁신하는 일이다. 학교 공간이 학생들의 주체적 삶과 부딪힌다면, 더 나은 관계를 방해한다면 바꾸는 것이 당연하다.

2015년에 근무하던 학교에는 자존감이 낮은 학생들이 많았다. 교사들의 기피 학교였다. 개교한 지 30년이 지난 학교였고 줄어든 학생 수에 빈 교실이 많았다. 마을은 1970년대의 모습과 닮은 듯 낡은 빈집이 많았고, 원룸이나 8평 아파트가 학교를 둘러싸고 있었다. 그 지역의 복지관 담당자는 빈곤의 사슬처럼 누군가 떠나 비어 있는 자리는 그보다 더 못한 밑바닥의 사람들이 찾아와 채운다며 가난한 마을과 그 안의 삶이 비통하다고 했다.

그해 세월호 참사 1주기 애도 수업을 했다. '불안'이 주제였다. 먼저 생각을 열기 위해 '일상에서 자신을 불안하게 하는 것은 무엇인가'를 물었다. 아이들을 불안하게 하는 것은 다양했다. '교무실에서 선생님이 부를 때', '엄마가 할 말이 있다고 할 때', '혼자 있는데 일 나간 아빠의 소식이 없을 때'와 같은 것들이다. 이후 불안한 시선을 학교 공간에 집중하게 했더니 그동안 어떻게 참고 살았나 싶은 일상화된 문제가 드러났다.

체육복에 숨어 있는 불편과 차별

인권의 눈으로 학교 공간을 바라보는 시도였다. 학생들은 학교생활에서 불안하거나 불편한 문제가 많다고 느꼈지만 해결에는 나서지 못했다.

이를테면 체육 시간에 체육복을 갈아입을 탈의실이 없어서 벌어지는 화장실 이야기가 놀라웠다. 학생들은 냄새가 나는 화장실의 축축한 바닥에서 조심하며 체육복을 갈아입지만 늘 넘어질까 걱정이 많았다. 화장실 칸으로 들어가 옷을 갈아입는 학생은 운이 좋은 것이었다.

남녀가 함께 있는 학교에서 여학생들은 화장실로 몰려가고 남학생들은 교실을 차지하고 체육복을 갈아입는다. 체육복을 갈아입다 속옷이 노출되면 놀림감이 되기 십상이다. 이렇게 되면 명백한 인권침해며, 피해자가 되는데, 이 학생은 청소함 뒤로, 교탁 뒤로, TV 뒤로 구석진 곳을 먼저 선점하려고 서둘러야 한다. 청결에 민감한 학생일수록 옷을 갈아입는 시간이 괴롭다.

청소함 뒤에서 급하게 옷을 갈아입다 청소 도구의 날카로운 날에 허벅지를 다쳐 병원에 입원했던 제자도 있었다. 왜 학교에서 당연히 누려야 할 공간 권리가 제한되어야 할까? 당연히 마련되어 있어야 할 탈의 공간이 없는데도 왜 아무도 여태껏 그 공간의 필요성을 요구하고 주장하지 않았던가. 빈 교실이 그렇게 많았는데도 말이다.

학교를 지을 때 탈의실을 만들지 못했다면, 적은 예산으로 이동식 탈의실을 쓸 수 있다. 교장 전용 화장실, 교장 전용 주차 구역을 두고 있는 학교도 있다. 단순히 옷 한 번 갈아입는 일이 이렇게 힘든데도, 편안하게 체육복을 갈아입는 것이 최소한의 기본 권리라는 인식을 하지 못했던 것이다.

탈의실이 없어서 생기는 불편함은 다른 학생들에게도 이어진다. 체육 시간이 있는 학생들이 옷을 갈아입기 위해 화장실로 몰리다 보니, 정작 볼일을 보려는 학생들은 교직원 전용 화장실로 몰래 들어가 일을 봐야 한다. 어떤 학교는 교직원 전용 화장실에서 일을 보는 학생들에게 벌점을 부과하기도 한다. 학생 수에 비해 화장실 수는 턱없이 부족하지만 교직원 화장실을 이용할 수는 없다. 심지어 어느 남고 학생들은 운동장에서 축구를 하다 화장실을 이용하기 위해 1층 화장실을 두고 2층까지 올라가야 한다. 1층 화장실은 교직원 전용으로 학생들이 이용하면 벌점을 받기 때문이다.

2019년 교육부 자료에 따르면 여전히 우리나라 중고등학교 10곳 중 세 곳은 탈의실이 없다. 2006년 국가청소년위원회에서 학생들이 학교 생활에서 인권침해 사례라고 가장 많이 응답한 것은 탈의실 없는 학교였다. 탈의실이 없어서 교실이나 화장실에서 옷을 갈아입는 것을 인권침해라고 답한 비율이 80퍼센트였다.

2015년 광산중 학생들은 이 문제를 공간주권 동아리를 결성해 공론화했다. 공간주권 동아리는 탈의실 문제를 교무회의에 적극적으로 제기했다. 일부 교직원의 우려가 있었지만 여러 차례 토의 끝에 탈의실을 만들었다. 탈의 공간에서 빚어질 수 있는 문제들을 예방하기 위한 규칙을 만들었고, 탈의실 운영팀을 구성했다. 탈의실 마련은 학교 공간 개선 활동이었지만, 학생들의 생활 복지 활동이기도 했다. 이 동아리 학생들은 다음 해에도 공간을 주제로 인권의 문제를 계속 제기하며 활동했다.

교장 선생님은 가졌지만, 학생회는 갖지 못한 것

광산중 학생들은 자신이 살고 있는 공간의 문제, 특히 공공재로서 학교 공간이 갖춰야 할 최소한의 요건들을 더 파헤쳤다. 위계적인 학교 공간과 공간에 접근할 수 있는 권리 문제를 제기했다. 커다란 가죽 소파와 책상 뒤편에 세워져 있는 교기가 빚어내는 권위적인 교장실 풍경. 교장실은 학교에서 가장 넓은 공간을 차지한다.

다수의 학생들을 위한 공간은 부족한데, 특정한 위치에 있는 개인을 위한 별도의 공간이 학교에서 가장 넓다는 것은 어떤 의미일까? 독립된 별도의 공간은 독립된 권력을 상징한다. 전국의 모든 학교에 교장실과 교무실이 있지만 학생회실은 30퍼센트만 갖추고 있다. 학교 부지는 넓다. 그런데 이곳에 학생들을 위한 공간은 얼마나 될까?

교장이 나와 학생 맞이라는 이름으로 등교 지도를 하는 학교들이 많다. 정문과 후문 두 개의 출입구가 있지만, 정문 출입만 허용한다면? 이처럼 인권 친화적인 공간이란 그 공간의 사용자들이 자기가 사용하는 공간에 대한 감수성이 필요하다. 나아가 다른 사람들과 관계를 맺으며 자기 삶에 맞춰 공간의 변화를 주도할 때, 더 구체적이고 직접적이며 즉각적으로 변화가 이뤄질 수 있다.

학교장 개인 공간이 개인 집무실만이 아닌 공용으로 확장될 수 있을까. 그러한 사례가 있었는지를 확인할 필요가 있다. 부산대학교 법학전문대학원 오정진 교수는 공간주권이 한국 사회에서 이뤄지려면 공간의 공공성, 인간성, 생태성을 지향하는 가운데 시민이 민주적으로 공간을 구성하고 운영해야 한다고 말한다. 2020년 6월 해제남초등학교는 권위주의적 장소의 대표주자로 학교 교장실을 꼽고, 교장실을 작은 쉼터이자 외부 손님 맞이터로 바꿨다.

공공성은 공공건물이 있다고 해서 보장되는 것이 아니다. 공공성은 모든 이들에게 평등하게 열려 있고, 공적으로 운영되는가에 의해 결정된다. 예를 들어 역 광장에 놓인 벤치는 공공의 공간에 있지만, 가운데 팔걸이를 설치해 노숙자가 몸을 누일 수 없게 하고 반듯하게 앉아 있게 만들었다. 이는 공공의 영역을 지키는 것인가, 공공의 권리를 침해하는 것인가. 이에 대해 우리는 공공의 의미에 대해서도 전반적으로 다시 살펴봐야 한다.

여러 학교에서 교장실 문을 투명한 유리로 바꾸자, 수시로 학생들이 드나들며 간식도 먹고 담소를 나누는 공간이 되기도 했다. 그러나 조금 더 들여다볼 필요가 있는 부분은 남아 있다. 교장실 문을 투명 유리로 바꾸는 것만으로는 부족하다는 점이다. 교장의 집무를 보여주는 물리적 환경보다 교장실 자체가 개방적인가가 더 중요하다. 혹은 교장실을 외부에 노출시키는 것이 공공성을 확보하는 좋은 수단이 되는가도 고민해야 한다.

《학교를 만들자》라는 책에 일본 우타세초등학교의 사례가 소개된다. 그곳은 교무실에 문이 없어 학생들이 자유롭게 교무실을 드나든다고 한다. 우타세초등학교 교사는 그런 이유인지 아이들과 교사 사이의 거리가 매우 가깝다고 이야기한다.

공간의 공공성은 시민이 소통의 장을 만들어 적극적으로 민주적 공론의 장을 구성하고 운영할 때 강화된다. 또한 공간은 인간의 존엄성과 다양성을 존중하는 방식으로 설계되고 운영되어야 한다. 작가 무라카미 하루키는 '개인의 회복 공간'을 제시한 바 있다. 그는 학교와 교육의 문제를 말하면서 개인이 타인과 제도, 규율, 따돌림 등에서 벗어나 잠시나마 안식과 위안을 얻을 장소가 필요하다고 했다.

학교에서 주인으로 살려면 학생 개인이 온전한 주체로 존중받고, 어려움을 겪을 때 위로도 받을 수 있어야 마땅하다. 건축가 김중업은 일찍이 '사람은 혼자 울 수 있는 공간이 필요하다'고 말했다. 학교에서도 개인의 공간이 필요할 때 쉽게 접근할 수 있는 유연한 공간이 있길 바란다. 어떤 아이들은 유독 개인의 공간을 확보하길 원한다. 이런 경우 아이들은 화장실, 옥상 진입로, 운동장의 구석진 곳에 혼자 웅크리게 되는데, 이 모습이 집단 체제에 익숙한 다수의 아이들에게 노출되면 더 나쁜 결과를 가져오곤 한다.

공적인 공간 안에서도 한 사람 한 사람의 사적 영역이 보장되어야 한다. 독일 알레마넨슐레 부튀싱엔(Alemannenschule Wutöschingen) 학교에서는 모든 학생들이 자신들의 공간을 가지고 있다. 많은 학생이 함께 지내는 집단 속에서도 개별적인 공간의 필요성을 인정한 사례다.

이 학교는 학교 디자인 단계부터 학생들의 의견을 적극적으로 반영했다. 정숙을 유지하는 공간과 큰 소리로 떠들어도 되는 공간이 분리되어 있으며 그룹으로 수업하고 토론하는 공간, 현장 실습에 필요한 자료를 모아놓은 공간, 휴식할 공간, 식사할 공간 등을 별도로 마련했다. 이곳 학생들은 학교생활에서 시간을 즐긴다.

학교는 다양한 개인이 모여 구성된 집단이다. 그 개인들은 무작위로 선발되어 학교에 그 모습을 드러낸다. 따라서 학교는 개인과 집단의 목소리를 동시에 수용할 수 있어야 한다. 교실 안에서도 학생이 진정한 자기 목소리를 낼 수 있도록 개방되어 있어야 한다. 일렬로 놓인 책상 구조가 상하 전후로 구별될 때, 무의식적으로 서열 구도가 정리되곤 한다. 교실에서는 자유롭게 자기의 생각을 확인하고 말할 수 있어야 하며, 개인의 목소리를 함께 확인하고 질문하며 도전할 수 있어야 한다. 서로가 서로를 존중하는 공간으로서의 교실은 어떤 모양새를 갖춰야 하는지 고민할 필요가 있다.

바닥이 따뜻해지자
아이들이 뛰기 시작했다

학교 공간의 사용권은 누구에게 있는가? 학생들은 학교 과제를 위해 컴퓨터실 사용을 신청하지만 쉽게 허락되지 않는다. 특히 방과 후에는 더욱 그렇다. 학교의 운동장은 학교에서 가장 넓은 광장이지만 체육 수업 전유물이다.

'여학생도 운동장 좀 씁시다.' 이는 2003년 전북의 초등학교 여학생들이 남학생들에게 독점된 운동장 사용권을 되찾기 위해 활발하게 움직인다는 내용을 소개한 기사의 제목이다. 기사는 남학생들이 축구를 하면서 운동장을 독차지하는 바람에 전교생의 절반을 차지하는 여학생들은 한쪽 구석으로 밀려 줄넘기를 하거나 얘기를 나누는 수밖에 없다는 이야기를 담았다.

그 당시에 한 초등학교는 여학생들의 요구에 따라 학생들을 대상으로 점심시간 운동장 활용 문제에 대한 사이버 설문조사를 실시했다. 학년별로 매일 돌아가면서 사용하자는 방안에서부터 5~6학년과 3~4학년이 서로 다른 요일에 이용하자는 방안, 운동장을 모두 차지하는 축구 금지 등 여러 방안이 있었다. 이 조사에서 대략 38퍼센트의 어린이들이 축구장 사용을 제한하자는 데 찬성표를 던졌다.

장애 학생의 경우도 마찬가지다. 장애 학생이 이동하기 편한 학교 공간을 구성하는 것이나 장애 학생이 비장애인 학생과 동등하게 학교생활을 누리는 것은 당연히 주어져야 할 권리다. 이것은 선택의 문제가 아니다. 일본은 2003년 모든 건축물에 〈하트빌딩법(1994년 불특정 다수의 사람들이나 주로 고령자, 신체장애인 등이 이용하는 건축물의 배리어프리화를 추진하기 위해 제정된 법)〉을 적용해 모든 사람의 보편적 공간권리를 지키려 노력했다. 이 법은 이후 〈배리어프리(Barrier Free)[9]신법〉으로 진화되었다. 우리에게 당연히 있어야 할 권리라고 생각하지 못했던 공간에 대한 권리의 회복이 필요하다.

그동안 우리 학교는 전인적 시민을 기르는 교육 공간에 충실하지 못했다. 2001년 남한산초등학교의 변화는 교육 본래의 목적에 맞는 학교 공간 문제를 어떻게 풀어가야 하는지를 보여준다. 남한산초는 2000년 전교생 26명의 폐교 위기 학교였다. 지금은 아이들의 삶과 배움이라는 교육 본질에 충실한 학교로 전국 혁신학교의 산실이 됐다.

남한산초는 자율과 자유의 자주적인 학교, 자율의 힘이 있는 교사 문화를 지향한다. 2001년 공교육의 문제를 풀며 새로운 대안을 마련하고자 노력했는데, 그중에서 어린이의 눈으로 바로세우는 학교 공간을 만드는 것도 중요한 목표로 두었다. 남한산초는 다방면에 걸쳐 어린이의 학습과 생활 리듬을 생각하는 새로운 학교 문화를 만들어왔다. 전체 운동장 조회부터 주번제도까지 관행적인 문화를 없앴다. 경쟁 중심, 선발 중심의 각종 대회와 시상제도를 폐지하고 반복 훈련을 통해 단순 지식을 습득하는 학교 숙제를 내지 않는다.

19세기 근대적 산업사회의 가치와 철학이 잔재한 학교 공간을 바꾸는 것도 새로운 문화를 만드는 과정이었다. 표준화되고 경직된 학교 공간을 어린이의 정서와 교육적 타당성을 고려하여 재구조화한 것이다. 학교는 아이들의 학습 장소이자 생활 장소인 동시에 지역과 학부모에게도 열린 환경이라는 학교 목표를 학교 공간에도 적용한다. 아이들이 언제든지 자유롭게 공부하고 놀 수 있는 자유 학습 공간, 생태적인 학습 공간이 만들어진 배경이다. 남한산초 홈페이지는 다음과 같이 학교를 소개하고 있다.

2001년 폐교가 결정되던 해, 배움에 무기력하고 소극적이었던 학생들의 변화를 위해 시간과 공간의 문제를 풀었다. 80분 블록 수업과 30분 쉬는 시간, 학교 수업 시간과 쉬는 시간의 조정이 가져온 변화는 생각보다 컸다. 학교 공간을 열린 공간으로 변화를 줬다. 아이들이 자유롭게 활동하기 위해 교실 바닥에 난방을 설치했다. 바닥이 따뜻해지자 아이들은 누워서 그림을 그리기도 하고 양말 벗고 맨발로 뛰어다니기 시작했다.

학교 공간을 교육철학적으로 사유하는 전 서울교육연수원장 송순재는《상상력으로 교육에 말 걸기》에서 교육은 문화적 환경에서 탄생하는 삶의 현상이라고 했다. 그는 학교 교육의 요소로 수업 외적인 것 중 대표적인 것으로 교육 공간을 꼽는다. 학교생활 규정이나, 교육계획서상의 교육과정 설계, 수업 장면에서 실현되는 교육과정뿐만 아니라, 수업 외적인 요소들이 학교의 교육에서는 작용하기 마련이다. 그 대표적인 것이 바로 교육 공간이라는 것이다.

학생들이 살고 자라는 학교라는 공간은 단순한 학습 공간이 아니라 삶의 공간이다. 하루살이 가운데 가장 오랜 시간을 머무는 장소임에도 불구하고 그동안 '거주 공간으로서의 학교'에 대한 전문적인 연구와 교육 당사자들의 고민은 대학 입시와 경쟁, 그리고 경제적 효율성이란 괴물 앞에서 늘 뒷전일 수밖에 없었다. 학교에서 안온함과 신뢰를 경험하는 것은 아이들이 세상에 우뚝 설 수 있는 힘을 길러주는 과정이다. 더불어 학교는 인간이 더 넓은 세계 속에서 온전하게 존재하는 삶의 방식을 배우는 도구로서 교육 공간이 되어야 한다.

학교 공간은 그 자체로 배움의 도구이고 좋은 삶을 만들어내는 요소이지만, 교육 개혁가 윌리엄 에어스는 공간 자체는 '죽어 있는 껍데기'라고

따뜻한 관계가 만들어지는 복도 공간

했다. 그는《가르친다는 것》에서 사람의 생각과 가치가 구체화되어 공간이 만들어지고, 그 공간이 다시 사람들의 생각과 행동에 영향을 준다고 말한다. 공간은 인간 행동을 담는 그릇이라는 것이다. 공간 자체보다 공간에서의 적극적인 선택에 의해 공간이 달라진다는 의미다. 때로 억압적일 수도 해방적일 수도, 아름다울 수도 추할 수도 있는 공간은 결국 그 안에서 사는 사람들이 만들어내는 것이다.

가고 싶은 학교로,
'배움의 공간' 프로젝트

광주 극락초등학교는 어떻게 하면 아이들이 자기 삶의 주체로 설 수 있을지, 학교에서 즐겁게 살 수 있을지를 생각하며 학교 공간을 바꾸었다. 아동권리 교육과 연계한 과정이기도 했다. 학교를 아이들의 눈높이에 맞는 학생 친화적인 공간으로 만들기 위한 교육과정을 운영했다. 학교에서 아이들이 잘 놀 수 있으려면 어디에, 어떤 공간이 필요할까 탐색하는 과정을 거쳐 아이들이 상상하는 놀이터를 학교 현관에 만들었다.

대부분의 학교에는 중앙 현관에 학생들의 출입이 금지된 공간이 있거나, 설사 출입 금지가 없더라도 학생 출입구는 따로 있다. 극락초의 현관은 아이들이 뛰고, 눕고, 음악을 듣고, 수다를 떠는 공간이다. 그곳은 아이들의 발표 무대가 되거나 친구들과 만나는 공간, 숨바꼭질 공간, 미세먼지가 많을 때 실내에서 놀 수 있는 놀이터가 되었다. 낙낙놀이터로 불리는 학교 공간 혁신 교육과정에 참여한 극락초의 교사는 이 과정을 이렇게 말한다(유튜브에 실린 이야기를 재구성했다).

> 건축, 공간, 이런 개념의 활동이 아니라 아이들이 학교에서 주인으로 설 수 있는 기회, 학교에서 아이들이 목소리를 낼 수 있는 기회가 되었다. 1년 동안 아이들의 이야기를 많이 들었다. 그동안은 내가 아는 것

을 가르쳐주려고만 했지, 아이들한테 이렇게 많이 물어보고 들었던 경험은 적었다. 그 과정에서 이 아이들이 내가 생각하는 어린 수준의 아이가 아니라는 것을 정말 많이 깨달았다. 교사 입장에서도 아이들의 생활, 놀이를 교육과정으로 연결시킬 수 있다는 것을 알 수 있었다.

강원도에 있는 진부고등학교 이경원 선생님(현 평창고 재직)은 '배움의 공간' 프로젝트를 마치고 그 안에 사는 사람들의 생각과 행동이 바뀌었다고 말한다. 배움의 공간 프로젝트는 다음 세대의 건강한 성장을 미션으로 하는 벤처기부펀드인 C프로그램(C Program)이 2016년 11월부터 8개월간 추진한 프로젝트다 '새로운 배움을 상상한다면 새로운 배움을 담는 공간은 어떤 모습이어야 할까?'에 대한 고민을 풀어냈다. 그는 학교에서 학생 스스로 자기 삶을 만드는 주체적인 활동을 다양하게 시도했다. 학교 공간을 적극적으로 바꿔가는 것도 학생들이 학교의 일상을 주도적으로 살게 하고 싶어서다. 이 선생님은 학생들이 선생님의 지식을 소비하고 선생님이 만들어준 자리에서 자기 역할만 할 경우, 자율성이 떨어진다고 판단한다. 이 선생님은 아이들이 보다 자율적으로 삶을 꾸려나가길 바란다. 그리고 아이들이 학교 문화를 적극적으로 생산하는 생산자가 되었으면 좋겠다고 생각한다.

학교라는 공간 안에서 학생들 스스로 주인 되는 경험을 만들고 스스로 주도했다는 추억이 아이들 마음에 쌓이길 바란다. 이 학교에서는 85대 15라는 자조 섞인 이야기가 공공연히 퍼져 있었다. 85퍼센트는 문제적 학생들의 숫자다. 지금은 반대가 되었다.

진부고와 맞닿아 있는 중학교 학생들은 이 고등학교로 진학하는 것을 부끄럽게 생각할 정도였다. 그러나 이제는 과거의 이야기가 됐다. 무려 두 시간이나 되는 점심시간의 풍경만 봐도 학교가 살아 있다. 학생들의 표정에 생동감이 넘친다. 이 모든 것이 단지 '배움의 공간' 프로젝트 한 가지 때문일까?

'배움의 공간' 프로젝트는 학생들을 믿고 자율성을 존중하는 데서부터 시작할 수 있었다. 자치 활동을 활성화할 수 있다는 교사들의 믿음이 아이들의 성장을 도왔다. 스스로 만든 공간은 다른 시선으로 바라보게 된다. 바로 '나의 공간'이 되는 것이다. 자신들이 만든 공간에서 더 나은 생활을 경험한 학생들은 이제 공간의 재구성을 적극적으로 생각하게 된다. 먼저 학교에 요구도 한다. 학교의 복도 공간을 바꾸어야 한다거나, 학교에 어떤 공간이 필요하다면서 말이다. 정책적으로 내려오는 공모에 학생들이 직접 나서게 된 것이다. 진부고의 이 선생님은 다음과 같이 말한다.

> 하루 중 가장 오랜 시간을 보내는 학교가 가고 싶고, 머물고 싶은 곳이기를 바랐다. 교사도 아이도 마찬가지였으면 좋겠다. (중략) 사무실 빈 공간에 소파 하나를 가져다 놓았다. 소파가 미치는 영향이 컸다. 아이들이 수시로 들르고 아픈 아이는 누워 있다 가기도 했다. 그러다 보니 아이들과 자연스럽게 대화가 오가게 됐다. 공간의 변화가 소통을 이끌어낼 수 있겠다는 확신이 생겼다. 학교 곳곳을 바라보는 아이들의 시각

이 달라졌다.

서울대학교 교수이자 이우학교를 건축한 김승회는 학교를 그 안에서 삶을 살아가는 사람들의 공간으로 바라봤다. 학교 공간은 '그 자체로 중요한 교육과정이자, 하나의 교과서, 텍스트'라고 말한다. 그에 따르면 학생들은 학교 공간을 경험하는 과정을 통해 지식을 전수하는 방식, 생활을 영위하는 방식, 그 공간이 내포하는 문화적 취향을 익힌다.

초등학교 입학부터 고등학교 졸업까지 12년이라는 긴 세월을 학교 공간에서 삶의 경험을 재구성하는 아이들은 그곳이 어떤 곳이냐에 따라 매우 다른 문화적 소양을 갖게 된다. 이러한 공간철학을 잘 보여주는 학교가 있다. 춘천의 공립 대안중학교인 가정중학교는 학교가 관계를 통해 자아를 빚는 배움터임을 보여준다.

이 학교에는 아이들이 머무는 공간마다 정글북, 구름방, 소나기방, 소행성 드림방 등 다양한 이름이 붙어 있다. 정글북은 도서관의 또 다른 이름이다. 오전 8시 30분, 학생들은 등교하자마자 정글북에서 자율적으로 독서를 하며 하루 일과를 준비한다. 강제성이 전혀 없는 자유 시간이지만 대부분의 학생들이 이곳에서 하루를 연다고 한다. 구름방과 소나기방은 청소년 상담을 진행하는 위클래스 센터의 공간이다. 이 방은 아이들이 마음의 위로가 필요할 때 주로 찾는다.

이외에도 성장통, 오선지, 더불어숲, 두런두런방 등 예술 감성 수업이 진행되는 교실들에도 이름이 있다. 이곳 아이들에게 교장실은 또 다른 학습 공간. 아이들은 수업 시간 외에 수시로 교장실에 들러 교장 선생님과 함께 신문을 읽곤 한다. 자율성과 공공성이 살아 있는 공간의 사례다.

경기도 화성시에 있는 동탄고등학교는 교육청이 실시하는 공간의 민주성 회복 프로젝트로 시민 교실을 만들었다. 학생들은 학교 공간에 남아 있는 비민주성을 주제로 학교 공간에 질문을 던졌다.

교장실은 왜 교장 선생님 혼자 써야 할까?
교과 교실은 한 교과만 활용하는 교실일까?
자기 주도 학습실은 한 학년만 사용해야 할까?

이러한 질문에 답을 찾는 과정이 공간의 민주성 회복 프로젝트다. 교장실은 교육 공동체가 함께 쓰는 회의실로, 교과 교실은 모든 교과가 함께 쓰는 교실로, 자기 주도 학습실은 전교생이 공부 방식에 따라 선택하는 학습실로 바꿨다. 3학년들이 사용하던 심화실은 시민 교실로 변화했다. 특정 학년에 독점돼 학습만 이루어지던 공간을 학생 회의실과 토론 수업실, 공연장과 학생들의 휴게실 기능까지 담아 다양하게 활용할 수 있게 했다. 시민 교실은 학생회가 주관하여 활용 규칙을 마련하고 적극적으로 공간을 활용하고 있다.

산본고등학교는 학생들의 주도로 공간의 민주성 회복 프로젝트를 실시해 학교의 구령대와 중앙 현관을 바꿨다. 학생들이 주도하는 공간 혁신 프로젝트단을 중심으로 민주주의를 배우고 익히는 장소로서 학교 공간의 의미를 생각하고, 민주적 공간이 되기 위해 어디를 어떻게 바꿔가야 할지 고민했다. 이 프로젝트팀은 30명으로 이루어진 자율 동아리다. 학생들은 중앙 현관을 학생들이 자유롭게 토론할 수 있는 아고라로 제안하거나, 구령대를 쉼터로 바꾸자고 했다. 학급회의 시간에는 공간의 민주성에 대해 토의하고, 학생의 날에는 교실 공간 혁신의 날을 운영하기도 했다.

'학생 주도 민주성 회복 학교 공간 혁신 프로젝트' 산본고의 운영 내용

운영 주제	구체적 운영 내용(워크숍)
프로젝트 첫 단추 : 참여하는 민주시민	민주시민교육 워크숍 : 참여와 시민, 민주주의, 민주적으로 다시 보는 공간
공간이 아이를 바꾼다!	《공간이 아이를 바꾼다》를 모두가 함께 읽고, 독서 토론을 통해 학생이 주도하는 공간 혁신에 대한 필요성, 방향성, 감수성과 의지를 키운다.
민주적으로 공간 바라보기	공간주권, 학교 공간 철학 세우기, 학교 공간 혁신 방안 마련
공간 느끼기, 탐색하기	학교 공간을 느끼고 탐색하며 학교 곳곳의 문제점을 찾는다. (벽자보, 게시판 토론)
인사이트 투어 : 이우학교	민주적으로 다시 보는 공간 : 인사이트 투어 – 느끼고 배우며 학교 공간 혁신의 방향성을 찾는다(민주성 회복).
학교 공간의 문제점을 묻다	학교 공간의 문제점에 대한 학생과 교직원의 의견을 수렴하여 공간 혁신의 방향성을 찾는다.
민주적 공간의 재구성	민주적으로 다시 보는 공간 : 공간의 재구성 – 학교 공간 곳곳의 문제점을 토대로 변화의 방향성을 찾는다(벽자보, 게시판 토론, 모형).
생각의 무게 중심 바꾸기	공간에 대한 생각의 무게중심 바꾸기 : 학교는 공간이 아닌 광장이다. 다양한 공간 혁신 내용, 디자인 사례를 통해 감수성 키우기
공간 선정, 창조하기	학교 공간 중에 혁신할 수 있는 장소 선정·집중 : 중앙 현관, 구령대를 아고라의 광장, 민주광장, 어울림 마당, 배움터와 나눔터, 쉼터로 바꾸기 (학생들의 의견을 듣는 공청회 3개 안 구상)
2학기 공간 혁신 프로젝트 계획 수립	학교 공간 혁신 공청회, 프로토 타입, 교실 공간 혁신 계획 수립 (일정, 전개 과정과 방법, 프로젝트단의 준비 내용 등)
프로토 타입 : 공청회 3개 안 준비	프로토 타입 : 학교 공간 혁신(중앙 현관, 구령대) 3개 안 제작 – 디자인 설계, 조감도(모형) 제작

운영 주제	구체적 운영 내용(워크숍)
공간 혁신 공청회 준비	공청회 준비(홍보물 제작 및 홍보 방법, 공청회 구성 및 운영 방법, 3개안 건축가 검토, 공청회 자료집 제작 · 배포 등)
공간 혁신 공청회 및 선정	학교 공간 혁신 공청회 진행 : 10월 11일(금) 14시부터 회의실 및 교실(방송 송출) 교육 공동체(학생, 학부모, 교사) 모바일 투표 진행(10월 11~14일) 후 최종안 선정
공간 혁신 설계	건축가와 함께하는 공간 혁신 최종안 방출 학교 공간 혁신(중앙 현관, 구령대, 교실 제외) TF팀 조직 및 운영 계획 수립
교실 공간 혁신의 날 준비, 2차 인사이트 투어 계획 수립	학생의 날 기념 '교실 공간 혁신의 날' 준비 : 기존 반별 교실 공간의 혁신 과정을 홍보하는 자료를 제작하고 '교실 공간 혁신의 날'의 구체적 진행 자료 제작

* 이후 운영 내용 : 공간 혁신 TF팀 활동(중앙 현관, 구령대, 교실 제외 - 복도, 게시판, 벽의 액자, 신발장 등 혁신안 마련), 공간 혁신 아이디어 공모전 진행, 중앙 현관·구령대 이름 공모·선정, 교실 공간 혁신 스태프 활동, 오픈식 준비, 2차 인사이트 투어(12월, 미술관 겸 박물관 뮤지엄 산 일대), 학생 주도 공간 혁신 보고 대회 등

살아가는 힘을 배우는 공간주권

2012년 국립중앙박물관에 도시락을 먹을 장소가 없다며 문제를 제기했던 초등학생들이 있었다. 초등학생들의 문제 인식은 공공 공간에서 당연히 누려야 할 공간 사용자의 권리를 보장받지 못한다는 것이었다. 학생들은 이 문제를 언론에 알리고 공공기관장에게 해결을 요구하는 사회 참여 활동을 했다. 국립중앙박물관의 어린이 식당은 이런 노력의 결과다. 이 활동은 공공 공간의 주인인 시민이 주인으로서 권리를 찾는 과정이었다. 시민은 공간을 통해 주권을 행사했다.

공간주권의 의미는 가장 기본적으로 우리가 사는 공간에 대해서도 주권자로서 권력을 행사하는 것이다. 즉 학생이 스스로 학교 공간을 어떻게 구성할 것인지 주체적으로 결정하고 변화시킬 수 있게 하는 것이다. 이 과정을 통해 학교의 구성원들이 공간의 주인이 되는 변화를 맞이할 수 있다.

내가 생활하는 공간의 주인이 되면 공간을 대하는 관점이 달라져 삶이 달라지고 나아가 생활 방식에도 영향을 준다. 학교는 학생들이 주권자로 살아가는 공간이자 주권자가 되는 구체적 실천을 할 수 있는 교육 장소가 된다. 학생들은 학교 공간을 주도적으로 생각하고 만들고 사용하는 과정에서 자연스럽게 민주시민으로 행동하게 된다.

광산중의 공간주권동아리 학생들은 마을에서 안전하게 살 권리 보장 운동이라는 관점에서 자신이 사는 마을의 환경 문제에 접근했다. 먼저 마을 환경에서 위험 요소를 찾아냈다. 공간은 장소이면서 환경이다. 어떤 마을에서는 당연한 것들이 다른 마을에서는 제한되어 있다면, 이것은 주권자인 시민에겐 차별적인 것이다.

심심찮게 사망 사고가 일어나는 위험한 광폭도로와 낮은 조도로 어두컴컴한 저녁 시간의 마을은 두려운 공간이다. CCTV, 적당히 밝은 가로등, 반듯한 길이 있는 도시와 전혀 다른 환경에서 위험을 감수하며 산다면 모두가 동등한 권리를 누린다고 보기 어렵다. 아이들이 제기한 어두운 길목의 문제를 해결하기 위해 가로등이 더 설치되기도 했고, 조도가 지나치게 낮은 가로등이나 깨진 등이 교체되는 등 몇 가지 문제가 개선되었다.

'학교는 너희 것이다'

학교 건물을 만드는 건 어른들이다. 학교를 어떻게 만들지 결정하고 그 비용을 지불하는 것 역시 그들이지. 그러나 그 학교에서 공부하는 사람들은 바로 너희야. 학교는 누구보다 바로 너희를 위한 공간이지. 어른들은 마음에 들지 않으면 종종 직장을 때려치우거나 바꾸지만, 학생은 마음대로 학교를 그만두거나 바꿀 수가 없지. 따라서 좀더 평안한 학교를 원한다면 네가 다니는 학교를 평안한 학교로 만드는 것이 유일한 방법인 거야.

1969년 덴마크의 교사인 제스퍼 젠센, 소렌 한센 그리고 심리학자인 보 단 안데르센은 당시 학생들을 로봇처럼 훈육시키던 권위주의적인 교육 시스템에 저항하기 위해 《10대를 위한 빨간책》을 썼다. 이 책에서 저자들은 학교 공간의 주인은 학생들이므로, 학생들이 공간에서 주권을 행사하는 것이 중요하다고 강조했다.

북유럽 학생들의 교육 역량에는 학교 공간도 많은 영향을 미칠 것이다. 교육부 교육과정정책국장인 함영기가 2013년 북유럽의 학교 공간을 돌아보고 쓴 글이다.

그곳 학교들의 복도는 통로 이상이었다. 복도는 아이들이 편안하게 쉴 수 있는 공간이자, 토론과 학습의 공간이었다. 그들은 편안하면서도 학습 동기를 유발할 수 있는 공간으로 복도를 설계했고, 생활 공간인 만큼 복도를 난방 구역에서 배제하지 않았다.

복도가 단지 토론 공간으로 활용된다는 것을 말하려는 것이 아니다. 학교의 목적이 학교 공간에 그대로 스며든 것이다. 북유럽의 학교 공간은 그들의 교육철학에서 나온다.

안애경은 《소리 없는 질서》에서 학교 교육에서 가장 우선하는 배움은 사회를 직시하는 것이며, 어릴 때부터 사회를 배우는 것이 무엇보다 중요하다고 강조한다. 학교는 곧 사회를 연습하는 곳이며 사회 진출을 위해 풍부한 경험을 쌓는 곳이라고 한다. 학교는 지식을 전하는 곳이 아니라 사회에서 필요한 실질적인 인간관계, 정치, 경제, 문화를 이해하고, 함께 사회 문제를 바라보며, 자신의 의견을 표현하는 열린 공론장이라는 것이다.

일본의 후쿠이시(市) 시민중학교는 학교 건축을 통해 교육을 바꾸고자 했던 사례다. 이 학교의 개혁 과정에 참여했던 후쿠이대학 교육학 교수 마쓰이 겐이치는 '교육 개혁은 모든 것을 허물어뜨리고 다시 시작할 수 있는 게임이 아니다. 늘 과거를 바탕으로 끊임없이 움직이고 수정해 가면서 성장해가는 인생과도 같다'고 말한다. 학교 공간을 민주적으로 구성한다는 것은 교육과 사람이 민주주의에 다가선다는 뜻이다.

후쿠이시 시민중은 학교 공간을 건축하면서 새로운 교육과 민주적 학교 문화를 담고자 했다. 학교 공간은 교육의 본질을 따라가야 한다. 그래서 후쿠이시 시민중은 공간을 통해 교육 혁신을 향한 철학을 표현하려 노력했다. 학교의 과제를 지시와 규제에서 자립과 협력으로 바꿔가는 중학교 3년은 학생이 어른들의 사회로 나아가기 위한 토대가 되어야 한다고 여겼다. 이 시기는 학생 자신이 스스로를 응시하고, 되돌아보고, 자기의 문제를 해결하고, 자기 인식을 할 수 있는 시기이기 때문이다.

'많은 지식을 가르치는 교육'에서 '살아가는 힘을 키우는 교육'으로 학교를 새로운 교육 공간으로 전면 개혁한 것이다. 이러한 공간은 교사들의 교육 방식에 영향을 주고, 여러 가지 교육과정을 새로이 시도할 수 있게 했다. 이 학교에서는 학생들 스스로 자율 의식이 생겨 수업 시간에 늦는 학생이 거의 없다. 수업 종이 울리지 않아도 규칙을 지키는 학생들이 늘었다.

좋은 공간이 아니라 더 나은 삶을 고민하자

2018년 이후 전국 200개 이상의 학교가 교육과정에 공간주권을 담아 운영했다. 지역마다 프로젝트명은 다양하지만 지향하는 가치는 공간의 민주성이다. 광주시 교육청은 '학교 공간과 민주주의'를 중심에 두고 '아지트' 프로젝트를 추진했고, 경기도 교육청은 학교 공간의 민주성 회복 프로젝트를 운영했다. 2018년 교육부 민주시민교육종합계획에 포함된 공간 수업 프로젝트가 정책화되면서, 이 프로젝트를 추진하는 학교에서는 공간주권 개념을 본격적으로 교육과정에 적용했다.

우리에게는 주권이란 개념이 그리 낯설지 않다. 하지만 현실에서는 어려웠다. 학교 공간의 민주성 회복 프로젝트를 운영했던 교사들은 학생들에게 주권이란 개념을 인식시키기가 힘들었다고 토로한다. 학생들은 공간 민주성이나 공간주권 개념에 당황했다고 한다.

경기도 광명시 소하중학교에서 이 프로젝트를 담당했던 교사는 학생들이 학교의 주인이기보다 손님 입장에 머물다 보니 공간의 주인이라는 권리를 공감하지 못하더라고 말했다. 적극적인 의사 표현은 기대하기 힘들었다고. 그래서 이 프로젝트에 앞서 '왜'에 대한 이해와 공감이 먼저였다. 학생들의 자발성을 끌어내기까지 동기부여를 위한 단계별 과정을 함께하는 것에 가장 공을 들였다.

실제로 공간주권이란 개념을 인식하기까지의 과정은 오래 걸렸다. 다만 학생들이 주권자임을 자각하고 민주주의에 대해 충분히 이해하면, 학교 공간의 문제를 더욱 확장해서 적용할 수 있게 된다. 학생들은 학교를 민주적 공간으로 만드는 과정에서 민주시민으로 성장할 수 있다.

굳이 공간주권을 개념적으로 이해하지 않아도 좋다. 학교 공간은 구성원들의 생각과 시대에 따라 많이 바뀌고 있다. 구령대를 놀이터로, 교장실을 학생들의 상담 카페로 바꾸었다. 교실에는 교탁 대신 학생 무대가 만들어지고 복도에 미끄럼틀이 생겼다.

학습 환경을 제3의 선생님이라며 모두에게 열린 유연한 공간과 누구에게도 독점되지 않는 공간으로 만들기도 한다. 공간의 민주성을 통해 민주적 학교 문화를 만들어가는 학교도 있다. 민주시민교육과정과 민주적 학교 공간이 만나면서 더 많은 민주주의를 체험하게 한다. 이 과정에서 기존의 학교 공간과는 다른 새로운 공간을 만드는 권한부터 공간의 사용권까지 학생들에게 주어진다. 공간에 대한 학생들의 주도권이 커지는 경험은 학교 안의 평등한 관계에도 영향을 미친다. 공간 변화가 민주적인 학교 문화를 만드는 선순환을 일으킨다는 긍정적 평가도 많다. 민주적 공간이 민주적 생활을 만들고, 그 안의 사람들 모두가 주인으로 살아가게 한다.

학교 공간주권은 학교의 주인이 누구인가에 대한 답을 찾는 과정이다. 지금까지 규율에 치중했던 학교를 어떻게 자율의 공간으로 만드느냐는 것이다. 좋은 공간이 목표가 아니라 더 나은 삶이 목표다. 민주시민교육은 미래에 실시할 교육이 아니라 민주시민으로 살아가는 지금의 교육이다. 학교 공간은 더 나은 미래를 만들기 위한 배움의 장소가 되어, 미래를 만들어갈 학생들이 더 많이 개입하고 민주주의를 실천하는 현장이 되어야 한다.

학교 공간은 학생들에게 지금을 살게 해야 한다. 다 같이 사용하는 공유의 공간, 모두의 공간을 서로 의논하고 합의하고 협력해서 만들어가는 방법을 배울 수 있어야 한다. 자연스럽게 학교는 학생들이 더불어 만들어나가는 곳이며, 아이들이 경험하는 첫 번째 사회다. 여기서 발견한 배움으로 우리 학생들이 사회를 바꾸는 힘과 방법을 얻을 수 있다.

배움과 생활의 구분이 사라지고, 의식의 벽이 무너지다

공간주권은 누가 누구에게 주는 것이 아니다. 공간에 대한 권리가 자신의 것임을 스스로 깨닫고 공간을 바꾸는 과정에 주체로 참여할 때 공간주권이 싹튼다. 학교 공간에 가장 많이 사는 사람들은 학생들이다. 기존의 교육 개혁은 교수 학습 활동의 개선에 주로 관심을 가졌다. 이제는 학교 개혁에 공간의 문제를 포함해야 한다. 학교는 학생들이 먹고 놀고 공부하는 생활 공간, 즉 삶의 공간임을 염두에 둔 혁신에 지금보다 관심을 더 두어야 한다.

급식실, 휴식 공간, 체육관, 운동장, 학교 정원 등도 교실 못지않게 중요하다. 학습 공간과 생활 공간의 구분이 꼭 필요한가. 학습은 어디서건 일어난다. 학생들이 살아가는 또 다른 집으로서의 학교는 학생들이 사회적 삶을 살아가는 공적인 공간이자, 민주주의의 배움터 역할을 할 수 있어야 한다.

한 교실에서 교사 혼자서 수업하는 구조에 대해서도 유연한 사고가 필요하다. 교사들이 일상적으로 협력 수업을 할 수 있으면, 수업의 질과 방향이 달라질 수 있다. 교사들이 일상적으로 협력과 연대를 실천할 수 있게 하는 공간은 어떤가. 한 교실에서 한 명의 교사가 수업하는, 전형적인 틀 안에서는 교사들의 협력적 문제 해결 능력을 키우기 어렵다. 1년에 몇 번 진행되는 통합 수업은 형식적인 협력에 그칠 것이다. 하지만 여러

배움과 생활의 경계를 허물다

교사들이 한 수업 안에서 협력하는 모습을 보이는 것만으로도 배움의 효과는 크다. 지금처럼 각각의 교실에서 따로 가르치는 구조를 바꾸어 교사들이 협력하면서 가르치는 시공간의 재구조화가 필요하다.

코로나19는 학교란 무엇인가를 다시 생각하게 한다. 이는 학교 공간을 재해석하는 계기가 되었다. 그러나 어떤 위기에도 변하지 않는 것이 있다. 학교에는 학생들의 생활이 있다. 전 서울교육연수원장 송순재의 사유처럼 학교가 삶의 근본 조건으로서 삶터와 배움터가 일치하는 공간이 되기 위해서는 공간주권이 그 중심에 있어야 한다. 공간주권은 삶의 근본 조건을 만드는 일이다. 학교 공간이 그 안에 사는 사람들에게 주인으로서 생활하는 조건이 되고 있는가? 이 질문은 학교가 어떤 공동체여야 하는가의 물음과도 맞닿아 있다.

분명히 공간주권은 인권의 문제다. 학교 공간이 어떤 학생이든 조건 없이 환대하는 공간이 되어야 한다. 학교 공간 안에서는 누구도 배제되지 않아야 한다. 누군가가 원하는 곳으로 갈 수 없다면 학교 공간은 존중과 자율의 공간이 아니다. 공간주권은 담 없는 학교를 만들고 물리적인 벽을 없애는 것이 아닌, 의식의 벽을 제거하는 것이다.

학교는 마을, 마을은 학교다. 학교는 학생의 교육만을 목적으로 하는 물리적 시설이 아닌 교육(학습)-생활-공간, 학생-교사-주민, 학교-지역사회, 과거-현재-미래가 함께 어우러지는 공동체다. 학교의 교육력과 지역의 교육력이 합해지는 데, 학교 공간이 중요한 매개가 될 수 있다. 이제 우리도 학생들이 가장 오래 머무는 학교 공간 안에서 온전한 시민으로 자랄 수 있도록 해야 한다.

나아가 학교를 학교와 관계가 있는 시기만이 아닌, 생애에 걸쳐 지역의 소중한 장소로 여길 필요성이 있다. 공간에는 힘이 있다. 학생에게는 더 큰 힘이 있다. 이를 위해 학생 한 명 한 명의 단순한 참여가 아닌, 모두의 참여를 가능하게 만드는 참여의 제도화가 이뤄져야 한다. 그래야 진정한 공간주권이 실현될 수 있다.

인터뷰 3

우리만의 공간이 필요합니다

광주광역시 문흥초등학교 방소형 선생님

문흥초등학교는 공간 혁신과 생활 자치를 동시에 일궈낸 혁신학교다. 각 학년별로 두세 개 학급이 있고 한 반의 학생은 20명 남짓이다. 2020년 총 학생 수는 283명이다.

이곳에서는 다양한 주거 환경에서 사는 아이들을 만날 수 있다. 대부분 맞벌이 가정이고, 방과 후에 아이들은 지역아동센터에서 주로 시간을 보낸다. 전남대학교가 인근에 있어 유학생 자녀도 심심치 않게 볼 수 있다.

'그런데'로 시작된 이야기

문흥초는 혁신교육을 받아들이기 이전부터 더 행복한 학교를 위해 애써왔다. 아이들이 행복한 학교가 되고자 했던 문흥초는 다모임과 동아리 활동을 통해 학생자치를 차근차근 실행해왔다.

다모임은 전교생이 참여하는 대규모 모임이다. 모인 학생 규모에 따라 진행 여부가 결정된다. 학생 수가 많으면 학년별로 진행하기도 하고, 학생 수가 비교적 적은 편이면 전교생이 한 자리에 모인다. 문홍초는 학생 수가 적은 편이라 전교생 다모임이 가능했다.

다른 학교의 동아리는 학생 중심이 아니라 지도교사에 따라 편성되고 학생들이 주어진 선택지에서 골라 활동하는 형태였다. 반면 문홍초는 학생들이 스스로 조직하고 필요한 것을 교사에게 요청하는 과정을 단계별로 발전시켜왔다. 이 경험을 토대 삼아 아이들이 소규모 공동체에서 활동하고 대화를 확장시키는 문화를 만들어왔다.

학교 다모임은 많은 학교에서 실행하고 있는 학교 민주주의 실현의 과제다. 문홍초 방소형 선생님은 이 다모임을 점차 늘려나가자 아이들의 이야기도 풍부해졌다고 말한다. 문홍초의 다모임[10]은 주말에 있었던 일을 이야기하는 생활 나눔 이야기로 시작되었다. 처음에는 주말 동안 겪은 생활들을 나누다가 시간이 길어지자 다음 이야기로 자연스럽게 전환되었다.

'그런데'로 시작하는 아이들의 이야기는 "우리 학교에는 왜 비닐 수거함이 없어요?"부터 "우리 학교에서도 축구 클럽을 더 많이 할 수 있나요?"로 옮겨갔다. 밖에서 했던 활동, 놀이, 체험을 학교에 있는 친구들과 함께 공유하고 싶었던 아이들은 점차 안건을 만들어냈고 의제를 발굴하기 시작했다.

아이들이 만들어낸 안건은 학생자치회에서 논의됐고, 규칙을 바꾼다거나 다양한 학습 활동을 펼치는 것으로 자연스럽게 이어졌다.

아이들이 내놓은 안건 중에는 학생자치회 선거가 인기투표로 전락했다는 불만이 있었다. 공약을 내놓고 지키지 않는 자치회 간부에 대한 불만과 인기 많고 유명한 아이들이 선출되는 것이 올바른 선거가 아니라는 자각이 일어난 것이다. 아이들은 이 문제를 어떻게 해결할 것인지 교사들과 의논했다.

문홍초는 정당 선거에 도전했다. 한국의 선거제도를 본떠 정당을 만들고 그 당에 소속된 대표자들이 공동으로 선출되게 한 것이다. 정당이라는 것이 거창한 것은 아니었다. 정치적이거나 사회적 입장을 대변하는 것이 아니라 아이들만의 문화를 전달할 수 있는 정당을 만들었다. '공좋아당'은 모든 공놀이를 장려하는 당이다. 이 정당의 정책은 체육 시간을 활용해 더 많은 공놀이를 할 수 있도록 학교 문화를 바꿔나가는 것이다.

'축구당', '우리는 빛난당'도 있다. 남학생들이 대표자로 나선 '양성평등당'도 있다. 인권과 젠더 의식을 고양시키고 아울러 성차별을 철폐하자는 당이다. '학생이 먼저당'은 '급식이 먼저당', '재밌는 행사가 먼저당'과 같은 공약을 내세웠다. '즐거운 학교당'

은 비록 당선되지 못했지만, 누구도 소외되지 않는 학교를 만들자는 공약을 내세웠다. 학생회가 중심이 되어 신입생 환영회를 열겠다는 것이었다.

아이들의 정당은 당원을 모집하고, 그 당원이 선거운동도 할 수 있다. 이렇게 해서 매니페스토를 실천하는 선거를 만들어나갔다.

착한 모범생 대신 '자치'하는 아이들

민주주의를 향한 아이들의 발걸음은 이뿐만이 아니었다. 문흥초에서는 매년 모범 어린이를 찾아 표창을 했다. 아이들은 이 표창 제도에 대해 의구심을 품었다. 누가 상을 받을 수 있지? 상을 받으면 우리에게 어떤 이점이 있지? 어쩌면 아이들의 이 의심은 '착하고 말 잘 듣는 어린이', 즉 모범 어린이라는 표상에 대한 제동인지도 모른다. 이에 대한 찬반토론을 벌여 이 시상은 폐지되었다.

학교 내에 비닐 재활용 수거함이 없다는 것에 대한 문제가 제기되어 비닐 수거함을 만들었다. 탁구대 사용에 대한 규칙도 제정했다. 6학년은 자치 예산을 가지고 스스로 필요한 것들을 결정해 사용했다. 학교 안에서 불거지는 문제에 관한 개선 방안을 아이들이 하나씩 찾아내기 시작했다. 갈등이 생기면 해결 방안을 찾았고 서로 역할을 나눠 임무를 정했다.

공간 혁신 시행 전 문흥초의 강당 역할을 했던 도담마루 운영도 그랬다. 아이들은 도담마루 사용 규칙을 만들었을 뿐 아니라, 관리위원회와 관리위원까지 정했다. 도담마루 사용 규칙 안내문에는 관리위원인 학생의 연락처와 교사의 연락처, 안전사고 발생했을 때 연락할 수 있는 보건실 전화번호도 같이 적었다.

운영위원회는 요일별로 운영위원이 도담마루를 관리하기로 결정하고, 도담마루 사용 기록장을 만들었다. 강당물품 대여 기록도 자율적으로 관리했다. 아이들은 질서를 만들고 그 질서를 지키며, 학교 공간을 스스로 운영하고 즐기게 되었다.

자치력이 강화된 아이들은 교사의 제안으로 학생회 규정을 재지정하게 된다. 학생회 규정은 〈광주광역시 학교자치에 관한 조례〉 시행에 따라 정해졌다. 그러나 이 규정은 성인에게나 걸맞은 단어와 문장으로 이루어졌다. 예를 들면 제3조는 회원에 대한 규정이다. 본문은 다음과 같다. '학생회의 회원은 본교 재학생으로 한다. 다만, 휴학 중이거나 유예자는 그 기간 중 회·의원의 자격이 정지된다.'

문흥초 학생들은 자치규칙의 주인으로 학생회의 규정을 다시 개정했다. 제3조는 다음과 같이 바뀌었다. '학생회의 회원은 문흥초등학교에 다니는 모든 학생으로 합니다. 다만, 휴학 중이거나 쉬는 학생은 그 기간 중 회원의 자격이 잠시 정지됩니다.'

학생들의 자치 역량은 공간 혁신을 만나며 극대화되었다. 학교 구성원들은 토론과 토의를 통해 우선 교실을 바꿔나갔다. L자 대형, V자 대형, ㄷ자 대형, 동그라미 대형 등 수업 중 책상 배치도 바꿔보고, 우리 반의 흔적을 남기는 벽화 작업도 했다.

교실 가운데 몸 놀이터를 만들기도 하고, 사물함을 이리저리 옮겨 숨을 공간과 모둠의 작업 공간을 만들어보기도 했다. 아이들은 전문가, 교사와 함께 워크숍을 통해서 학교 공간과 나의 삶터를 돌아보았다.

교사들도 아이들의 생활 모습을 더 많이 관찰하는 계기가 되었다. 학교는 내가 그 안에 들어서기 전부터 생활 공간이 정해져 있다. 주어진 자리에서 주어진 임무를 수행한다. 교사들은 이 정해진 공간을 아이들이 어떻게 비틀어서 사용하고 있는지, 어디를 가장 좋아하는지, 어디서 가장 편안해하는지 면밀히 관찰했다. 그러자 아이들의 삶을 더 꼼꼼히 들여다볼 수밖에 없었다.

공간 혁신은 그 공간의 사용자들에게 공간의 주인으로 살아갈 기회를 제공했다. 집보다 좋은 학교, 친구와 놀 수 있는 학교, 쉬고 떠들고 생각이 자라나는 공간을 만들기 위해 놀이, 소통, 쉼의 공간으로서의 학교를 꿈꾸었다.

커다란 블록을 쌓아놓고 아이들의 몸 놀이를 관찰하고, 아이들이 상상하는 공간을 미니어처로 제작해보기도 했다. 학교에서 나는 하루 종일 어떻게 지내는지, 어느 공간에서 오래 머무는지, 무엇을 가장 많이 하는지, 아이들도 자기 삶을 되돌아보는 기회를 가졌다.

문홍초의 공간 혁신은 고유성, 이동성, 확장성, 지속 가능성을 지키기로 했다. 선생님들은 고백한다. 공간을 만든다는 것은 새로 짓고 만드는 것이라 생각했다고. 그런데 허물고 벽을 뜯는 것처럼, 덜어내는 작업도 공간 혁신의 하나였다는 걸 공간 혁신을 준비하며 깨달았다고.

문홍초의 중앙 현관 옆에 있던 빈 교실은 도담마루라는 공간으로 아이들이 놀이방처럼 사용했던 곳이다. 건축가들이 달라붙어 이 교실의 벽을 뜯어냈다. 도담마루는 비우고 자르며 높낮이를 다르게 했다. 아이들의 의견을 받아 체격이 다르고, 운동 신경의 발달이 다른 모든 학생들이 고르게 어울려 놀 수 있는 공간으로 만들었다. 그리고 층위를 다르게 해, 입체적 공간을 설계하고 오르 내리면서, 공간을 다양한 시선으로 볼 수 있게 만들었다. 2층 계단에서 1층으로 내려오며 보는 도담마루와 중앙 현관에서 바라보는 도담마루의 모습이 다르다. 중앙 복도에서 바라보는 도담마루와 도담마루 안에서 보는 도담마루의 모습도 모두 다르다.

"자꾸 더하려고 하지 말고 비워주세요"

"선생님들은 이미 수업할 공간을 많이 갖고 있는데, 우리만의 공간도 필요합니다."

"자꾸 더하려고 하지 말고 비워주세요."

학생들의 이야기는 무엇이든 꽉꽉 채우며 살아온 기성세대의 맥시멀리즘을 깨트렸다. 도담마루의 운영은 여전히 아이들이 책임진다. 5·18민주화항쟁 때 사용된 큰 사람 인형을 배치하고, 벽면을 스크린으로 활용해 짧은 영상도 수시로 틀었다.

도담마루는 전천후다. 놀이터가 되기도 하고 전시장이 되기도 하며, 공연장도 될 수 있다. 아이들은 숨바꼭질도 하고, 벽에 기대 책을 읽기도 하며, 어울려 배우고 쉬어갈 수도 있다.

문흥초는 공간 혁신이 삶과 사람이 어우러지는 일이며, 삶터에서 일어나는 역동이라고 말한다. 결국 사람의 일이다. '가르치고 가르침을 받는 대상이 아닌, 이곳에 사는 사람'들이 '이곳이 참 좋습니다'라고 말할 수 있는 공간 혁신. '내가 살고 있는 삶터인 학교에 대해 어떻게 살고 싶은지 무엇을 하고 싶은지, 스스로 드러내고 책임지며 함께 가꿔가는 일'이라는 것을 실현한 문흥초의 도담마루는 살아 있다. 공간의 주인공인 학교의 구성원들이 살아 숨쉬기 때문이다.

인터뷰 4

학생부실에 놓인 소파 하나가 부린 마술

강원도 평창군 진부고등학교 이경원 선생님

한 마을에서 나고 자란 아이들이 같은 초등학교, 같은 중학교, 같은 고등학교로 계속 이어진다는 건 어떤 의미일까. 돈독해지고 친해지겠다고 생각하는 것은 타인들의 낭만이다. 과거의 나를 기억하지 못하는 사람들과 새로운 장소에서 도전하고 싶을 때도 있다. 사춘기를 함께 거치는 사이에 한 번 끊어진 관계를 회복하지 못한 채 계속 한 공간에 있어야 한다면 고통이다. 진부고등학교는 강원도 평창군 진부면에 있다. 2020년 진부면의 인구는 9000명이다. 진부고는 한 반 인원이 20여 명 안팎이고, 전교생은 200명이 못 된다. 근처에 있는 학교는 40킬로미터 넘게 떨어진 정선고등학교와 평창고등학교다. 고등학교 진학을 타 도시로 하는 경우가 아니면 대부분 같은 동네의 아이들이 모이게 된다. 오랫동안 해묵은 갈등도 같이 입학한다.

진부고의 아이들은 학교에 정을 붙이지 못하는 것 같았다. 학생 간의 갈등도 적지 않았다고 한다.

세상은 바뀌는데, 학교는 여전하다

진부고에 부임한 이경원 선생님은 뜻하지 않게 학생부장을 맡게 되었다. 주어진 교무실이 넓어서 소파를 하나 가져다놓았다. 아이들이 상담을 받으러 왔다가 소파에 앉아 쉬고 가는 일이 생겼다. 이 선생님은 거기 앉지 말라는 말을 하지 않고 아이들을 관찰했다. 학생부장 방에 있는 소파는 마술을 부리는 것 같았다. 아이들이 앉아 있다가도 가고, 누워 있기도 했다. 그러면서 아이들은 교사들과 이야기를 나누게 되었다. 소파 하나가 그렇게 큰일을 할 줄이야. 아이들은 교무실을 편하게 들락거리기 시작했다.

50대의 마을 사람이 '내가 학교에 다닐 때랑 똑같네. 하나도 안 변했네'라고 말하는 것을 들은 이 선생님은 충격을 받았다. 세상은 급변했는데, 학교는 하나도 변하지 않은 것을 새롭게 보게 되었다. 이것을 계기로 이 선생님과 아이들은 교실 공간을 바꾸는 프로젝트를 시작했다. 'C프로그램'이라는 벤처 기부 펀드의 도움을 받아 공간 혁신을 시도한 것이다.

공간 혁신 프로그램을 통해 교사와 아이들은 자신들이 학교에서 무엇을 하는지 돌아보게 되었다. 이는 공간주권, 공간 혁신 프로젝트를 진행한 다수의 학교에서 공통적으로 경험한 일이다. 학생들이 어디에 모이는지, 어떤 자세를 하고 앉아 있는지, 무엇을 원하는지 관찰하고 서로 이야기를 나눴다. 진부고의 학생들은 몇 가지 제안을 했다.

"사물함이 뒤에 있으니 불편해요."

"겨울에 외투 걸 자리가 없어서 사물함 위가 늘 너저분해요."

"교실에 누울 자리가 있으면 좋겠어요."

"책상 의자 말고 편하게 앉을 데가 있으면 좋겠어요."

"교실에 우리가 쓸 칠판도 있었으면 좋겠어요."

아이들과 교사들 모두, 자신의 학교생활을 돌아보게 되었다. 그러면서 자신들의 아이디어가 구체적으로 현실화되는 것을 경험했다. 학교에서 내가 말한다고 이루어진 일이 있었던가. 아이들의 태도가 달라지기 시작했다.

달라진 아이들의 새로운 수학여행

요즘 아이들은 수학여행을 딱히 반기지 않는다. 관광 중심으로 구성된 프로그램도 재미가 없고, 더 이상 여행이 절실한 시대도 아니다. 돈도 적지 않게 든다. 아이들은 가성비를 따지며 그 돈이면 수도권의 놀이공원에 가고 싶다고 한다.

게다가 한 마을에서 나고 자라 오랜 시간을 같이 보낸 아이들은 수학여행이 더욱 껄끄럽다. 이미 친한 아이들끼리 무리지어 있고, 아이들은 이 무리에서 벗어나고 싶지 않다. 수학여행을 가면 억지로 사이가 좋지 않은 아이들과 함께 어울려야 한다. 반갑지도 즐겁지도 않은 수학여행을 왜 가야 하는지 아이들은 이해할 수 없었다.

반면 선생님들은 '수학여행은 당연히 가야 하는 것'으로 생각했다. 아이들이 가장 불편해하는 게 관계의 문제라면, 수학여행을 통해 관계를 개선해보자는 야심을 품었다.

학생부 교사들을 중심으로 아이들이 직접 프로그램을 짜고 선택할 수 있도록 지도했다. 이 선생님은 "아이들에게 직접 프로그램을 짜라고 던져주면 방치하는 것과 다름없다. 선택할 수 있도록 도와야 한다"고 강조했다.

장소는 제주도로 정해졌다. 수학여행 때는 대체로 유적지를 다니거나 유명 관광지에 가서 사진을 찍고 관심도 없는 곳을 둘러보다가 지친 상태로 숙소에 돌아가기 마련이다. 이 선생님은 제주도에서 가볼 만한 곳을 선정하고 아이들의 취향대로 선택하게 했다. 더러는 친한 아이들끼리만 다니고 싶어 했지만 산, 바다, 박물관, 그냥 쉬는 것 중에 자기 취향을 우선 고르게 했다.

물론, 아이들은 친한 아이들과 돌아다니는 것과 가고 싶은 곳 사이에서 갈등했다. 하지만 아주 관계가 나쁘지 않다면 자기가 좋아하는 곳으로 가기로 결정하고 단짝과 헤어지기도 했다. 모둠을 편성해 각자의 여행지를 정하고, 안전을 잘 지키겠다고 약속했다. 교사들도 흩어져 아이들이 정한 곳을 따라갔다.

저녁이 되어 한 방에 모인 아이들은 다른 아이들이 다녀온 곳이 궁금했다.

"거긴 어땠어?" "나는 박물관도 궁금하긴 한데, 그래도 제주도라면 바다를 먼저 봐야 할 것 같아서 오늘은 바다를 다녀왔거든. 박물관은 괜찮았어?" 서로 묻고 답하는 대화가 이어졌다. 아이들은 조심스럽게 서로 이야기를 나눌 수 있는 기회를 만들었다.

아이들의 변화 뒤에 행복한 교사

진부고는 진부중학교와 붙어 있다. 입학식과 졸업식을 한 강당에서 같이 진행하는 것이 전통이었다. 그러나 고등학생들은 적잖이 불만이 있었다. 중학교 졸업식을 고스란히 지켜보고 자기들의 졸업식을 해야 하니, 졸업식을 따로 했으면 좋겠다는 것이었다.

교사들은 수학여행과 공간 혁신을 경험한 아이들을 한 번 더 믿어보기로 했다. 이 문제는 상당히 큰 파장을 가져올 것이 분명했다. 지역의 유일한 중·고등학교이기 때문에 내빈과 외빈도 만만치 않다. 중학교와 고등학교가 입학식과 졸업식을 나눠 진행하는 구조였기 때문에, 각 학교는 입학식과 졸업식을 분리하면 업무가 두 배가 된다. 외빈들은 한 번 오던 것을 두 번 와야 한다.

아이들의 요구를 받아들여 노력해보겠다고 약속한 이 교사는 중학교와 고등학교, 행정실을 돌며 학교 내 교직원들을 설득했다. 아이들은 학생들과 교사들에게 졸업식 분리 동의 서명을 받았다. 안건은 학교운영위원회까지 올라갔다. '왜 일을 만드느냐'는 반발에, 졸업식 분리를 전담한 선생님은 이렇게 답했다.

"고등학교 졸업식을 마치면 아이들은 마을을 떠날 수도 있어요. 졸업식의 주인공이 누구인지 한 번만 생각해주십시오."

학교가 좀처럼 움직이지 않고 변화하지 못하는 것은 선례가 없기 때문이다. 이 선생님은 "아이들을 염려하는 교사들은 아이들의 삶을 놓고 실험할 수 없다"고 말했다. 교사들이 게을러서, 혁신의 의지가 없어서가 아니다. 다시 돌아오지 않을 아이들의 삶을 놓고 나의 교육철학을 실험하는 것이 아닌지 계속 갈등한다는 말이다. 하지만 이 선생님은 아이들은 믿는 만큼 해낸다는 확신이 있었다. 진부고의 졸업식은 분리되었고, 성공적으로 행사를 마쳤다. 교사들도 아이들에게 주도권을 나눠주는 일에 수월해졌다. 단 한 번의 성공은 두 번째, 세 번째의 경험을 가져온다.

두 번째 졸업식은 학생자치회에서 알아서 했고, 행사도 많아졌다. 고3이 입시 때문에 학생자치위원회 활동을 할 수 없어 유명무실하니 고3은 1학기까지만 자치회장을 하고, 고3 자치위원회는 수시가 끝난 뒤 졸업식 추진위원회로 넘어가는 구조로 변경

되었다.

졸업 앨범도 아이들이 만들었다. 교사들은 앨범을 주문해놓았는데 아이들은 주문하지 않아서, 최소 수량을 넘겨야 하는 과제가 사라졌다. 아이들이 직접 찍고 디자인해서 교사들이 인터넷으로 인쇄 발주만 넣으면 되었다. 졸업생 아이들의 수정 의견도 받고 스스로 만드는 졸업 앨범이 되니 앨범 판매율도 높아졌다.

그뿐만이 아니다.

1학기가 끝나면 학교를 완전히 개방하고 마을 주민들을 초대하는 오픈스쿨 행사를 한다. 이 행사의 기획도 아이들이 하게 되었다. 교사가 기획하고 아이들을 동원하던 관행에서 벗어나, 교사는 책임과 업무를 덜고, 아이들은 주도적이고 자율적으로 능력을 발휘할 기회를 얻었다.

아직 학교는 부족하다

고등학교는 매주 정해진 수업 시간이 34시간이다. 5일로 나누면 하루 7교시가 되는데, 하루는 6교시만 하게 된다. 하루는 6교시를 하고 일찍 끝내도 되는데, 지역사회에서는 아이들이 일찍 학교를 끝내고 마을을 돌아다니는 것을 좋아하지 않았다. 궁여지책으로 아이들을 붙잡아두기 위해 일주일에 하루, 7교시를 교과 시간이 아닌 독서 시간으로 만들었다.

그냥 보내달라며 아이들이 반발했다. 선생님들은 교실에 앉아 있는 불만이 가득한 아이들을 설득할 방법이 없었다. 내년도 계획을 세우는 교사회의에서 이 7교시를 일주일에 하루 5교시로 옮기고, 점심시간을 두 시간으로 하자는 의견이 나왔다.

'두 시간 내내 자면 어떻게 하지?' 교사들은 여러 가지를 걱정했다. 1년인데, 무슨 일이 일어나지 않겠는가. 아이들이 무엇을 하는지, 정말 잠만 자는지 한 번 지켜보자는 결론이 나왔다. 교사들이 아이들에게 "이제 점심시간이 두 시간이 되면 뭘 할 거냐?" 라고 물으니 아이들은 의외의 대답을 했다.

"우리가 꼭 뭘 해야 돼요?" 아이들은 아무것도 안 하길 원하는 것 같았다. 그러더니 이 두 시간을 활용해, 버스킹도 열고, 체육대회도 열면서 알차고 활기찬 시간을 만들어나갔다.

이 선생님은 말한다. 현재의 학교는 비민주적이고 심리적으로 불안정한 공간이지만, 물리적으로는 가장 안전한 공간이라고. 그렇다면 이 안전한 공간에서 아이들이 새롭게, 재미난 일을 펼칠 수 있다면 언젠가는 심리적으로도 안전하고 민주적인 공간이 되지 않겠느냐고.

학생들은 더 많이 표현하고 이야기하고 싶어 한다. 학교는 학생들에게 그럴 시간과 공간을 제공한 적이 있을까.

앞에 붙은 칠판을 바라보고 앉아 주어진 질문에 응해야 하는 시간이 하루 종일 이어진다. 자기 삶에 대해서, 미래에 대해서 치열하게 고민하는 것은 학생인데, 학교는 아이들의 목소리를 담을 공간이 부족하다. 복도가 교실과 교실을 연결하는 공간으로 머물지 말고, 아이들이 앉아서 이야기하고 쉴 수 있는 공간이어야 한다. 교실이 수업이 끝나면 빨리 뛰쳐나가야 하는 곳이 아니라, 쉬는 시간에 편하게 쉬고 자기 능력을 확인할 수 있는 공간으로 탈바꿈해야 한다. 그래야 학교를 둘러싼 우리 모두가 함께 변할 수 있다.

3장

학생들이 다니고 싶은 학교, 가까이에 있다

허진만

삼일상업고등학교

교장과 교사, 교사와 학생, 서로 눈여겨보지 않았던 것

2018년 청주교육대학교 교육연수원은 전국 초중고 교장 137명과 교사 520명을 대상으로 '민주적 리더십'에 관한 설문 조사를 했다. 질문에 긍정하는 정도를 1부터 7까지의 숫자 척도로 답하는 방식이었다. 별로 그렇지 않다고 생각할수록 낮은 점수를, 굉장히 그렇다고 생각할수록 높은 점수를 주는 방식이다. 중간은 4점이다.

첫 질문은 '한국 학교는 민주적이라고 생각하십니까?'다. 교장과 교사는 서로 다른 대답을 한다. 교장은 평균 5.21(대체로 긍정)이고 교사는 3.16(대체로 부정)이다. '한국 학교에서 학생들은 민주적으로 교육받고 있다고 생각하십니까?'라는 질문엔 미묘한 차이가 보인다. 교장은 평균 4.88로 첫 번째 질문보다는 긍정 태도가 작아졌고, 교사는 평균 3.45로 오히려 점수가 늘었다. 유의미한지 여부는 해석에 따라 다를 수 있으나,

민주적으로 교육하는 실행 주체는 교사이기 때문에 교사의 응답에 영향이 일면 나타난 것으로 보인다.

세 번째, '한국의 교장은 민주적 리더십을 지니고 있다고 생각하십니까?'라는 질문엔 교장 평균 5.03, 교사 평균 2.79로 이미 시선이 완전히 다름을 알 수 있다. '교장으로서 스스로를 평가할 때, 민주적 리더십을 지니고 있다고 생각하십니까?' 하는 자기 평가에서는 평균 5.84로 그 정점을 찍는다.

이 자료는 2018년부터 2020년까지 이어진 '교장의 민주적인 리더십 연수'와 '교원의 민주시민교육 역량 강화 연수'에서 인용되었다. 당시 이 연수를 총괄 진행한 청주교대 이혁규 교수는 같은 질문에 대한 교장과 교사의 상반된 응답 결과를 빗대어 '학교 민주주의의 동상이몽'이라고 표현했다.

민주주의는 정의가 분명하지만, 누군가를 가리켜 '저 사람은 민주적이야'라고 할 때는 그 정의와 수준이 사람마다 다르다. 그건 그 사람과 지내봐야 알 수 있다. 물론 여기서도 기대치에 따라, 제도를 운영하는 방법에 따라 또 달라진다. 민주적인 절차를 만들어놓고도 이를 거의 안 지키거나 내용이 부실하면 민주적이라고 할 수 없다. 이 설문에 대한 교장과 교사의 시선 차이는 필연적이다. '이만하면 민주적'이라고 말할 경우, 말하는 사람의 경험에 따라 '민주'에 대한 기대치와 만족도가 달라진다.

하지만 동상이몽은 나쁘다고 단정할 수 없다. 사람은 각기 다른 존재이므로 다른 생각을 하는 것은 자연스럽다. 다만 서로 다른 꿈, 서로 다른 생각을 하고 있는 이들을 하나로 모으기 위한 노력을 해야 한다. 특히 학교라는 곳은 더더욱 그렇다. 선생님들이 합심하여 학생들에게 애정을 쏟고, 수업을 계획하고, 더 나은 학교를 만들기 위해 노력하는 것은 너무나 당연하다. 이 설문에서는 그다음 작업이 중요할 것이다. 이렇게 해보면 어떨까.

첫째, 설문 결과를 설문 응답자에게 알려준다.
둘째, 왜 이런 결과가 나타났는지 해석해보게 한다.
셋째, 이 차이를 좁힐 수 있는 방안을 말하고, 그중 자신이 할 수 있는 것을 말해본다.

핵심은 서로 다름을 인정하고 그 차이를 좁히기 위한 나의 역할을 탐색하는 것이다. 존 그레이의 책《화성에서 온 남자 금성에서 온 여자》는 말한다. 서로 반응하는 방식이 다르다면 서로의 특성에 대해 좀더 알고 그 방식을 존중하여 문제를 해결하기 위해 노력하자고. 학교의 민주적 소통을 위한 방향도 어렵지 않다. 민주적이라는 언어를 이해하는 방식이 달랐다면, 민주적 소통을 직접 체험하여 비슷한 감정을 함께 느끼게 하면 된다. 이 과정에서 서로를 좀더 잘 이해하고, 욕구를 적절하게 제어할 수 있게 된다.

이미 그런 방식으로 더 좋은 학교를 만들고 있는 사례가 많다. 지금부터 학교 세 군데를 다니며 특징들을 살펴보자. 그러면서 한번 우리 아이들이 다닐 만한 학교인지도 판단해보자.

학교장의 새로운 리더십과 민주적 학교 운영(청주교육대학교 부설교육연수원, 2018)

	(A) 전국 초중고 교장 137명			(A) 전국 초중고 교사 520명		
	성별	급별	경력(년)	성별	급별	경력(년)
대상	남 : 61%	초 : 52%	1~2 : 44%	남 : 31%	초 : 71%	1~5 : 5%
	여 : 39%	중 : 22%	3~4 : 28%	여 : 69%	중 : 15%	6~10 : 9%
		고 : 21%	4~6 : 9%		고 : 13%	11~15 : 14%
		기타 : 5% (무응답)	6~8 : 7%			16~20 : 27%
			8↑ : 9%			21~25 : 20%
			기타 : 3% (무응답)			26↑ : 25%

문항 한국 학교는 민주적이라고 생각하십니까?

빈도	1	1	평균	5.21	1	80	평균	3.16
	2	4			2	147		
	3	7			3	103		
	4	23	표준편차	1.29	4	74	표준편차	1.64
	5	43			5	70		
	6	36			6	31		
	7	23			7	20		

문항 한국 학교에서 학생들은 민주적으로 교육받고 있다고 생각하십니까?

빈도	1	1	평균	4.88	1	38	평균	3.45
	2	10			2	118		
	3	11			3	127		
	4	21	표준편차	1.39	4	104	표준편차	1.47
	5	51			5	85		
	6	26			6	37		
	7	17			7	11		

문항	한국의 교장은 민주적 리더십을 지니고 있다고 생각하십니까?							
빈도	1	2	평균	5.03	1	117	평균	2.79
	2	5			2	158		
	3	6			3	100		
	4	26			4	57		
	5	41	표준편차	1.25	5	54	표준편차	1.55
	6	47			6	25		
	7	9			7	9		
문항	교장으로서 스스로를 평가할 때, 민주적 리더십을 지니고 있다고 생각하십니까?							
빈도	1	1	평균	5.84	—			
	2	1						
	3	0						
	4	10						
	5	26	표준편차	1.00				
	6	66						
	7	33						
문항	재직하는 동안 경험한 학교는 민주적이라고 생각하십니까?							
빈도	—				1	62	평균	3.43
					2	120		
					3	108		
					4	79		
					5	84	표준편차	1.65
					6	48		
					7	19		

우리가 정하는 현장체험 학습,
무주초등학교 이야기

전라북도 무주에 있는 무주초등학교 6학년 학생들은 주제가 있는 현장체험 학습을 간다. 현장체험 학습은 다 가는 것 아니냐고? 맞다. 다 간다. 하지만 여느 학교와 조금 다른 준비 과정을 거친다. 선생님들은 학생들에게 '테마식 현장체험 학습을 위해 어디를 가고 무엇을 할 것인지 모둠별로 함께 조사하고 의논하여 정하세요'라는 과제를 준다. 6학년이라 하더라도 그런 여행을 한 번도 안 가봤거나 갔어도 어른들을 따라다닌 게 전부였을 아이들이 어떻게 그걸 해내느냐는 질문이 당연히 나온다. 믿기지 않겠지만, '해낸다'.

6학년 민수는 자기가 직접 가는 곳을 정하는 과제 자체가 놀랍기도, 신나기도 했다. 마음이 맞는 친구들과 휴대전화, 태블릿을 사용해 다양한 곳들의 자료, 시간, 경로들을 조사했다. 간간이 컴퓨터실을 이용해 발표 자료도 만들었다. 모든 모둠들의 발표가 준비된 뒤, 무주 교육지원청 시청각실을 빌려 대망의 현장체험 학습 장소를 선정하기 위한 조사 내용을 발표했다.

학생들의 발표 자료에는 TV 프로그램 〈런닝맨〉 체험장, 롤러스케이트장, 서대문 형무소, 에버랜드, 한강 유람선, 롯데월드 등 많은 의견들이 나왔다. 드디어 민수네 모둠이 발표할 차례. 민수는 많은 친구들 앞에서 발표한다는 게 떨렸지만, 친구들 앞에서 직접 만든 발표 자료를 하나하나 보여주며 생각을 공유하는 순간이 뿌듯했다.

모든 모둠이 발표를 마친 후 학교로 돌아와 학생들이 가고 싶은 현장체험 학습 장소를 투표하기 시작했다. 6학년들은 자신들이 발표한 장소를 아이들이 직접 투표로 고르는 것에 기분이 좋았다. 투표 자체가 자신들의 생각을 잘 모으는 방식이란 생각도 들었다. 투표 결과는? 테마식 현장체험 학습에서 무주초 6학년들이 찾아갈 곳은 〈런닝맨〉 체험장, 인사동 쌈지길, 서대문 형무소, 한강 유람선, 에버랜드로 정해졌다. 민수를 비롯한 친구들은 자신들이 스스로 조사한 곳들에 가게 되어 더욱 뿌듯함을 느꼈다.

드디어 테마식 현장체험 학습 날이 되었다. 아이들은 함께 버스를 타고 출발했다. 첫 번째로 〈런닝맨〉 체험장에 도착했다. 그리고 미로 탈출, 줄넘기, 지뢰 찾기, 틀린 그림 찾기 등 다양한 체험을 했다. 친구들과 함께 노는 즐거운 시간이었다. 다음은 서대문 형무소. 직접 서대문 형무소의 자료를 조사한 덕분에 더욱 몰입하여 서대문 형무소를 둘러볼 수 있었다. 저녁에는 한강 유람선을 타면서 친구들과 오늘 있었던 일에 대해 이야기를 나누었다. 숙소에 들어가 내일을 기대하며 잠이 들었다. 다음 날은 에버랜드에 가서 테마식 현장체험 학습의 마지막 날을 즐겼다.

이런 식으로 무주초는 현장체험 학습의 장소 결정권을 학생들에게 주고, 가고 싶은 곳들을 스스로 조사하게 하여 온전히 빠져들게 한다. 자신이 갈 곳을 직접 조사하고 결정하는 것은 그 과정 자체로 여행의 의미를 스스로 찾게 만드는 효과를 가진다.

교사와 학생이 함께 만드는 교칙, 홍동중학교 이야기

코로나19로 학생들의 등교 자체가 어려워지면서, 생활 지도로 인한 갈등도 한풀 꺾였다. 하지만 갈등이 드러나지 않는다는 것뿐이지 없어진 것은 아니다. 그럼 생활 지도는 왜 생길까? 혹시 학생들이 교칙을 지킬 수 없기 때문은 아닐까? 보통 교칙은 이미 학교가 정해두는 것이고, 학교의 권한으로 생각하니, 학생들의 의견은 묻지 않는다. 어른들은 학생에게 틈을 주면 자기 하고 싶은 대로만 할 거라고 생각한다. 과연 그럴까.

홍동중학교 제규정집의 제67조 '생활 지도의 기본 방향'이다.

제67조【생활 지도】기본 방향은 다음 각항과 같다.

① 매월 학생부 선생님과 담임선생님은 집중 지도 내용을 정하고 학생들과 협의를 거쳐 실시한다.

② 생활 지도의 목적은 학생 통제에 있지 않다.

충남 홍성의 홍동중에서는 학생들이 교칙을 검토한다(2019학년도 홍동중학교 제규정집 제67조). 학생들 자신이 지켜야 할 약속이기 때문이다.

학생들끼리 교칙을 이야기하다 보면 자연스럽게 교칙에 대한 수정안이 만들어진다. 이 수정안은 교직원회의에 제출되고, 선생님들은 이에 대해 회의한다. 마지막으로 전교생이 모인 자리에서 최종안에 대해 전체 학생들의 찬반 의견과 기타 의견을 묻는다.

이게 다가 아니다. 이후 교장 선생님, 학부모, 마을 주민의 의견까지 받아 최종 개정된다. 모든 과정에 학교와 관계된 사람들의 의견이 빠지지 않고 담기는 구조다. 홍동중 졸업생 송수빈 씨는 이에 대해 이렇게 말한다.

"생활 지도 규정안이 개정된 뒤로 학생들이 규칙을 훨씬 더 잘 지키고 더불어 선생님들도 학생들을 지도하기가 더 편해졌어요. 학생들 내부에서는 '우리가 다모임을 통해서 정한 건데 우리가 안 지킬 순 없다'는 이야기가, 선생님들 내부에서는 '이번에 바뀐 생활 규정안에는 더 이상 우리가 터치할 부분이 없다'는 이야기가 나오곤 했어요. 개정된 부분에 대해서 잠깐 소개하면, 화장의 경우 과하지 않은 비비크림이나 선크림, 옅은 틴트와 립글로스는 괜찮다고 바뀌었어요. 하복이면 하복, 춘추복이면 춘추복, 동복이면 동복. 이렇게 시기적으로 다 같이 맞춰 입어야 했던 교복을, 개인의 건강 상태와 컨디션에 맞게 자유롭게 입는 것이 허용되었어요. 가장 민감했던 치마 길이와 치맛단 박기도 무릎 위 15센티미터와 일정 길이의 단 박기는 허용이 되는 등, 규정안은 요즘 학생들의 트렌드에 맞게 개정되었던 것 같아요."

생활 지도의 기본 방향은 두 가지다. 매월 지도 내용을 정하지만, 학생들과 협의하여 실시한다. 이 지도의 목적은 통제가 아니다. 무슨 학교가 매월 지도 내용을 정하나 하겠지만, 변화하는 사회 속에서 새로운 이슈, 유행, 문화와 그에 영향을 받는 우리의 행동은 지속적으로 객관화될 필요가 있다. 날마다 터지는 새로운 사건 사고, 신기술에 따른 가치관의 혼란과 법적 한계 등 어른들의 걱정은 당연하다. 핵심은 여느 학교에서 보는 선생님의 일방적 통제가 아니라 '학생들과의 협의'를 거친 적정선을 찾는 과정이다.

홍동중 학생모임은 원래 안건을 의논하고 합의하는 것이 목적이었다. 그런데 무언가를 결정한 경험은 여기서 그치지 않고 확장되었다. 안건에 대한 결정 이후 '자유 토론'이라는 형식으로 사회적 의견을 공론장에 내놓기 시작한 것이다.

예정된 회의가 일찍 마무리되면 보통 얼른 나가서 놀려고 하는 것이 중학생이라고 우리는 생각한다. 그러나 학생들은 회의에 바로 이어서 자신들의 주요 관심 사안에 대해 의견을 주고받기 시작했다.

청소년 연애는 바람직한가?

선배에게 반드시 높임말을 써야 하는가?

외모는 하나의 능력인가?

무인도에 가져갈 세 가지 물건은?

청소년의 자유는 어디까지 보장되어야 하는가?

어느 누구도 바로 답할 수 없는 묵직한 주제들이다. 아마 고등학생들도 이 주제에 대해 오래 생각해야 하지 않을까? 홍동중 학생들은 이런 주제가 던져질 때마다 하나둘씩 손을 들고 자기는 이렇게 생각한다고 이야기하기 시작했다.

평소 장난치는 모습만 보다가 이런 주제에 대해 이야기가 오고 가면 서로에게 신선한 충격이 된다. 학생들은 자기 옆자리 친구가 사람들 많은 곳에서 진지하게 발언하는 모습을 보며 새로운 자극을 받는다. 이런 경험은 수업과 연결되어 발표력을 높인다. 또래집단에 강하게 영향을 받는 중학생들에게 이런 공적 경험은 정말 중요하다.

학생이 운영하는 창의적 체험 활동, 운산고등학교 이야기

입시로 하루하루가 바쁜 고등학교는 학습량을 채우는 것이 목표가 된다. 교과서 진도를 빼는 수업, 혹은 쉼 없이 달린 학생들의 숨 돌리는 시간은 부족하다. 어떤 선생님은 피곤한 학생들이 가여워서 순전히 선의로 자기 수업 중에 조금 자게도 한다. 하지만 이는 학생들과의 관계가 잘 형성된 일부 사례일 뿐, 학부모의 민원이 예상되는 문제라면 어림도 없는 일이다.

그런 와중에 자연스럽게 활용되는 시간이 바로 창의적 체험 활동 시간(이하 창체 시간)이다. 학교마다 편성하는 방식은 조금씩 다르지만, 학기당 4단위 68시간 이상을 운영한다. 쉽게 말하면 한 주에 세 시간을 창체 시간으로 배정할 수 있다. 활용 목적에 따라 얼마든지 학생들의 다양한 활동 체험을 제공할 수 있지만, 학교에서는 선생님의 잔무 처리 시간, 학생의 수행평가 보충 혹은 자율학습 시간으로 많이들 애용된다. 본래의 목적을 상실해가고 있다는 의미다.

사실 선생님들에게는 수업 연구 시간이 절대적으로 부족하다. 이런 선생님에게 창의적으로 학생들이 체험할 수 있는 다양한 영역의 교육을 계획하고 시행하라는 것은 슈퍼맨이 되라는 말이나 다름없다. 고등학교 선생님들은 자기 반의 학생 30명을 학기에 한 번 상담하는 것도 버겁다. 그리고 그런 시간은 따로 배정되지 않는다. 시간을 쪼개는 수밖에 없다. 창체 시간의 현실이 이렇다면, 그래서 실제 학생에게 도움이 되는 창체 시간을 기대하기 어렵다면 발상을 바꾸는 것도 방법일 수 있다. 경기도 광명시의 운산고가 그 해결의 단초를 보여준다.

운산고는 그간의 경험과 의견 수렴을 통해 매주 금요일 오후 수업을 창체 시간으로 운영한다. 이 학교의 금요일 오후는 자율 활동(자치, 적응, 행사, 학교 특색)이나 동아리(학기별 5회) 활동 시간이다. 학생들의 자치 능력에 대한 선생님들의 고민이 드러난 지점은 학년부가 주도하는 '자치 강화 프로그램'이다. 이 프로그램은 2016년부터 학교 특색 활동으로 지정, 학기별 4회, 회당 두 시간씩, 8회 16시간 운영된다.

고등학교 학급회의의 경우 안건이 준비되지 않을 때가 많다. 어쩌다 안건이 있다 해도 반 티셔츠를 제작하거나 체험 학습 장소를 투표하는 정도의 시간으로 활용된다. 그마저도 잘 안 되어서 자습 시간으로 방치될 가능성이 높다. 또 학급회의를 제대로 진행한다 해도 논의된 내용이 반영되지 않으면 더 이상 할 마음이 없어진다. 운산고는 학생들이 주체로 설 수 있도록 학급회의 방식을 바꾸었다.

우리가 아는 보통의 학급회의는 회장이 앞에 나와서 안건을 설명하고 회의를 진행한다. 모두가 회의에 집중할 수 있고 이 방식에 익숙하다면 문제가 없다. 하지만 한 학급 모두가 같은 곳을 바라보며 안건을 논의하는 건 쉬운 일이 아니다. 아무리 회장이 진행을 잘해도 그건 대개 리더의 경험으로 축적되지 구성원의 참여 경험으로 쌓이기는 어렵다.

그러면 어떻게 해야 할까? 진행자 한 사람을 바라보는 방식을 바꿔 직접 자신이 생각하는 문제에 대한 발언과 공감을 유도하는 '원형 토의 방식(서클 방식)'을 활용했다. '내가 느끼는 우리의 문제', '나의 한 달' 등 어렵지 않게 툭툭 얘기할 수 있는 주제로 진행했다. 서클 방식으로 회의를 운영했다. 또한 모둠 활동으로 논의를 확산시키도록 선생님들이 먼저 민주적 회의를 경험하고 각 학급에서 시도해보도록 했다. 처음에는 학급회의 안건과 진행 방식에 대해 교사와 학생으로 구성된 민주시민교육팀에서 안내하고, 지원하여 학급회의가 원활히 진행되게 했다.

창의적 체험 활동 연간 운영 계획(운산고)

<table>
<tr><th>월</th><th>주</th><th>교시</th><th>1학년</th><th>2학년</th><th>3학년</th></tr>
<tr><td rowspan="12">3</td><td rowspan="3">1</td><td>5</td><td>(적응) 학교생활 안내</td><td colspan="2">(적응) 학급 환경 정리</td></tr>
<tr><td>6</td><td>(적응) 학급 환경 정리</td><td colspan="2">(자치) 선관위 구성, 후보 선출</td></tr>
<tr><td>7</td><td>(자치) 선관위 구성, 후보 선출</td><td colspan="2">(자치) 학급규약 세우기</td></tr>
<tr><td rowspan="3">2</td><td>5</td><td colspan="3">(자치) 학급임원 후보 유세 및 선출</td></tr>
<tr><td>6</td><td colspan="3">(자치) 학교 선도 규약 관련 토의</td></tr>
<tr><td>7</td><td>(자치) 학급규약 세우기</td><td colspan="2">(봉사) 봉사 활동 사전 교육</td></tr>
<tr><td>3</td><td>5-7</td><td colspan="3">동아리 홍보</td></tr>
<tr><td rowspan="3">4</td><td>5</td><td>(봉사) 봉사 활동 사전 교육</td><td>(적응) 장애 이해 교육</td><td rowspan="2">(학교 특색)
교복 바르게 입기,
학급별 사진 촬영</td></tr>
<tr><td>6</td><td rowspan="2">(학교 특색) 운산고
알기 골든벨</td><td rowspan="2">(학교 특색) 학급별
공감교실, 교복
바르게 입기 캠페인</td></tr>
<tr><td>7</td><td>(적응) 장애 이해 교육</td></tr>
<tr><td rowspan="2">5</td><td>5</td><td colspan="3">동아리 부서 확정</td></tr>
<tr><td>6-7</td><td colspan="3">동아리 오리엔테이션 및 연간 계획 수립</td></tr>
<tr><td rowspan="6">4</td><td rowspan="2">6</td><td>5</td><td>(적응) 장애 이해 교육</td><td colspan="2">(자치) 학급회의 - 급식 질서 관련</td></tr>
<tr><td>6-7</td><td colspan="3">(학교 특색) 세월호 참사 2주기 관련 추모 및 진상 규명 활동</td></tr>
<tr><td>7</td><td>5-7</td><td colspan="3">동아리</td></tr>
<tr><td rowspan="2">8</td><td>5-6</td><td colspan="3">수업 보강 (금 1, 2)</td></tr>
<tr><td>7</td><td colspan="3">(자치) 학급회의 - 학급규약 되돌아보기</td></tr>
<tr><td>9</td><td colspan="4">1차 지필</td></tr>
</table>

월	주	교시	1학년	2학년	3학년
5	10	학교장 재량 휴업일			
	11	(행사) 체육대회			
	12	5-7	동아리		
	13	5	(적응) 교육 과정 설명회	(자치) 학급회의 - 수업 약속 되돌아보기	
		6	(학교 특색) 휴대전화 사용, 교복 착용 관련 대 토론회	(학교 특색) 목표가 이끄는 삶	(학교 특색) 공명 프로젝트 발표회
		7			
6	14	5	(적응) 심폐소생술 교육	(적응) 민주시민교육	(자치) 학급회의
		6	(자치) 학급회의	(적응) 심폐소생술 교육	(적응) 민주시민교육
		7	(적응) 민주시민교육	(자치) 학급회의	(적응) 심폐소생술 교육
	15	5-6	(자치) 학생회 선거 유세 및 토론		
		7	(자치) 학급회의 및 투표		
	16	5-7	동아리		
	17	5	(자치) 학급회의		
		6-7	(학교 특색) 데굴데굴 교육	(학교 특색) 공감교실	(학교 특색) 입학사정관과의 만남
	18	2차 지필			
7	19	5-7	동아리		
	20	5	(자치) 학급회의 - 학급규약 되돌아보기		
		6-7	(학교 특색) Cloud R樂 Festival	(학교 특색) 소소한 작당	(학교 특색) 졸업생과의 만남
계			자율 42시간 + 동아리 15시간 + 봉사 1시간 + 진로 17시간 = 75시간		

20XX년 3월 11일 학급자치 회의

안건 : 출결 및 흡연에 대한 선도 처분

제안 설명

운산고등학교의 선도 처분 건수는 출결과 흡연이 압도적으로 많습니다. 선도위원회를 계획하여 징계해도 행동 개선이 이루어지지 않는 경우가 많아 선생님들의 고민이 깊습니다. 이에 선도위원회와 함께 학생들의 문제 행동을 개선하고 상담 등 예방 활동을 강화하기 위해 다음과 같은 내용을 협의하였습니다. 학생 여러분들도 학급회의를 통하여 의견을 모아주시면 추후 학생 대의원회의 및 교사, 학생, 학부모 대표자 회의를 통하여 확정할 예정입니다.

진행 요령(회복적 서클 방식으로 진행하는 경우)

- 일반적인 학급회의 방식으로 진행하셔도 됩니다.

1. 부담임선생님이나 학급 반장이 안건의 제안, 설명, 내용을 이야기합니다.
2. 흡연과 출결 중 이야기할 주제를 선택합니다(둘 다 해도 괜찮습니다).
3. 선택한 주제의 '선도 처분 내용' 표를 칠판에 그립니다.
4. 모든 책상은 교실 한쪽으로 치우고 의자로 서클(원)을 만듭니다.

   (서클을 만드는 이유: 우리 모두가 평등하며 공동체로서 연결되어 있다는 의미)

5. 부담임선생님이 '토킹스틱을 받은 사람만 발언' 등의 서클 규칙을 이야기합니다.

(토킹스틱talking stick : 일종의 마이크로 어떤 물건이든 상관없습니다. 필통이나 인형, 음료수병 등을 가진 학생들이 이야기할 수 있는데, 이를 어기면 벌칙, 엉덩이로 이름 쓰기를 합니다.)

6. 이번 주에 좋았던 점과 안 좋았던 점을 한 가지씩 이야기하게 합니다. 다 이야기하면, 흡연(혹은 무단 지각이나 결석)을 하면 어떤 안 좋은 점이 있는지 돌아가면서 이야기하게 합니다.
7. 이번에는 포스트잇(혹은 작은 종이)에 '선도 처분 내용' 표에 대한 의견을 적게 합니다.
8. 의견을 다 적으면 반장이 이를 수합하여 주요 내용을 칠판에 적습니다. 부담임선생님은 이 사항에 대해 다수결 등으로 의견을 수렴합니다.
9. 의견이 수렴되면 반장은 이를 종이에 적습니다(추후 대의원회의에서 논의).

20XX년 4월 8일 학급자치 회의

안건: 학급생활, 학급규약 돌아보기

제안 설명

20XX년 새 학년 새 학급에서 만나 한 달이 조금 넘는 시간을 함께했습

니다. 첫날 비전스쿨에서 마음의 벽을 허물고 자신의 진로와 비전에 대한 고민을 나누기도 했고, 3월의 자치회의를 통해 우리가 함께 생활할 학급에서의 규칙을 같이 정하기도 했습니다. 이제 나와 우리 학급의 지난 한 달을 돌아보며 우리가 정한 약속을 잘 지켰는지 공유하고 격려해 봅시다.

진행 요령(회복적 서클 방식으로 진행하는 경우)

- 일반적인 학급회의 방식으로 진행하셔도 됩니다.

1. 담임선생님이나 학급 반장이 제안, 설명, 내용을 이야기합니다.

2. 모든 책상은 교실 한쪽으로 치우고 의자로 서클(원)을 만듭니다.

(원을 만드는 이유: 우리 모두가 평등하며 공동체로서 연결되어 있다는 의미)

3. 담임선생님이 '토킹스틱을 받은 사람만 발언' 등의 서클 규칙을 이야기합니다.

4. 다음 질문 중 '여는 질문'으로 적당하다 싶은 것으로 서클을 시작합니다.

- 한 달간 가장 좋았던 점과 안 좋았던 점은 무엇인가요?
- 한 달간의 나의 학교생활을 한 문장으로 정리하면 어떻게 표현할 수 있을까요?
- 나를 가장 즐겁게 한 일은 무엇이고, 가장 힘들게 한 일은 무엇인가요?
- 한 달간 가장 감사한 일은 무엇인가요?

5. 다음 중 '배움과 약속에 대한 질문'으로 적당하다 싶은 질문으로 이야기를 공유합니다.
   - 한 달간의 수업과 학급 활동 중 가장 의미 있었던 것은 무엇인가요?
   - 우리가 서로를 존중하기 위해서 할 수 있는 일은 무엇일까요?
   - 즐거운 배움을 위해 내가 지킬 수 있는 것은 무엇일까요?
6. 다음 중 '닫는 질문'으로 적당하다 싶은 질문으로 서클을 닫습니다.
   - 내가 담임선생님이라면 우리 반 아이들에게 꼭 당부해주고 싶은 말은 어떤 것인가요?
   - 오늘 서클을 통해 배우거나 느낀 점은 무엇인가요?

2016년부터 운산고는 학년부에 학년부장 교사와 함께 학년생활팀장 교사를 새로 두었다. 해당 학년 학생들의 생활을 더욱 밀접하게 돌보자는 취지였다. 사실 학년에서 사건 하나가 생기면 학년부장은 그 문제를 해결하느라 온 신경을 쏟게 되어 여러 차질이 생길 수 있다. 그런데 학년생활팀장을 두니 시간적 여유가 생겼다. 학년생활팀은 학생자치에 관심이 많은 담임교사가 배치되어 팀장과 함께 학년자치회를 전담 운영하는 구조다.

바로 이 부분에서 학생들에게 교육과정 구성의 권한을 배분한다. 학생들의 민주시민 역량 강화에 중점을 두고 다양한 학년자치 활동을 펼치려면 선생님들로서는 역부족이다. 그래서 심층토론을 통해 학년자치회를 꾸려갈 학생을 선출했다. 선생님들은 학년자치회 학생들이 상시 회의를 할 수 있는 공간을 마련하고, 학기별 캠프를 통해 학생들 스스로 자신들의 활동을 돌아보고 다음 학기를 계획하도록 지원한다.

교육과정 구성에 학생들이 참여한다는 의미

그래서 운산고는 학생들(정확히는 학년자치회)에게 월 1회씩 총 8회 창체 시간을 운영하는 교육과정 구성에 참여할 것을 권했다. 학년자치회는 학생들의 수업을 위한 월별 프로그램을 준비해야 했다. 명확하게 할 일이 생기니 학생들은 공부 시간을 쪼개 밤낮없이 회의실을 들락거렸다.

창체 시간이 학생들 전체를 대상으로 하다 보니 행사 프로그램을 계획해야 할 때는 질서 유지, 사회자, 필요 물품 준비 등 해야 할 일이 너무나도 많다. 그동안 이걸 선생님들이 다 했으니, 교육과정 구성과 운영에 학생이 참여하는 건 교사와 학생 모두가 윈-윈하는, 의외로 간단한 해결책이었던 것이다.

학생들은 모든 것을 꼼꼼히 준비하고 스스로 운영했다. 1학기를 마무리하는 두 가지 행사였던 'Cloud R樂 Festival'과 '소소한 작당(作黨)'은 학급 모두가 무대에 올라 화음과 동작을 맞춰 하나가 되는 작은 축제였다. 학년자치회 학생들은 직접 해본 경험을 바탕으로 2학기엔 더욱 놀라운 성장을 보였다. 추석, 한글날 등과 연결 지어 민속놀이, 한글 바로 알기 골든벨을 진행하는 등 스스로 교육과정을 만들어냈다.

이들이 운영한 프로그램을 잘 보면 행사 활동에 편중되지 않았다는 걸 알 수 있다. 계기 교육, 학습 관련 캠페인, 생활 규정 준수 캠페인 등 자신의 공동체가 갈등을 잘 조정하며 굴러갈 수 있게 고민한 흔적이 보인다. 선생님들은 이후 냉정한 평가를 통해 다음 해의 발전을 도모한다. 그들은 학생회와 학년자치회의 활동이 중복되는 것은 아닌지, 그렇다면 학생회는 어떤 역할을 해야 하는지, 교육과정에 학생들이 어떤 수준으로 함께할 수 있고, 해야 한다고 생각하는지 끊임없이 자문한다. 운산고의 지금 모습은 바로 이런 성찰 덕분이다.

선생님들이 학생을 믿지 않으면 학생들은 스스로 할 수 있다고 생각할 수 없다. 자율성은 신뢰의 관계를 전제로 한다. 아무 경험이 없는 학생에게 '알아서 하라'고 기회를 줘도 자율성이 '짜잔' 하고 생기진 않는다. 당연하다. 에릭 리우와 닉 하나우어가 집필한 책 《민주주의의 정원》에는 이런 문장이 나온다.

"훌륭한 정원사는 절대 '자연 그대로' 내버려두지 않는다. 그들은 자신의 정원에 대해 책임을 진다."

선생님은 학생들이 성공이든 실패든 의미 있는 경험을 할 수 있도록 지속적인 자극을 제공하고 적절한 피드백을 주는 '그림자'의 역할을 수행해야 하지 않을까. 학생이 졸업 후 사회에 나갔을 때 혼자 판단할 수 있고 다른 사람과 함께 헤쳐 나가는 방법을 적용해볼 수 있도록 말이다. 선생님도 실패하고, 학생도 실패한다. 우리는 다 실패 속에서 성장한다. 그런데 우리는 너무 학생들에게 실패가 지닌 교육적 효과 대신에 실패에 담긴 두려움만 강조하는 것은 아닐까?

운산고 학생들이 참여하여 만든 창의적 체험 활동 교육과정

	1학년	2학년	3학년
4/1(금)	운산고 바로 알기 미리내 골든벨	공감교실, 교복 바르게 입기 캠페인	교복 바르게 입기 캠페인
4/8(금)	세월호 참사 2주기 관련 행사(유가족 간담회, 학급별 실천 활동)		
5/27(금)	모두해 회의 '교복 착용 규정 이대로 좋은가' '휴대전화 사용 이대로 좋은가'	목적이 이끄는 삶	공명 프로젝트 발표회
6/24(금)	데굴데굴 '학급별 지필고사 문제 출제하고 풀기'	공감교실, 착착 프로젝트	입학사정관과의 만남
7/15(금)	Cloud R樂 Festival 학급별 표현 활동	소소한 작당(作黨)	졸업생과의 만남
8/19(금)	우리가 원하는, 우리에게 필요한 학급 임원		
9/9(금)	전통놀이 얼쑤	기형도 시인 연구 프로젝트 발표회	
10/7(금)	한글 바로 알기 골든벨		
11/11(금)	한마음 한소리 합창대회	체험 학습 결과물 발표대회	

교사도 하자,
민주시민 되기 연습!

선생님들은 학교에서 정말 많은 일을 한다. 아침에 학교에 출근하면 아이들이 교실에 다 왔는지, 무슨 나쁜 일이나 싸움은 일어나지 않는지, 우리 반이 오늘 있을 수행평가 준비물은 다들 챙겼는지를 살핀다. 거기다 교과 선생님들이 오늘 우리 반 분위기가 안 좋았다고 말하면 그것도 신경 쓰인다. 수업 진도를 더 나가야 하는데, 애들이 축축 늘어져서 반도 못 나갔다든지, 다른 행사 때문에 빠진 애들이 많아서 차질이 생겼다든지 하는 수만 가지 일들이 생긴다.

학교는 계획대로 돌아갈 수 없다. 게다가 요즘은 자기 의견을 내는 학부모들의 목소리도 커졌다. 교사는 학부모에게 위로도 받지만, 평가도 받는다. 교사는 모든 언행을 조심스럽게 하려다 보니 때로는 위축되기도 한다. 학생의 수업 태도나 사람을 대하는 자세 같은 미묘한 문제를 개선하기 위해 학부모와 함께하고자 하는 선의의 노력은 각자의 교육관과 인생관까지 충돌하면서 예전에 비해 정말 몇 배는 힘들어졌다.

학교를 비롯한 어떤 조직이든 구성원이 리더를 따르는 걸로 끝이라면 문제는 쉽다. 하지만 리더가 모든 문제를 해결하는 혹은 해결할 수 있는 시대는 지났다. 혹 그런 시대가 있었다 하더라도 그건 문제를 해결했다기보다는 리더의 권위주의적 행태로 눌러놓은 것일 가능성이 크다. 이미 교장은 교무부장 등 학교 살림을 도맡아하는 직책을 맡길 사람이 없어, 매년 12월이 되면 다음 해에 대해 걱정이 많다. 이전의 리더는 책임과 결정권을 가졌지만, 지금의 리더는 결정권은 분배했으나 책임은 분배하지 못한 상태다.

학교의 학사 운영을 실무에서 기획하고 실행하는 중요한 일을 한다는 것은 그만한 갈등 관리를 감내해야 한다는 뜻이다. 교감에게는 대놓고 말하지 못할 미묘한 인사 문제나 동료 간의 문제, 크고 작은 교실의 문제 등 학교에서 일어날 수 있는 모든 갈등 상황이 교무부장에게 집중된다. 물론 그에게 결정권은 없다. 물밑 작업이 있을 뿐이다. 하지만 그에 대한 평판은 동료들 사이에서만 존재하지, 그가 일을 열심히 한다고 해서 직접 보상이 가는 구조는 아니다. 상황이 이렇다면 그런 보직은 안 맡는 게 심신의 건강에 좋다.

업무의 분담 구조는 변하지 않았는데 구성원들의 발언권은 강해졌다. 그렇다면 실제 책임을 많이 지는 업무를 기피하게 되는 것이 당연하다. 그래서 현재 학교는 교무부나 학생부를 선뜻 맡으려는 교사를 찾기 어렵다. 교사는 판단한다. 어떤 것이 갈등을 최소화하고 한 해를 문제없이 보낼 수 있는 길인지. 담임? 연간 백 몇십만 원인 담임수당을 안 받고 생활기록부를 채우는 노동도 안 하는 게 낫다. 부장? 당연히 책임질 일을 안 맡는 게 낫다. 애초에 리스크가 없는 업무를 선호하는 것이다.

장제우는 그의 책《세금수업》에서 말한다. 우리 교육계를 뒤흔들었던 무상급식 논쟁에서 애초에 공짜 급식은 없었다고. 애들에게 밥을 먹이는 것이 모두가 신경을 써야 하는 공적인 문제라면 우리 모두가 지출한 세금을 통해 모두가 부담하여 해결하는 것이 맞다. 무상이라는 혜택을 받는 대상이 누구냐의 문제가 아니라고 지적한다. 나아가 우리가 진정 복지를 원한다면 부자 증세 등 상대적으로 돈을 많이 가진 사람들에 대한 열등감에서 출발하면 안 된다. 오히려 우리가 이 사회의 구성에 어떻게 기여해야 하는지 고민해야 한다고 말한다.

그는 적게 내고 많이 가져가려는 욕망에 편승하는 복지 딜레마를 깨고, 세금을 제대로 많이 내고 또 그만큼 많이 돌려받는 고부담 고복지로 갈 것을 권장한다. 이 논리는 학교 구성원들에게도 필요하다. 학교 구성원이 시민이라면 학교를 위해 기여하고, 또 그만큼 주인의식을 갖고 나서야 한다. 그게 시민으로서, 학교 공동체의 구성원으로서 선생님의 역할이다.

흔히 혁신학교가 학교 혁신을 잘하는 듯하다가 몇 년 후에 도로 이전으로 돌아오는 요요 현상을 겪는 것을 보고 '시스템화되지 못했다'는 말들을 많이 한다.

그런데 이 말이 참 어렵다. 소위 시스템이 되려면 구성원을 훈련시키는 증명된 균질한 교육이 담보되어야 하는데, 그 균질한 교육 훈련(선생님들에게는 연수나 워크숍)이라는 게 사실은 균질할 수가 없다. 학교마다 학생들의 편차나 지역 문화가 제각각이기 때문이다. 소위 부자 동네냐 그렇지 않은 동네냐부터 시작해서 민원의 성격이 어떻게 다르냐, 선생님들은 연령 비율이 어떻고 각각 어떤 경험을 가졌느냐 등등 변수가 너무 많다.

따라서 여기서 다루는 사례는 해당 학교에서 특정한 시점에 있었던 상황에서 비롯된 것일 수밖에 없다. 당연히 몇 년 후에는 또 달라질 것이다. 그럼에도 사례 분석은 의미를 어떻게 해석하느냐에 따라 다른 가치를 갖게 될 것이다.

교장이 해야 하는 70가지 일, 제천 간디학교

"내년에 수학 선생님을 한 명 채용하려고 합니다. 이견이 있으신 분, 말씀해주시지요."

이는 사립학교 재단 인사위원회에서 나옴직한 말이다. 선생님을 채용하는 문제는 재단 인사위원회가 결정하지, 선생님들이 결정하는 사안은 아니기 때문이다. 그러나 이는 제천 간디학교 교사회의에서 나온 발언이다. 게다가 이 학교는 예산편성권도 교사회가 갖고 있다. 거기에 선생님들의 보직 결정도 교사회의 대표가 희망원을 받아 정한다. 심지어 교사들의 임금 수준까지 책정한다. 이런 정도라면 선생님들이 모든 걸 다 결정한다는 건데, 그럼 교장은 뭘 할까.

"하하, 저도 우리 학교에서 리더가 뭔지 혼란스럽네요."

교장인 이병곤 선생님의 말이다. 이 학교는 1997년 개교 이후 교사회의를 중심으로 교사 공동체에 거의 모든 권한을 부여했다. 그래서 교장은 '상징적' 학교 리더로 자리매김했다. 그 전통이 지금까지 이어진다. 그러니까, 그럼 교장은 뭘 하냐고 재차 물었다.

"교장은 그의 역할과 능력을 통해 교사 공동체 구성원들의 마음속에 교장으로 단단히 자리를 잡아야 합니다."

이게 무슨 소리인가. '마음속' 교장이라니. 상식으로는 이해하기 어려운 말이다. 그러나 그가 깨알같이 적어놓은 업무 리스트를 보는 순간, 그 마음속 교장이 어떤 수위의 노동인지 확 다가왔다.

이어지는 표에 적힌 목록을 보자.

대분류 열여덟 가지 업무에 소분류 일흔 가지 일로 세분화된 표가 눈을 어질어질하게 만든다. 대부분의 교장 선생님들은 많은 일을 한다. 그런데 이 교장 선생님처럼 해야 하는 건 아니다. 3번의 경우 공립학교에는 이사회가 없으니 관계없다. 그리고 교사회와 학생회도 법적 기구가 아니니 교장은 학교운영위원회만 신경 쓰면 된다. 9번과 10번은 대안형 학교이기 때문에 추가로 발생하는 일이라고 치자. 그러나 13번 학부모

이병곤 교장 업무 리스트(이병곤 교장 제공)

연번	할 일	더 구체적으로 할 일
1	교육과정의 운영	학교 철학에 맞는 교육과정의 운영과 개설 학생들의 만족도 평가 선생님의 교육과정 운영 능력 높이기 방안 미래 사회의 교육과정 탐색 대안교육의 새로운 방향
2	학교 재정 운영	학교 예산의 안정적 확보 투명한 집행 예산 보고의 의무 교육 프로그램 지원 예산 공모
3	민주적 학교 운영을 위한 회의 구조	이사회 학교운영위원회와 공동체 총회 교사회 학생회 마실, 농촌공동체연구소 등
4	학교의 지속성과 발전을 위한 기초 다지기	신입생 수를 안정적으로 유지하기 인품과 능력 모두 출중한 선생님 모시기 학교를 외부 사회에 알리기
5	학교의 일상 업무 수행	각종 서류 결재 아침 회의, 정기 교사회의 참석 연중 학사 일정에 따른 행사 참여 생태 화장실, 매주 식당 청소 당번 등 일상 의무
6	학교 홍보	홍보 부서와 협력 언론사 응대 리플릿, 교육과정 안내서, 홈페이지 관리 학교 역사기록관 구축하기
7	면담	교사 면담(모든 교사 대상, 회당 90분) 학부모 학생 외부 인사 및 방문자(연 20회 이상) 교육 관련 외부 컨설팅

연번	할 일	더 구체적으로 할 일
8	학교 대표 업무	외부 행사 참여 토론회, 워크숍 등에서 학교를 대표하여 발표 학교 설명회 등
9	대안교육 발전을 위한 연대	대안교육연대 : 운영 자문, 교육과정 회의, 집필 삶을 위한 교사 대학 : 이사로서 선생님 연수 책임 타 대안학교의 컨설팅 요청에 응대 3간디 협의체(산청&금산) 운영 참여
10	학교 안팎에서의 강연 (연간 25회 내외)	대안교육의 특성, 발전 전략 마을 교육 공동체 미래 사회의 학교 혁신 대안교육 교사론, 대안적 교육철학 교내 분기 주제/학년별 프로젝트 관련 특강
11	학교와 학생의 안전 확보	정기적인 소방 대피 훈련, 소방 관련 설비 점검 학교안전공제회 가입 계기별 안전 교육 학교 시설의 안전 점검 교사를 위한 안전 관련 보험 가입 교사·학생을 위한 심리 상담 전문 기관과 양해각서 체결 및 지원
12	교육 환경 개선과 유지	생활관 시설 개선 학교 건물의 일상적 점검과 보수 공간생산위원회(학부모 자조 모임)와의 협력 / 월 1회 공사 참여 새로운 교육 공간 마련을 위한 준비와 의견 모으기
13	학부모와의 소통	학부모 성장 학교 : 교육위원회와 협력 지역 모임 참여 지역별 학교 설명회 학년별, 위원회별 소모임 수시 참여
14	수업 준비와 강의	매학기 평균 두 과목 매학기 학생 신청 과목 신규 개설 운영

연번	할 일	더 구체적으로 할 일
15	연구 참여	매년 두 가지 정도 공동 연구 참여 진행 1. 충북형 전환 학년 시스템 구축 방안 및 전환 학년 교육과정 연구(충북 교육청) 2. 비인가 대안학교 학생 인권 상황 실태조사 연구(국가인권위원회)
16	원고 쓰기	《한겨레신문》 고정 칼럼(월 1회) 외부 기관 원고(네다섯 군데)
17	갈등 조정과 협의(힘들고 가장 시간이 많이 걸림)	서로 다른 견해, 권리 주장, 억울함 호소, 심리적 충격이나 아픔 등
18	마을과의 협력(제천 간디학교의 교육 이념 실현)	지역사회와 학교 사이의 협력 강화 마을 작업장 마을 교사 지역에 기반을 둔 삶을 모색하기 위한 기반 닦기
계	열여덟 가지	일흔 가지

와의 소통과 14번 수업 준비와 강의(여긴 교장도 수업을 한다! 심지어 신규 개설로!)는 정말 많은 시간이 투여될 것이다.

그런데 이게 다가 아니다. 정작 그가 가장 시간이 많이 걸리고 힘든 일이라고 토로한 것은 17번 '갈등의 조정과 협의'다. 세부 내용은 우리가 흔히 알고 있는 갈등의 내용들이다. 이게 가장 힘들다. 자원은 한정되어 있고, 구성원 모두는 비슷한 욕구를 갖고 있기에 갈등이 발생한다. 많은 학교에서는 이걸 실제 결정권이 없는 교무부장이 '다들 어려우니 박 선생이 이해 좀 하지?'라는 수준으로 봉합한다. 봉합한다는 표현을 쓴 이유는 실제로 해결되지 않고 상황을 모면하는 방식이기 때문이다.

이 교장 선생님에게 다시 물었다. 그렇게 해서 교사들 마음속에 들어갈 수 있었는지. 그는 단호하게 '그렇다'고 했다. 몇 년을 쉴 틈 없이 움직이는 교장을 보며 신뢰를 보내지 않을 교사가 어디 있을까. 신뢰는 리더의 신념에 의한 행동으로 생겨나고, 지속되는 일관성으로 굳어진다.

교장이 자기 시간을 희생하여 얻어지는 결속력이란 것이 좀 마음에 걸리긴 하지만, 두 번째 질문을 던졌다. 일반 학교에서는 주요 보직 교사를 구하는 것이 골치 아픈 과제인데, 교사들의 자율성과 자발성을 이끌어내는 구조는 무엇인지.

"우리는 교장-교사 대표-교사의 구조를 가집니다. 2대 교장을 맡으셨던 분도 교장의 업무를 수행한 뒤에 다시 교사로 돌아왔습니다. 이상하게 보일지 몰라도 '선출하지 않는 보직제'였던 셈입니다."

자치를 한다는 건 사실 결정권을 쟁취하는 여정이 아니라 모두가 적합한 자리를 서로 협의하에 잘 찾아가는 것이 아닐까 하는 생각을 했다. 이어진 이야기를 계속 들어보자.

"주방의 조리사 세 명과 행정 담당자 한 명을 제외한 선생님 스물두 명은 모두 자기 역할을 부여받고 있습니다. 1인 1부서 체제라고 보아도 무방합니다. 그러니 부장교사가 있을 수 없는 구조입니다. 다만, 그렇기 때문에 사명감과 자발성 없이는 단 하루도 유지되기 힘듭니다. 이미 그걸 전제로 하고 교사 공동체에 들어온 분들입니다."

이 교장 선생님은 덧붙인다. 간디학교가 공교육 체제와 같이 적정한 보수, 충분한 교사 연수 시간을 주지 못하는 점이 안타깝다고 말한다. 교사들의 자기 발전을 위한 기회와 시간을 확보하는 업무가 교장으로서 큰 힘을 기울여야 하는 일이지만 정말 쉽지 않다고 고백한다.

민주주의에는 '효율'의 개념이 없다. 민주주의와 자치를 논할 때 '관계성'과 '감정'이 커질 수밖에 없는 이유가 여기 있다. 생산력을 증대하여 보다 질을 높이는 것이 효율인데, 교사들을 위한 보다 많은 여유를 확보하기가 어렵다는 건 이미 많은 일을 하고 있기 때문이다. 그럼에도 구성원의 발전을 위해 최선을 다해 궁리하지만 생각만큼 잘되지 않는다는 얘기. 이런 문제를 풀어야 할 사람은 교장만은 아닐 것이다.

교사가 스스로 시민이 되도록 학교 차원에서 어떤 지원을 하고 있느냐는 질문은, 그러므로 필요가 없게 되었다. 이미 이들은 매일 아침에 짧더라도 회의를 통해 그날의 주요 일정을 공유하고 의견을 나눈다. 2주에 한 번 정기적으로 교사회의를 한다. 이들은 의제를 스스로 설정하고, 토론하고, 결정한다. 교사 스스로 좋은 시민이 되도록 지원하는 것은 이 학교에서는 낯선 말이다. 이 학교 교사들은 학교의 '지원'이 아닌 실제 '작동'하는 구조 속에서 교사 스스로 시민으로 성장한다. 우문을 받아든 그의 답은 분명하다.

"우리 사회는 어른이나 아이들에게 민주주의에 대하여 충분히 가르쳐왔습니다. 문제는 민주주의가 어떻게 실현되는지 실제 (구성원들이) 작동시키면서 깨닫는 것입니다."

수업을 학생 입장에서 고민한 선생님, 운산고등학교

"아유 정말! 교장만 없으면 살 것 같아."

교사라면 한 번쯤 해본 말 아닐까? 모든 일이 발생했을 때, 교장의 탓으로 돌리기는 쉽다. 교장만 바뀌면 다 잘될 것 같은 생각이 든다. 심지어 교장이 하는 일이 뭐가 있냐는 말도 한다. 정말 교장이 없으면 학교가 좋아질까? 마음에 들지 않더라도 시점을 바꿔 생각해보자. 교사들이 가급적 '똘똘한 학생', '수업 분위기가 괜찮은 반'을 원하는 것처럼, 교장도 좋은 선생님들이 모여 있는 집단을 원한다. 그럼 '좋은 집단'이란 어떤 집단인가. 교장의 말을 잘 듣는 교사들인가. 아니면 알아서 열심히 학교에서 제 몫을 하는 교사들인가.

운산고 학생들도 다른 학교 학생들과 크게 다르지 않았다. 학생들은 수업 종이 쳤는데도 교실로 돌아오지 않고 복도와 운동장에서 여유롭게 자기 시간을 가졌다. 깨워도 일어나지 않았다. 여느 고등학교 교실의 모습과 다르지 않았다. 교사들은 한숨을 쉬고, 다그치고, 빨리 그만두고 싶다는 생각을 하며, 방학을 기다렸다. 현실은 변하지 않았다.

신설 학교인 운산고 선생님들은 그저 살고 싶었다. 선생님으로서 자존감을 회복하고 싶었다. 교사들은 고민 끝에 학생의 입장에서 생각해보았다. 애들은 왜 자는가, 나라면 이 수업을 재미있게 들어줄 수 있겠는가. 이건 교사 개개인의 문제가 아니었다. 모두가 걱정하며 감내하고 있던 문제였고, 모두가 머리를 맞대고 해결해야 할 문제였다. 운산고 선생님들은 결심했고, 문제를 진단했다.[11]

1. 나는 왜 선생님이 되었고 어떤 선생님이며, 어떤 선생님이고자 하는가?
2. 나의 교육철학은 무엇인가? 나는 교육을 통해 아이들에게 무엇을 가르치고자 하는가?
3. 학교에서 꼭 가르쳐야 한다고 생각하는 핵심어 다섯 가지를 써보자. (가치, 활동)

이 질문들도 하나같이 답하기 어렵다. 이런 문제는 시간을 갖고 교사들끼리 마음을 열고 난 뒤에 해결이 가능하다. 하지만 잘만 한다면 응답자의 마음에 불을 지를 수 있다. 모두가 절박한 상황에 처해 있다면, 그리고 그 문제를 풀어야겠다고 생각한다면 이 활동으로 서로의 공감을 확인해야 했다. 그리고 또 다른 질문을 던졌다.

'민주적 학교' 하면 떠오르는 것은?
우리 학교의 비전이나 교육 목표는 무엇인가?
비전 공유를 위해 어떻게 했나?
교육 목표 달성을 위해 우리는 무엇을 하고 있나?

학교의 비전과 교육 목표를 교감이 교무부장에게 위임하는 일이라고 손을 놓는 순간, 학교 공동체는 사라진다. '우리 학교'가 아닌 교감과 교무부장이 (서류상으로) 보기 좋게 만든 학교가 되어버린다. 심지어 교사들은 그 서류의 노예로 전락한다. 교사도 공동체의 시민이라면 (피곤하지만) 공동의 교육 목표에 합의하는 데 힘의 절반 이상을 쓰게 된다. 그리고 그 절반의 시작으로 (더욱더 피곤하지만) 공동의 교육과정을 만드는 데 나머지 힘 절반을 쓰게 된다. 그래서 운산고 교사워크숍 때마다 나오는 다음 질문은 교육청의 정책 담당자만이 아닌 학교의 모든 교사들이 대답을 준비해야 한다.

운산고 선생님들이 학기 초, 학기 말에 공유해야 할 질문들:
우리 아이들이 살아갈 시대는?
미래 사회를 살아갈 우리 아이들이 학교에서 키워야 할 능력은 무엇인가?
우리 아이들의 강점과 약점은 무엇인가?

위 질문에 대한 답이 나오면 비전을 세운다. 메모지에 아래 질문의 빈칸에 들어갈 말을 써서 모으고, 몇 가지로 범주화한다.

"나는 학생들이 ______하면 좋겠다."

그렇게 범주화한 것들을 한 문장으로 만들면 그게 그해의 교육 비전이 된다. 물론 이 비전을 도출하기 위해 학생들의 현재 사회적·경제적·문화적 환경과 학습 능력, 정서적 상황 등을 조목조목 따진다. 그걸 종합하여 학생들에게 가장 필요한 것이 무엇인지 진단하는 작업이 선행된다. 당연해 보이지만 이것은 기업에서도 많이 하고 있는 문제 정의를 통한 혁신 작업이기도 하다.

가장 시급한 문제는 당연히 수업이었다. 아이들과 수업으로 만나는 선생님의 일상이 즐겁지 않다면 모두 그저 듣기 좋은 말일 뿐이다. 공동으로 정한 목표에 적합한 수업을 하려면 공동으로 이야기를 해야 했다. 일상의 문제를 제대로 이야기하기 위해 서로 조금씩 용기를 냈다. 회의도 제대로 하고, 얼굴을 보며 대화를 나누는 연습도 했다. 모든 교사가 모이는 전체 회의보다는 학년 회의, 교과 회의가 더 중요했다. 교사 일상의 문제는 해당 교사가 담당하는 학년 회의나 교과 회의에서 더 활발하게 나오기 때문이다.

단순한 전달 사항은 메시지 또는 부서별로 공유했다. 전체 교직원회의는 2주에 한 번만 진행했다. 안건 제안서를 제출한 후 토의를 진행했다. 또 의견에 제한을 두지 않는 것을 실천하여 개방성을 확보했다. 관리자가 회의에 참여하여 어떤 얘기가 오가는지 경청하는 분위기를 만드는 것에 중점을 두었다.

선생님들이 교육과정을 협의하는 데 걸리는 시간은 적게는 한 시간 반에서 많게는 서너 시간이다. 교육과정이 선생님들의 주 업무로 들어오면 그렇다. 이미 초등학교에서는 일상적인 일이지만, 중학교에서 고등학교로 갈수록 교육과정은 그저 문서상의 복잡한 시간표로 멀어진다. 그렇게 학생들의 삶과 유리되는 문서상의 교육과정은 교사들에게 부메랑으로 돌아온다. 이걸 정상으로 되돌리는 게 운산고의 작업이었다. 힘들지만 서로 보완하며 하나씩 해냈다.

교사가 자신의 목표로 생각하지 않는다면 굳이 자기 수업을 학년에서 정한 주제에 맞출 필요는 없다. 하지만 공동으로 합의했다면 수업도 그에 맞는 방향을 가져야 한다. 함께 교육과정을 만드는 것에 동의한 교사들이 정했으므로 고유성과 특별성을 갖게 된다. 자연스럽게 주제 학습에 맞는 목표를 각 교과에서 어떻게 달성할 수 있을까 고민했다. 수업 역시 주제 중심으로 통합된 프로젝트 형태를 띠게 되었다.

이제는 잘 알려진 대표 프로젝트인 '기형도 시인 연구 프로젝트[12]'는 운산고가 있는 광명시에 기반을 둔 시인 기형도에 대한 탐구에서 시작되었다. 이런 방식이 학생들에게 배움의 재미를 주었다. 덕분에 관심도 없던 아이들이 스스로 움직여 조사하는 모습이 교사들 눈에 띄기 시작했다. 지금은 프로젝트형 수업을 너도 나도 도입하여, 공명 프로젝트, 수학 문제 창작 프로젝트 등 각종 교과 연관 프로젝트가 풍성하다.

운산고 선생님들은 다른 사람들에게 해달라는 요청 없이, 무슨 일이든 서로 협의해서 진행했다. 그들은 필요한 것들을 요구했으며, 그것이 교육 활동에 도움이 되면 각 담당자가 가진 권한을 위임해달라고 요청했다. 각종 현안들은 팀을 만들어 해결했다. 학년 중심으로 돌아가는 고등학교 특성에 맞게 학년부장과 생활 지도 부장을 두어 학년 업무의 과부하를 분산했다.

1. 권한 위임 체제 구축

- 교감, 부장 또는 팀 리더에 대한 위임 전결 사항을 확대하고 실질적 권한 부여

2. 교수-학습 지원 시스템 구축

- 학년 및 교과 조직 중심(학년 two 부장 체제)
- 불필요한 일 버리기 : 전시성 행사, 전달 중심 회의, 각종 위원회 축소 등 학습지원 환경 구축
- 행정실, 교무실, 교장실의 개방적·협업적 지원 시스템 구축

선생님들은 문제를 진단하고 원인을 찾아 가장 잘 해결할 수 있는 방식을 여러 번 협의하여 정한다. 교육과정 협의는 교과별로도 하고, 학년별로도 한다. 회의를 거듭하며 필요한 회의와 불필요한 회의를 나눌 줄 알게 된다. 결정과 책임의 범위도 그림이 그려진다. 선생님들이 학교 운영에 온전히 참여하는 경험은 자치의 과정을 잘 보여준다.

유념할 것이 있다. 이 내용은 매뉴얼이 아니다. 수도권 중소 규모의 신도시에 신설된 운산고에 적합한 방식이다. 물론 여기서 따라해볼 수 있는 사례도 있겠지만, 핵심은 그 학교 선생님들의 목마름에서 출발했다는 점이다. 운산고 선생님들은 이 경험을 바탕으로 스스로 나서지 않으면

해결되지 않는다는 걸 느꼈다. 그들이 가르칠 학생들에게 가장 적합한 교육과정을 그들이 아니면 누가 만들 수 있겠는가. 너무도 당연하다. 하지만 교사들은 그런 교육을 받은 적이 없다. 교과서대로 가르치라고 말하던 시대가 지나면서 교사들은 너희가 스스로 계획하고 조직하라는 시대의 요구를 각자의 방식으로 탐색하고, 몸소 실천하며, 배우는 중이다.

경험은 학교를 다른 곳으로 바꾼다

어느 신규 교사 연수 시간에 강사가 물었다.

"학생들이 자율적인 회의로 결정한 지각 벌금제. 당신이 그 반 담임이라면 어떻게 하시겠습니까?"

① 지각을 벌금으로 때운다고? 정의롭지 않은 결정이므로 개입한다,

② 얼마나 잘못된 결정이었는지 다 겪어봐야 아는 법이니 개입하지 않는다.

다섯 명씩 모둠을 나눠 모둠의 입장을 정하게 했다. 아이들에게 실패할 기회를 줘야 한다는 얘기, 선생님이 언제까지 딜레마 상황을 지켜볼 수 있겠냐는 얘기. 갑론을박이 이어졌다.

결론은? 그들 대부분은 ①을 택했다. 학생들이 잘못된 길로 가는 모습을 선생님으로서 보고만 있을 순 없다는 얘기였다. 이해는 한다. 하지만 생각해야 할 점이 있다.

우리는 민주주의를 이론으로만 배웠고, 여전히 가야 할 옳은 방향이 있다고 믿는다. 인권이라든지 보편적인 인류의 가치라면 몰라도, 살면서 겪는 갈등 상황에 그렇게 절대적으로 옳거나 절대적으로 그른 방향이 있을까? 과정은 다르지만 결과가 같은 두 가지 결정은 결국 같은 결정인가? 대통령이 있는 것은 똑같지만, 추대를 통해 대통령을 세운 곳과 투표를 통해 뽑은 곳이 같은 체제라고 말할 수는 없다. 민주주의의 과정인 자치는 이렇듯 결과가 아니라 과정으로 빚어진다.

간디학교와 운산고의 두 사례에서 보았듯, 그리고 그보다 앞선 글에서 학생들의 활동으로 보았듯 학교를 민주적으로 운영하는 왕도는 구성원에게 민주적 과정을 경험하게 하는 것이다. 그 경험은 학교를 전혀 다른 곳으로 바꾼다. 학교를 더 나은 곳, 더 재미있는 곳, 더 살 만한 곳으로 만드는 데 충분히 자기 몫을 하고 있다는 자기 효능감을 가져다주는 것이다. 다른 말로는 학생회장이 되지 않아도, 교장이 되지 않아도 내가 속한 학교에서 나는 공동체의 일원으로서 나의 욕구와 필요를 합의한 룰에 맞게 발언하고 실현할 수 있다는 믿음이다. 민주학교에서 선생님과 학생은 이런 방식으로 시민으로 재탄생한다. 우리 모두 작은 실패를 용인하고 반복하면서 말이다.

무주초의 민주시민교육

휴대전화 사용을 협의하는 무주초 선생님과 학생

다모임 후 주제 토론을 이어가는 홍동중 학생들

홍동중 교사와 학생들의 '다모임' 모습

생활 규정 협의를 하는 홍동중 교사와 학생들

인터뷰 5

별것 아닌 이야기의 위대한 힘

충청남도 홍성군 홍동중학교 졸업생 송수빈

홍동중학교는 충청남도 홍성군 홍동면에 있는 작은 학교다. 2020년 전교생은 130여 명이다. 학년별로 40여 명의 학생이 있고, 선생님은 20여 명가량이다. 홍동중은 생활 자치를 실천하는 학교로 알려져 있다.

졸업생 송수빈 씨는 홍동중의 학생회 활동을 하면서 학생모임인 다모임이 커나가는 모습을 고스란히 지켜볼 수 있었다. 기성세대들은 작은 학교라면 화기애애한 분위기가 펼쳐지고 소외되는 구성원이 없을 것이라 예단한다. 그러나 학생 당사자들은 그렇지 않다고 입을 모은다.

오히려 구성원의 숫자가 적을수록 익명성을 보장받기 어렵고 서로 너무 잘 알고 있어서 사교적이지 않은 구성원은 계속해서 밀려날 수밖에 없다고 토로한다. 구성원이 적다고 마냥 좋은 일은 아니지만, 모두가 참여하는 활동이 가능하다는 장점이 있다. 홍동중은 작은 학교의 장점을 살린 다모임을 통해 생활 자치를 확대해나갔다.

모두 다 평등하게 말하는 학교

처음의 다모임은 구성원이 적은 학교의 특색을 살려 전교생이 함께 이야기를 나누는 시간으로 제안되었다. 하지만 회차를 거듭할수록 고학년 중심, 발언을 잘하는 사람 중심으로 모임이 운영되고 저학년일수록 발언권이 더 무시당하는 듯한 느낌마저 받게 되었다. 문제를 인지한 것은 학생자치회였다.

학생자치회에서는 몇 사람 중심으로 돌아가는 다모임이 문제라 지적하고 모이는 대형을 변형하자는 제안을 꺼냈다. 당시 학생 수가 150여 명이었기에 가능한 일이었다. 모두들 강당에 동그랗게 둘러앉았다. 앞을 보고 앉았을 때는 사회자와 발언자만 존재하는 것 같더니, 동그랗게 모여 앉으니 대화를 하는 느낌이 났다.

처음에 제기되었던 안건은 학생들 표현에 따르면 '별것 아닌 시시한 이야기'들이었다. 교칙 위반에 대한 제재 방법만이 아니라, 교복을 제대로 입지 않는다거나 학교 시설 공사가 늦어진다는 등, 학생들의 의견은 함께 해결해야 할 일보다는 민원 제기와 다름없었다. 이런 식으로는 다모임에 흥미를 느낄 수 없었다. 모두가 참여해야 하니 곤혹스러운 시간만 되는 셈이었다.

학생들은 자유토론이 괜찮겠다고 생각했다. 그래서 본 회의를 진행한 다음 10분에서 15분 정도 자유토론을 진행했다. 짧은 시간이었지만 다양한 주제들이 오갔다. 중학생들의 이성 교제가 바람직한지 같은 도발적인 주제들도 나왔다.

선생님들도 앉은 자리가 동일해지니 평등한 입장에서 의견을 냈고, 아이들은 선생님의 주장에 반박하기도 했다. 이를 기점으로 학년 간의 벽이 허물어졌다. '어디 1학년이 3학년 말하는데 끼어들어?'라는 서열 의식도 사라졌다. 강당에서 다모임으로 만난 구성원들은 교무실, 교실과 복도에서도 평등하게 대화하기 시작했다. 전교생이 다모임의 자유토론 시간을 기다리며 주제를 적어냈다. 복도에 함도 비치해 의견을 받았다. 학생자치회에서 학생들의 의견을 수렴해 회의 주제를 정했다.

갓 초등학교를 졸업한 아이들이 이런 중학교의 분위기에 쉽게 적응하긴 어려웠다. 초등학교 시절에 비해 뭐 이렇게 활동이 많으냐는 불만도 있었다. 어떤 아이들은 '아무것도 안 하고 싶다'는 말을 하기도 했다. 하지만 졸업할 때가 되니 모두들 중학교 때의 경험이 큰 자양분이 되었음을 깨달았다. 세상 어디에도 없는 교육을 받았던 것이다.

홍동중의 교육을 크게 나눠보면 생태주의, 민주주의, 연대의식이라고 할 수 있다.

농촌 지역의 특성을 살려서 모내기와 김장 활동을 통해 생태주의를 배웠다. 나와 세계의 조화로움을 배우며 내 먹거리를 통한 삶을 배운다. 그 과정에서 나와 내 주변의 세상을 바라보게 되었다.

학생자치가 본격화되면서 내가 목소리를 낼 때 나의 세상이 확장된다는 것을 학생회를 통해 깨달을 수 있다. 홍동중에는 몇 명 안 되는 구성원 사이에 서로 인사를 하는 문화가 있었다. 이런 문화는 처음엔 거부감을 일으키지만 나중엔 학교 공동체를 강화하는 힘이 된다. 이로써 연대의식이 싹텄다고 평가할 수 있다.

문제를 발견하고 갈등을 조절하는 학생자치회

민주주의를 실천하는 과정은 쉽지 않았다. 교복에 대한 규정을 바꿀 때도 어느 정도까지 완화해야 하는지, 기준을 어떻게 잡아야 하는지 서로 갈팡질팡했다. 하지만 결과적으로 구성원들의 자정 능력을 재확인할 수 있었다. 아이들이 민주적 자치회를 통해 의견을 교환하니 선생님들의 회의도 늘었다. 선생님들도 학생들을 이해하기 위해 최선을 다하는 모습을 보여줬다.

학생회의 움직임은 지속되었다. 교칙은 정해져 있는데 아이들은 교칙을 자꾸 어겼다. 특히 복장 규정으로 인한 갈등이 심해졌다. 짧은 치마, 간단한 화장, 머리 모양 등을 바꾸려는 학생들과 이를 단속하려는 선생님들 사이에 신경전이 극심해졌다. 서로 피곤한 일이었다.

학생자치회는 그렇다면 시대와 정서에 맞지 않는 교칙을 개정해보면 어떻겠냐는 의견을 냈다. 이전에는 상상도 하지 못한 일이다. 선생님들도 적극적으로 지지했다. 학생들이 교칙을 정하면 위반하는 일도 줄어들 수 있다. 선생님과 학교가 일방적으로 강요하는 것이 아니라 학생 모두 숙의 과정을 거쳐 교칙을 재정비했다. 아이들은 자기들이 선택한 교칙이니 당연히 지키려고 애를 썼고, 가끔 위반자가 나오면 선생님들은 '학생들 스스로 정한 교칙을 어길 수 있느냐'고 따질 명분도 생겼다.

송수빈 씨는 모둠 활동이 정말 많았다고 기억했다. 프로젝트 수업이 많아서, 모둠 활동을 다양하게 하다 보니 대부분의 수업 내용이 기억에 남았다고 한다. 참여가 어려운 학생들은 작은 임무를 배정받아 수행해낼 때마다 서로 격려하고 응원할 수 있었다. 학생자치회가 활발해지면서 안건이 점점 많아졌다. 나중엔 의견을 골라내느라 힘겨울 정도였다.

학생자치회는 선생님들과 학생들 사이의 갈등을 조정하는 완충지대 역할도 할 수 있었다. 교칙을 바꾸고 나서도 복장 규정으로 인한 시비는 끊이지 않았다. 치마를 짧게 입는 것부터 액세서리를 착용하는 것까지, 복장 단속을 하다가 갈등이 생겨 서로 감정도 상했다. 교칙 개정까지 했는데도 지키지 않다니 너무한다는 의견과 그래도 어기고 싶다는 의견이 늘 팽팽했다.

자치회 간부들은 선생님들이 단속을 하려는 경우 미리 아이들에게 이야기를 흘려서 불미스러운 충돌을 줄이기도 했다. 또한 학생들의 불만 사항을 정리해 공식적으로 선생님들에게 전달하기도 했다. 선생님들은 자신들이 아이들을 직접 단속하는 것보다 학생자치회를 통해 '교복 규정을 준수해줬으면 좋겠다'는 이야기를 전달하기도 했다.

학교 구성원이 적다 보니 갈등의 골이 깊어지면서 심각한 상황으로 치닫기도 한다. 이때도 자치회가 나서서 중재안을 마련하고 원인을 파악해 서로 토론에 나서게 했다. 자치회 학생들도 시험 기간엔 자기 공부도 하고 학교도 두루 살펴야 하니 스트레스가 만만치 않았다. 그럴 때마다 자치회 학생들은 서로를 도닥이며 잘 버텨나갔다. 이들은 성숙한 리더로 성장하고 있었다.

중요한 것은 재미와 성취감

송수빈 씨는 그렇게까지 학교 일에 적극적일 수 있었던 원인을 '재미와 성취감'이라고 꼽았다. "문제는 심각하지 않았고 대부분 수월하게 해결되었어요. 그럴 때마다 성장하는 기분이 들었고 성취감이 컸어요. 자신감도 무럭무럭 자라서 우리는 할 수 있다는 생각이 강해졌어요."

송수빈 씨는 학교 내 문제 해결의 가장 큰 동력은 평등한 정보 공개라고 했다. 누구 하나 빠짐없이 고르게 정보를 알면 특정인에게 권력이 쏠리거나 갈등이 생기는 일이 적었다. 모두가 주도적으로 이끌어나갈 수 있도록, 학생들의 의견을 귀 기울여 듣고 학생회는 그 중간에서 공식적으로 투명하고 평등하게 정보를 공개하면 된다는 것을 깨달았다.

홍동중에서는 마을과의 연계 교육도 잘 이루어졌다. 그래서 학교와 마을이 아이들을 함께 키우고 가르칠 수 있도록 학교와 마을, 교육청과 지자체, 학부모와 사회단체가 협력하고 연대하는 마을교육 공동체를 실현했다.

학부모는 누구나 학교에 들어와 선생님이 될 수 있다. 모내기와 김장처럼 생활에 밀접한 교육을 할 때는 학부모들의 힘이 절대적으로 필요하다. 농촌 지역이다 보니 친구네 텃밭에 가서 생태 교육과 농사 기술을 배우기도 한다. 그럴 때는 친구의 가족이 아이들의 선생님이 된다.

지역에서 경제 활동을 하는 학부모들은 적극적으로 사업장을 개방했다. 자유학기제도 타 학교보다 먼저 시행했는데, 지역사회의 큰 도움을 받아 다양한 활동과 체험을 할 수 있었다.

홍동중은 공립이지만 마을 학교에서 행할 수 있는 모든 것을 다 했다. 졸업생들은 "천국 같은 학교에서 모든 것을 다 했다"고

자평한다. 홍동교육공동체는 '저마다의 빛깔로 성장하는 온 마을 홍동중학교'라는 표어 아래 작은 학교가 실현할 수 있는 것을 해내고 있다.

해가 거듭되면서 홍동중은 유명해졌고, 새로운 마을 구성원들도 많이 진입했다. 작은 학교라서 그런 일이 가능했다는 평가는 섣부르다. 학생과 선생님, 학부모 모두가 학교 운영에 관심을 기울였고 가능한 모든 시간과 노력을 기울였다. 구성원 모두가 관심 있게 우리의 공동체가 더 나은 모습을 만들어가길 간절히 바랄 때, 기적 같은 일들이 일어났다.

송수빈 씨는 "민주적인 학교 만들기를 쉽게 생각하지 않았으면 좋겠다"고 당부했다. 지나고 나니 즐거움이 컸지만, 당면했을 때는 막막한 일도 많았고 어려운 점도 많았다고. 무엇보다 구성원 간의 결속과 연대의식이 없었으면 아무것도 이룰 수 없었을 거라고 회고했다.

중학교는 사춘기의 정점에 이른 아이들이 주 구성원이다. 감정 대립과 갈등은 당연하다. 이를 해결할 수 있는 재미나고 즐거운 학교의 동력은 투명한 정보 공개, 평등한 의사소통, 민주적 구조에 있다는 것을 홍동중이 증명했다.

송수빈 씨에게 다시 물었다. 홍동중이 생활 자치를 해낼 수 있고, 구성원들이 참여하는 학교가 될 수 있었던 힘으로 무엇을 꼽을 수 있냐고.

"선생님들이 항상 믿고 기다려줬다는 것. 부모님들도 그랬어요."

인터뷰에 응한 졸업생 송수빈 씨의 한마디가 모든 것을 함축하고 있다. 믿고 기다리는 것, 이보다 더 중요한 교육 가치가 있을까?

인터뷰 6

자율적인 선생님이 자율적인 학생을 만든다

전라북도 무주군 무주초등학교 이우철 선생님

전라북도 무주군 무주초등학교의 홈페이지에 접속하면 '학습 공동체가 함께하여 민주시민교육으로 성장하는 무주초등학교'라는 문구가 보인다. 전교생이 180여 명인 무주초는 민주시민교육을 본격적으로 전면에 내세웠다.

무주초가 민주시민교육을 시행하게 된 것은 선생님들의 고민에서 시작되었다. 민주시민교육이 교육계에 자리를 잡아가면서 무주초의 선생님들은 이 교육이 과연 학교에서 필요한 것인지부터 살펴봤다. 2015년 박근혜 정부는 〈인성교육진흥법〉을 만들었다. 일선 교육 현장에서는 〈인성교육진흥법〉과 민주시민교육의 차이점이 무엇인지 구분이 필요했고, 정부에 따라 달라지는 교과 외의 교육이 정례화될 만한 당위성이 필요했다. 선생님들은 회의와 워크숍을 통해 교육의 방향성을 찾아내고자 했다.

오늘날 한국의 공교육은 교육부의 정책에 따라 각 지방 교육청이 동참하고, 교육청의 결정을 교육지원청이 학교에서 수행할 수 있도록 돕는 체계다. 각 학교 현장과 여론이 정책 결정에 영향을 끼치기도 하지만, 이런 시스템은 위에서부터 아래로 하달되는 형식을 완전히 피하긴 어렵다. 이런 체계는 각 단위 학교에도 적용된다.

학교마다 차이는 있으나 공교육 기관인 학교는 정부의 운영 체계에 익숙하고, 관료주의도 남아 있다. 교육부의 지침에 따라, 교육청의 방침에 따라, 정해진 한계 안에서 교육과정을 구성하고 정책 방향에 맞춰가는 성향이 강한 곳도 있다. 무주초는 그 대열에서 비껴나 있어 주목을 받았다.

전북 교육청은 전국의 다양한 교육 실험들을 소개하되, 각 학교의 자율권을 인정했다. 무주초 선생님들은 최근 10여 년간 무주 지역 전체적으로 민주적 의사결정이 자리 잡았다고 여긴다. 이 바탕에는 상위 기관의 자율성 보장도 있지만, 무르익은 구성원 간의 합의와 토론도 있었다.

치열하게 토론하는 선생님들

무주초의 특별한 점은 선생님들의 치열한 회의다. 무주초의 선생님들도 인정한다. 매년 다음 해의 교육과정 수립을 위한 워크숍을 진행하는데, 2019년의 경우 2020년 교육과정을 준비하기 위해 14번의 워크숍을 진행했다.

2018년 무주초의 교육과정을 준비하는 워크숍에서 학생의 성장을 위해 어떤 방향을 잡을 것인지 토론했다. 이때 독서교육, 인성교육, 민주시민교육, 기초학습 강화 등 여러 가지 과제들이 제시되었다. 토론의 결과는 민주시민교육 강화였다. 모든 것을 동시에 추구할 수 없으니 선생님들은 서로 의견을 내고 반론에 반론을 거듭하며 하나의 주제를 정해야 했다.

수년에 걸친 훈련으로 선생님들은 반론을 환영하는 태도를 갖게 되었다. 딱히 언제라고 짚어낼 수는 없지만, 관리자라 부르는 교장과 교감도 선생님들의 의견을 경청하고 선생님들과 등등한 자리에서 토론을 한다. 학교 민주주의를 이룩하자며 수년간 교육계 전반이 애써왔지만 결정권자가 자기 권위를 내려놓는다는 것은 쉬운 일이 아니다.

무주초는 학생들에게 가르치는 회의의 방식을 교사회의에 그대로 적용했다. 아이들이 손을 들어 지명을 받고 발언하듯이, 선생님들도 그대로 했다. 이 말은 이전의 교사회의는 그렇지 않았다는 반증이기도 하다. 무주초 선생님들은 2018년부터 본격적인 회의 구조를 만들었고, 2020년에는 회의 구조에 대한 합의문을 정리했다. 무주초 교사회의의 논의 방식에는 다음과 같은 몇 가지 조항이 있다.

가. 사회자(업무 담당자)의 안건 제시, 논의(의견 제시, 동의, 반박 등), 결정의 순으로 한다.

나. 시작과 끝 시간을 지킨다(쉬는 시간 등).

- 평일 일과 중 실시하는 각 회의는 '3시 10분~4시 20분'에 한다.
- 시간상 논의를 마무리하지 못했을 경우, 시급한 사안은 다음 날에, 그렇지 않은 사안은 다음 주에 논의한다.

다. 손을 들고 발언권을 얻은 뒤에 발언한다.

라. 의견과 근거는 짧고 명확하게 말한다(두괄식).

마. 의견이 맞설 경우에는 여유를 두고 재논의 후 결정할 수 있다.

- 재논의는 회의 흐름에 따라 모든 구성원이 제안할 수 있으며, 재논의 요청자를 포함하여 3인 이상의 요구가 있을 경우 실시한다.

바. 회의 진행 중 필요에 따라 돌아가며 말하여 각자의 의사를 표현한다.

의사결정 방법은 다수결로 하되, 거수로 표결하는 것을 지양한다. 대신에 생각을 말하면서 의사를 표현하는 방식이다. 어찌 보면 피곤하고 고된 회의처럼 보인다. 이 회의 구조 합의문에서 눈길을 끄는 것은 다음 조항이다. '가. 모든 구성원은 자신의 의사를 표현한다.' '나. 의견과 사람의 분리(반론과 동의는 상대가 아니라 상

대의 의견에 대한 것이다).' '다. 학교의 업무는 내 것이 아니라 우리의 것이다.'

회의 구조로 의사가 결정되는 조직에 있는 사람이라면 위의 '다' 조항을 보며 실소를 머금을지 모른다. 많은 조직에서 어떤 안건을 제안하는 사람이 그 업무를 담당하게 된다는 암묵적 규칙이 적용되기 때문이다. 무주초도 제안자가 결국 업무를 담당하는 이 사회의 문제점을 잘 알고 있었다. 그래서 '발언은 곧 업무 담당자'라는 상황을 최소화하기 위해 장치를 만든 것이다.

물론 이런 회의 문화를 누구나 쉽게 받아들이는 것은 아니다. 여타 학교에서 쉽게 볼 수 없는 문화이다 보니 학기 초에는 어려움이 있기도 하다. 부족한 것을 계속 채워나가기 위해 민주적 의사결정 구조를 만들 수 있는 퍼실리테이션(Facilitation) 교육[13]도 하고, 회의 때마다 모두 회의록을 작성해 개선할 점을 찾아낸다.

자율권은 나만의 것이 아니라 모두의 고민

무주초 선생님들의 회의 문화는 학교 문화 전반을 변화시키는 동력이 되었다. 아이들이 선생님들의 문화를 바로 이해하고 변화했다고 보긴 어렵다. 하지만 선생님들이 설득과 토론에 익숙해지면서 교실 내에서 규칙과 교육과정을 정하는 것도 보다 민주적으로 진행하게 되었다.

무주초는 각 학급마다 교육과정 구성과 평가 방식을 자율적으로 정한다. 이 역시 선생님이 독단적으로 정하는 것이 아니라 학급회의를 통해 아이들과 협의해나간다. 아이들은 자신들의 의견이 받아들여지는 것을 체감하고 안건을 확대해나간다.

'학교에서 욕하지 말자'와 같은 도덕 규칙부터 점심시간에 휴대전화 사용이 가능한지까지 회의에 부쳐진다. 점심시간에 휴대전화를 사용하는 것은 학생자치회의 꾸준한 요구였다. 급기야 자치회 간부에 입후보한 학생후보가 이 안건을 공약으로 들고 나왔고, 결국 교사회의까지 올라갔다. 선생님들은 아이들의 활동량이 줄어들 것을 우려하면서도 생활 자율권에 대해 갈등했다.

교사회의에서는 양측이 팽팽하게 대립하다 결국 2020년 가을에 점심시간 휴대전화 사용이 통과되었다. 이제 반마다 휴대전화 사용 규칙을, 회의를 통해 정하고 있다.

타 학교에서도 학생자치회 선거가 인기투표로 흐른다는 지적이 많았다. 무주초도 예외는 아니다. 무주초는 이 문제를 해결하기 위해 학생 참여 공약을 만들어 선거에 활용했다. 전교생이 학생회에 바라는 점을 정리하고 선거관리위원회에서 학생들의 요구 사항을 정리해 후보자들에게 전달한다. 그러면 후보자들이 이 공약 중 자기가 실현 가능한, 마음에 드는 공약을 골라 입후보한다. 이는 학생회 선거가 인기투표로 흐를 수 없는 장치가 된다. 한 달에 한 번 원하는 급식 먹기, 급식 시간에 음악 듣기, 학교에서 우산 대여해주기, 여름 축제 만들기 등 다양한 공약이 제안된다.

선생님의 개입이 꼭 필요하다

무주초의 이우철 선생님은 학생 자율에 대해 "선생님의 개입이 꼭 필요하다"고 말했다. 이 선생님은 초등학교는 배워나가는 과정인데, 민주주의를 익히게 한다면서 모든 것을 자율에 맡기면 아이들이 민주주의를 배울 기회는 오히려 줄어든다고 봤다. 기본적으로 지켜야 할 상호간의 예의, 써서는 안 되는 말, 차별을 품은 발언 등을 알려준다. 또한 회의 시작 전에 지켜야 하는 규칙을 알려주는 것뿐만 아니라, 의사결정을 마칠 때까지 선생님이 예민하게 관찰하고 행동과 발언을 교정해주는 것이 절대적으로 필요하다는 것이다.

기성세대들도 민주주의를 정확히 배운 적이 없다. 그래서 학생들에게 자율권을 준다는 명분하에 아이들이 의사결정을 할 때 언제 어떻게 개입해야 할지 우왕좌왕하는 것이 사실이다. 학생자치에서 선생님이 완전히 빠지는 것은 불가능하다. 모든 아이들이 열띤 토론을 통해 올바른 판단을 한다고 확신할 수 없기 때문이다. 따라서 학생들이 자치를 실현할 때는 이를 지도하고 이끌어줄 지도자가 절대적으로 필요하다.

아이들에게 규칙 없이 의제를 던졌을 때, 아이들은 자율적으로 판단하기보다 혼란스러워하는 경우가 더 많다. 아직 자기 삶의 원칙과 기준이 확고하지 않기 때문이다. 이론적으로 알고 있으나 체득하기까지는 더 많은 훈련이 필요한 단계다.

무주초는 학급 내 평가도 각 담임선생님이 자율적으로 정한다. 물론 회의를 통하고 학부모들과도 소통한다. 이제껏 평가와 교과 과정 재구성에 대한 민원은 없었다. 학부모회도 적극적으로 학교 일에 임한다. 학부모회는 놀이문화 동아리를 만들고 배우며 학교 활동에 동참할 뿐만 아니라, 선생님과 학생들이 결정한 사안도 적극 지지하는 편이다. 새로 입학한 1학년이나 저학년 학부모들에게 학부모 설명회도 직접 진행한다.

선생님과 학교의 자율권이 보장되고, 당사자들이 치열하게 토론하며 문화를 만들어가고, 학교 구성원인 학생과 학부모들도 학교 교육을 적극적으로 지지하는 학교 문화를 만들기는 쉽지 않다.

학교를 둘러싼 구성원 모두의 목적은 한 가지다. 민주적이고 행복한 학교를 만드는 것이다. 목적에 동의하지만 그 방법과 과정에서 계속 불협화음이 나는 이유는 충분한 대화와 견제할 수 있는 장치가 부재하기 때문이다. 어쩌면 이 모든 것은 대화와 협상, 토론과 민주적 의사결정에서 나오지 않을까. 얼굴을 보고 만나서 끊임없이 이야기하다 보면 마음을 더하는 일은 시간은 오래 걸리겠지만, 생각보다 그 절차가 수월할지도 모른다.

3부

민주학교의 기본 이념과 실천 원칙

정원규

서울대학교 사회교육과

민주학교의 시작

1부에서 다양한 외국 사례들을 모델로 '민주학교'의 이념적·실천적 가능성이 제시되었다면, 2부에서는 우리나라에서 실제로 이루어지고 있는 민주학교 운영의 현실과 전망이 서술되었다. 3부에서는 이러한 가능성과 현실을 토대로 민주학교의 기본 이념과 교육 목표, 실천 원칙 등과 관련된 포괄적 원리를 제안하고자 하며, 이를 토대로 민주학교의 과제와 전망에 대한 시론적 견해를 제시하고자 한다.

먼저 민주학교 운동의 맥락적 이해를 위하여 우리나라의 진보 교육 운동이 어떻게 시작되었으며 진행되고 있는지 간략히 살펴보도록 하자. 학교 민주화 운동의 큰 흐름에서 본다면 민주학교의 뿌리는 1960년 4·19 혁명시 교원노동조합까지 거슬러 올라갈 수 있다. 그런데 4·19 교원노동조합은 결성된 바로 그해, 장면 정부에 의해 불법화되었고, 5·16 쿠데

타 이후 바로 해체되었다(이영환, 2020). 그 이후 학교 민주화 운동이 제도권 내에서 다시 가능해진 것은 1989년에 전국교직원노동조합(이하 전교조)이 결성된 이후부터라고 할 수 있다. 전교조의 활동에 대한 평가는 매우 다양하지만, 전교조가 결성 당시부터 역점 사업으로 내걸었던 학생 인권 보호, 교육의 자율성 확보, 관료적 교육 행정 개선 등에 크게 기여한 것은 분명하다. 현재 일반화된 학생인권조례, 국정교과서 폐지/축소, 교육감 직선제 및 교장 임명 방식 다양화 등은 상당 부분 전교조 활동에 힘입은 것이라 하지 않을 수 없다.

하지만 이러한 제도적 개선만으로 모든 교육 문제가 해결될 수는 없다. 김상곤 교육감 당시 경기도 교육청에서 2009년 처음 시작된 혁신학교 사업을 통해 알 수 있듯이, 교육 개혁에는 제도 개선 외에, 행정적 지원과 학교 문화 개선이 병행되어야 하며, 무엇보다 교사의 자율성이 존중되어야 한다. 혁신학교에는 추가 인력과 상당한 예산을 투입하는 행정적 지원이 이루어졌고, 교사들은 그로 인해 확보된 에너지를 순수 교육 활동에 쏟아부었다. 전교조의 경우와 마찬가지로 혁신학교의 공과에 대해서도 평가가 엇갈리고 있지만, 경기도 교육청에서 시작한 혁신학교는 이제 전국 모든 교육청에서 시행되고 있으며 그 수는 2018년 기준으로 1340개에 이르고 있다(KESS, 2020).

혁신학교 사업을 비판하는 측에서는 흔히 '정치적 편향성'이나 학생들의 학업 능력 저하를 문제삼곤 한다. 하지만 이것은 비판의 초점을 잘못 맞춘 것이다. 적어도 정책적 차원에서 혁신학교는 정치적 지향에 대한 규정을 포함하고 있지 않으며, 아울러 혁신학교는 학생들의 학업 능력 향상을 목표로 만들어진 학교도 아니다. 혁신학교의 일차적 목표는 교육청의 행정적 지원을 통해 단위 학교의 교육적 자율성을 확보하는 것에 있었으므로 우선 그것만으로 평가받아야 한다. 그리고 전술한 것처럼 교사, 학부모의 호응으로 '혁신학교'의 수가 크게 증가한 것을 보면, 이러한 목표는 충분히 달성된 것으로 볼 수 있다. 하지만 이러한 비판과 별개로 혁신학교 출범 10년을 경과하면서 이제 그렇게 확보된 행정적 지원과 교육적 자율성을 통해서 얻은 성과를 수렴하여 더욱 진전된 교육 혁신으로 연결시켜야 하는 상황에 이른 것은 사실이다.

전술한 것처럼 애초에 혁신학교는 통일된 목표를 지니고 출범하지 않았다. 하지만 시간이 지나면서 대체적인 흐름이 형성되었는데, 운영 면에서는 수평적 학교 문화 정착, 교육적으로는 수업 혁신이 그러한 흐름을 대표한다고 할 수 있다. 그리고 이러한 흐름은 그간의 수직적·일방적 학교 운영이 어떤 문제점을 지녔는지를 대조적으로 분명히 보여주는 역할을 했다. 하지만 그간에 시도된 수평적 학교 문화 정착 노력만으로는 교장의 의지에 따라 크게 좌우될 수밖에 없는 현재 학교 운영 방식을 크게 변화시킬 수 없었으며, 아울러 수업 방법의 혁신만으로 교육 내용의 구성에서 비롯된 한계를 충분히 극복할 수 없었던 것도 사실이다. 혁신학교에서 전반적으로 발생하는 교사들의 '소진' 현상도 혁신학교의 구조적 문제로 대두되고 있다.

민주학교는 현실적으로 김상곤 교육부총리 당시 교육부 민주시민교육과 신설을 계기로 입안된 정책으로 알려져 있지만, 진보 교육 운동의 흐름에서 보면 이상에 서술된 혁신학교의 성과를 계승함과 동시에 그 한계를 극복할 수 있도록 하는 대안의 성격을 지닌다.[1] 용어적으로는 진보 교육학자 애플(Michael W. Apple)의 저서명(Democratic Schools)으로 이미 널리 알려진 바 있으며, 뒤이어 정책적으로 추진된 서울, 경기 교육청의 '서울 혁신교육 2.0'이나 '경기 혁신교육 3.0' 등 또한 모두 이런 바람이 정책적으로 반영된 것이라 할 수 있다. 하지만 교육부나 교육청 정책은 정치적·행정적 상황에 대한 고려로 인해 본래 충분한 내용을 담기 어렵다. 또, 애플의 저서 또한 사례 중심으로 서술되어 있다는 점에서 한계를 지니고 있다.

이러한 상황에서 우리가 직면한 과제는 두 가지로 대별해볼 수 있다. 하나는 교육부, 교육청 등의 지원을 자원 삼아 교육 현장에서 민주학교를 안착시키는 방안을 마련하는 것이다. 그리고 다른 하나는 이러한 과정을 통해 진보 교육 운동의 빈자리를 메워갈 수 있도록 하는 적절한 교육 콘텐츠를 기획하는 것이다. 그런 면에서 이 책은 이 두 가지 과제를 축으로 민주학교의 실천에 관심이 있는 독자들이 공감할 수 있는 민주학교의 지향과 전망, 그리고 과제 등을 제시하는 역할을 하고자 하였다. 물론 저자들 몇몇의 이러한 구상이 민주학교의 전반적 모습을 구획하는 것으로는 턱없이 부족하겠지만, 미흡한 부분은 이 글의 독자들이 다른 연구물, 또는 실천을 통해 개선해갈 것으로 믿는다.

민주학교의 기본 이념과 교육 목표

민주학교에 대한 논란이 적지 않은 상황에서, 민주학교에 공통적인 기본 이념이나 교육 목표를 제시할 수 있다면 민주학교의 안착과 발전에 큰 도움이 될 수 있을 것이다. 그런데 민주학교의 기본 이념과 교육 목표는 원칙적으로 단위 학교를 중심으로 결정되어야 하는 사안이다. 따라서 특정한 개인이나 집단, 기관 등이 민주학교의 기본 이념이나 목표를 제시하는 것이 적절한지 자체가 문제가 될 수 있다. 하지만 민주학교가 이제 막 발걸음을 떼기 시작한 상황임을 고려하면 모든 것을 백지에서 시작하는 것보다는 가령 〈공동주택 표준 관리규약〉처럼 무언가 참고할 거리가 제공되는 것이 일의 진척을 도울 수 있다. 그런 면에서 저자들이 여기에서 서술한 내용은 민주학교의 다양한 모델들 중의 하나일 뿐이며, 또 그만큼 민주학교의 발전을 위해서는 더욱 많은 제안과 고민, 실천이 요청

되는 상황이라 하겠다.

이러한 한계에도 불구하고 민주학교의 공통적 기본 이념은 무엇보다 민주주의의 기본 이념에서 찾아야 한다는 점에 대해서는 큰 이의가 없을 듯하다. 그리고 그것은 우리 헌법이 다음과 같이 천명하고 있는 것처럼 '인민 주권의 원리'를 근간으로 한다.

> 헌법 제1조 2항 대한민국의 주권은 국민에게 있고, 모든 권력은 국민으로부터 나온다.

인민 주권의 원리는 흔히 '국민 주권의 원리'로 명명되기도 하는데, 우리말 용례에서 양자는 어의적으로 동일한 것을 지칭한다. 서양 근대 역사에서 주권자로서 '인민(people)'은 일반 평민 외에 귀족이나 부르주아도 포함하는 모든 사람들 지칭하는 말이고, 우리 헌법에서 '국민(國民)'도 주권자의 범위를 왕이나 양반에 국한하지 않고 모든 사람을 포함한다는 의미를 드러내기 위해 사용된 용어이기 때문이다. 다만 우리 역사에서 '국민'은 외국인이 아니라 내국인, 또는 피통치자를 의미하는 말로 사용되는 경우도 적지 않으므로, 여기에서는 '인민'이라는 용어를 사용하여 불필요한 해석상의 오해를 최소화하고자 한다.

인민 주권의 원리는 근대 부르주아 혁명기에만 하더라도 엄청난 상징적·실질적 함의를 지녔으나, 민주주의 이념이 어느 정도 확산된 현대에 들어서는 상징적 의미가 상대적으로 축소된 것처럼 보인다. 하지만 그것이 갖는 실질적 함의는 아직도 매우 크다고 할 수밖에 없다. 가령 인민 주권의 원리는 평등한 참정권을 함축한다. 그리고 현대 민주주의 국가들에서는 이러한 참정권이 선거와 관련된 제도들에서는 비교적 충실히 보장되고 있다고 할 수 있다. 하지만 선거 이외의 영역에서 참정권이 얼마나 보장되어 있는지를 살펴보면, 놀랍게도 대부분의 영역에서 그렇지 못하다는 사실을 발견할 수 있다. 이러한 사실을 확인하고 싶다면, 다른 곳은 그만두고라도 이 책의 주요 독자층이기도 한 학생, 교사, 학부모, 교직원 등이 학교 운영에 참여할 충분한 권리를 갖고 있는지, 작은 권리나마 충실히 행사할 수 있는 여건이 형성되어 있는지만 돌아보아도 충분하다. 이른바 민주주의 국가의 주권자인 우리는 가장 친숙한 영역에서도 민주적으로 참여할 권리를 거의 보장받고 있지 못하며, 그런 한에서 우리에게 인민 주권의 원리는 아직도 추구되어야 할 그 무엇이다.

인민 주권의 원리는 또한 그것의 실현 방식과 관련해서도 적지 않은 함의를 지닌다. 인민 주권의 원리는 인민 각자가 모두 주권자임을 전제한다. 따라서 인민 각자는 주권의 행사와 관련하여 누구의 간섭도 받지 않고 자신의 주권을 행사할 일차적 권리를 갖는다. 그런데 민주국가에서는 그러한 주권자가 하나가 아니라 여럿이며, 또 그러한 주권자들의 의사가 서로 제각각인 경우가 대부분이다. 따라서 인민 주권의 원리를 수용하면 항상 의사결정을 어떻게 할 것인지가 큰 문제가 된다. 그런데 현재 우리가 생각하고 있는 민주적 의사결정 방식은 '토론과 투표' 정도에 머무르는 경우가 대부분이다. 특히 서로 의견이 일치하지 않는 경우에는 다수결 외에 다른 방식을 떠올리지 못하는 경우가 적지 않다. 인민 주권의 원리가 가능한 한 인민 전체의 의견을 반영하는 것을 목표로 한다면, 그 실현 방식도 일부 주권자의 의사를 무시하게 되는 막연한 토론이나 기계적 다수결에 그쳐서는 안 될 것이다. 우리에게 인민 주권의 원리는 그 실현 방식과 관련하여 아직도 탐구, 구현해야 하는 그 무엇인 것이다.

이러한 인민 주권의 원리는 민주학교의 교육 내용과 관련해서는 주권자 교육으로서 민주시민교육의 목표와 내용을 구성하는 원천으로 작용한다. 역사적으로 보면 인민 주권의 원리가 수용되지 않는 나라의 공교육은 항상 신민교육(臣民教育), 즉 순종하는 국민을 길러내는 것을 목적으로 삼는다. 우리나라의 경우만 보더라도 일제 강점기에는 문자 그대로 '황국신민교육'이, 그리고 박정희, 전두환 정부 시기에는 '반공교육', '국민윤리교육' 등의 이름으로 신민교육이 자행되었다. 정권교체 이후 이러한 노골적 형태의 신민교육은 축소되었지만, 얼마 전까지도 교과서 국정화 추진 등의 방식으로 시도된 바 있으며, 2021년 지금까지도 여전히 준법교육이나 친시장적 경제교육 등을 매개로 신민교육적 기조가 유지되고 있는 부분이 적지 않다. 그런 면에서 주권자 교육은 지금까지 신민교육의 그늘에 가려 충분히 다루어지지 못했던 민주시민의 권리와 의무, 역량 등의 주제를 올곧게 다시 자리매김하는 주요한 교육 목표이자 내용을 구성한다.[2]

이러한 주권자 교육으로서 민주시민교육의 전반적인 내용과 민주적 학교 운영에 대해서는 다음 절에서 상세히 논의할 것이다. 하지만 주권자 교육으로서 민주시민교육의 개념 및 그와 관련된 논란에 대해서는 다시 지면을 할애하기가 어려우므로 이하에서 간략히 언급해 두고자 한다. 우선 주권 및 주권자, 주권자 교육으로서 민주시민교육의 기본 개념은 대략 다음과 같이 정리할 수 있다.[3]

주권 : 공적 활동 영역에서의 자기 결정권

주권자 : 공동의 결정과 행동이 필요한 모든 영역에서 자신에게 적절히 배분된 결정권을 행사할 권한을 가진 사람

민주시민교육 : 교육 대상자들이 스스로 주권자임을 자각하고, 그에 따라 민주주의 이념과 제도를 충분히 이해하고 활용할 수 있으며, 이를 자신과 우리 사회 전반의 문제에 확장 적용할 수 있도록 성장하는 것을 최대한 지원하는 교육

부연하면, 원래 주권은 통치권을 의미하는 말로서 주체나 대상에 대한 의미는 포함하지 않고 있다. 그런데 전통적으로 군주정이나 귀족정하에서는 군주나 귀족만이 주권을 가졌으므로, 이때 주권은 통치권 외에 피통치자에 대한 생사여탈권까지를 포함하는 의미로 종종 사용되었다. 그

러나 근대 이후 서구에 민주주의, 특히 자유민주주의 체제가 정착되기 시작하면서 주권자의 범위가 왕과 귀족을 넘어서 부르주아까지 확장된다. 당시만 해도 세력이 강하지 못했던 부르주아는 왕이나 귀족의 국정 개입을 최소화하기 위해 주권을 좁은 의미의 통치권, 즉 통치자를 선발하거나 몇몇 중요 정치적 사안들을 결정할 때에 주권자들이 직접 참여하여 의사표현을 할 수 있는 정도의 권리로 축소한다.

그런데 현대에 들어서면서 부르주아가 주도하는 시장에 의해 일반인들의 공적·사적 삶이 왜곡되는 경우가 빈번히 발생한다. 반면에 주권은 부르주아를 넘어 인민 전체로 확대된다. 그리고 이러한 상황 변화로 인해 주권을 단순히 정치적 영역에만 적용되는 권리가 아니라 사람들의 공적 삶 전반에 적용되는 권리로 이해해야 한다는 주장이 다시 힘을 얻기 시작한다. 이제 주권은 공히 정치, 경제 영역은 물론, 생활 전반에 적용되는 권리로 이해되고 있으며, 위의 주권 및 주권자 개념 또한 이러한 광의의 주권 개념을 반영한 것이다.

이러한 주권자 교육으로서 민주시민교육에 대해서는 한편으로 이미 주권자 교육이 충분히 이루어지고 있으며, 다른 한편으로 주권자 교육만으로는 민주시민교육이 충분히 이루어질 수 없다는 반론이 제기되기도 한다. 그러나 이러한 반론은 주권자 교육을 협의의 참정권 교육으로 한정한 데에서 비롯된 것이다. 물론 지난 2020년 선거교육에서 드러난 것처럼 현재 우리나라에서는 협의의 참정권 교육도 충분히 이루어지지 못하고 있다. 그런 면에서 주권자 교육이 충분히 이루어지고 있다는 반론

토론과 투표가 진행되는 의회

은 더욱 납득하기 어렵다. 반면에 주권자 교육만으로 충분한 민주시민교육이 이루어질 수 없다는 주장은 원칙적으로 타당하다. 하지만 그것은 민주시민교육에 주권자 교육이 포함되지 말아야 할 이유가 아니라, 무언가 다른 교육 내용이 추가되어야 한다는 것이므로 주권자 교육에 대한 반론으로는 역시 적절하다고 할 수 없다. 아울러 광의의 주권 개념을 전제하면 주권자 교육만으로 민주시민교육의 상당 부분을 포괄할 수 있다는 점도 고려될 필요가 있다.

다음 절로 넘어가기 전에 민주시민교육에 대한 규정에서 '최대한 지원하는 교육'이 무엇을 의미하는지 간략히 설명해두고자 한다. 통상적으로 민주시민교육에 대한 정의들을 보면 이러저러한 민주적 태도, 자질, 역량 등을 '전승, 내면화, 육성'한다는 식의 표현들이 많이 사용된다. 그러나 주권자 교육으로서 민주시민교육에서는 어떤 교육 내용이라도 주권자 시민의 동의 없이 전승, 내면화, 육성하는 것이 결코 허용될 수 없다. 동의 없는 전승, 내면화, 육성은 대상자가 자기 결정권을 행사할 수 없게 하는 것이고, 따라서 대상자의 주권을 박탈하는 것과 동일한 효과를 낳기 때문이다. 그래서 민주시민교육과 관련된 정부나 사회의 역할은 각각의 교육 대상자들이 우리 사회의 시민적 가치나 제도 등을 충분히 체험하고 자신의 관점과 태도, 또 그것을 사회적으로 실현하는 데 필요한 역량 등을 형성해 나갈 수 있도록 '지원'하는 것에 한정되어야 한다(정원규 외, 2019:15 참고). 그런 면에서 '최대한 지원하는 교육'은 민주시민교육 시행 주체들의 월권을 경계함과 동시에, 민주시민교육은 교육 방식에도 각별한 주의를 기울일 필요가 있음을 환기하는 역할을 하는 구절로 이해될 필요가 있다.

민주학교 실천 원칙,[4] 존중·자율·연대, 평화·정의·호혜

논의의 순서로 보면 여기에서는 인민 주권의 원리와 주권자 교육이라는 이념과 목표에 바탕하여 민주시민교육이 어떻게 이루어져야 하며, 민주학교는 어떻게 운영되어야 하는지 등에 대한 서술이 이루어져야 할 것이다. 그런데 이에 대한 우리의 경험이 현실적으로 제한적인 상황에서 민주시민교육, 민주학교와 관련한 내용을 이처럼 즉각적으로 서술하는 것은 내용적으로 충실하지 못할 뿐 아니라 실천의 경험 자체를 오도할 가능성이 크다. 그래서 여기에서는 민주주의, 민주시민교육의 기본 이념을 현장에서 실천하는 구체적인 방안 이전에 그러한 방안을 안내하는 지침으로서 민주시민교육 실천 원칙들에 대해 일차로 서술하고자 한다.[5] 그러한 원칙들이 민주학교의 실제 운영과 관련해서 어떤 역할을 하며, 또 어떤 함의를 지니는지에 대해서는 다음 절에서 조금 더 구체적으로 살펴볼 것이다.

이러한 민주학교 실천 원칙은 민주학교에서 인민 주권의 원리와 주권자 교육의 이념을 잘 구현할 수 있도록 해주는 일종의 실행 지침(codes of conduct)이라 할 수 있다. 이러한 실천 원칙은 두 가지로 나누어서 제시될 수 있는데, 존중·자율·연대로 구성되는 절차적 원칙과 평화·정의·호혜로 구성되는 결과적 원칙이 그것이다. 동일한 민주주의 이념을 전제하더라도 실천 원칙은 적용 영역이나 상황, 또 주체에 따라 크게 달라질 수 있으므로, 이러한 원칙들이 민주학교 운영의 유일한 원칙이라고 할 수는 없다. 하지만 이상에 제시한 원칙들 중에서 존중·자율·연대의 절차적 원칙은 인민 주권의 원리에서 곧바로 도출된 것이므로 인민 주권의 원리를 받아들이는 한에서, 즉 민주주의를 전제하는 한에서는 반드시 수용해야 하는 민주학교의 필수 실천 원칙이라 할 수 있다.

민주학교의 실천 원칙을 서술하면서 조금 생소한 개념들이 제시되었으므로 하나씩 설명해가면서 논의를 전개하도록 하겠다. 우선 절차적 원칙과 결과적 원칙을 나누는 이유부터 살펴보도록 하자. 우리가 어떤 일을 민주적으로 추진하고자 한다면, 우선 그러한 일을 진행하는 과정부터 민주적이어야 할 것이다. 존중·자율·연대와 같은 절차적 원칙은 이처럼 어떤 것을 민주적으로 결정, 실행하려고 하는 과정에 적용되어야 하는 원칙을 지칭한다. 그런데 현실적으로는 이처럼 민주적 과정을 밟았다고 해서 반드시 결과의 민주성까지 보장되는 것은 아니다. 예를 들어, 2020년 국회의원 선거에서 다당제의 확장을 의도하면서 연동형 비례대표제를 도입했음에도 실제로는 양당제가 강화되었던 것처럼 의도치 않은 결과가 나타날 수 있다. 따라서 민주주의를 온전히 구현하기 위해서는 항상 절차뿐 아니라 결과도 함께 고려해야 하고, 평화·정의·호혜의 결과적 원칙은 이처럼 결과를 검토할 수 있도록 도입된 원칙이다.[6]

존중·자율·연대

그러면 이러한 원칙들이 내용적으로 무엇을 의미하는지 살펴보도록 하자. 먼저 절차적 원칙 중에서 존중(respect)은 민주국가의 성원들은 모두가 주권자라는 사실에 근거하고 있다. 아울러 우리가 모든 사회 성원이 주권자라는 사실에 동의한다면, 서로의 주권을 존중해야 한다는 사실도 받아들여야 한다. 주권자에 대한 존중은 민주주의, 민주시민교육 기본 이념인 인민 주권의 원리의 논리적 귀결이기 때문이다. 그런데 이렇듯 존중을 실천 원칙으로 수용한다 해도 존중에 대한 각자의 이해가 다른 경우가 많기 때문에, 존중의 구체적인 의미에 대해서도 좀 더 살펴보도록 하겠다.

실제로 우리나라에서는 '존중'을 서로의 차이를 인정하는 것이나 상대방의 요구를 들어주는 식의 한정된 의미로 이해하고 있는 경우가 많은 듯하다. 하지만 상대가 극단적 요구를 하는 경우를 떠올려보면 분명해지는 것처럼, 사회 성원의 모든 차이나 요구를 있는 그대로 인정해줄 수는 없다. 물론 '차이에 대한 존중'이 중요한 의제가 되는 경우가 많기는 하다. 하지만 그것은 인종이나 종교, 성적 정향 등처럼 타자의 본질적 가치를 훼손하지 않는 차이를 차별로 연결시키는 잘못된 관행이나 태도에 대한 반향인 것이지, 그것이 존중의 전체 의미를 포괄하는 것은 아니다.

그런 면에서 민주학교 실천 원칙으로서 존중은 전술한 것처럼 주권자로서의 존중, 즉 자신과 타인을 포함한 모든 사람의 주권을 인정하는 것을 의미한다. 물론 이때 주권은 일단 참정권으로 이해될 수 있지만, 그것이 투표할 권리 등에 한정되는 협애한 참정권을 지칭하는 것은 아니다. 여기에서 참정권으로서 주권은 가령 자기 결정권이나 표현의 자유 등을 포함하는 최대한 넓은 의미의 참정권을 의미한다. 이를 인간학적인 측면에서 본다면 존중은 이러한 참정권의 근거로서 주권자의 인격적 특성, 즉 자유로운 존재로서의 인간상을 사회적 삶에 반영할 것을 포함한다(Kant, 2011: 227~230).

또, 존중은 존엄한 존재로서 인간 존재 그 자체를 향한 것일 수도 있다. 이러한 입장은 현실적으로는 앞의 두 입장에 비해 더 광범위하게 수용되고 있지만, 유감스럽게도 정당 근거라는 측면에서는 사람들 사이의 합의 외에 분명한 근거를 갖고 있지 못하다. 그런 면에서 이러한 존중관은 가령 동물권 보호론자들에게는 종차별주의에 근거하고 있다는 비판을 받기도 한다(Hospers, 2003: 370~371). 하지만 이러한 비판은 인간 외 다른 존재의 존엄성을 인정하지 않는 부분에 대한 비판이지, 인간 존엄성 자체를 문제시 하는 것은 아니다. 따라서 사회적 합의가 존재한다는 전제하에 존중을 인간 존엄성에 대한 존중으로 해석하는 것 또한 충분히 가능하다 하겠다.

자율(autonomy)은 이처럼 서로 존중하고 존중받아야 하는 주권자들이 국가나 사회 등의 공동의 생활 체계를 민주적으로 운영하는 유일한 방법이 자기 입법이라는 사회계약론적 관점을 반영한 것이다. 그런데 우리나라에서는 자율은 흔히 '자율 학습'의 자율, 즉 '자발성'의 의미로 이해되는 경우가 많은 듯하다. 그리고 자율이 자발성의 의미를 포함하고 있는 것 또한 분명하다. 하지만 민주학교 실천 원칙으로서의 자율의 의미가 단순히 자발성에 한정되는 것은 아니다. 우선 그것은 기본적으로 주권자들이 서로의 주권을 최대한 존중하면서 공동의 생활 체계를 함께 운영해가는 원리로서 자기 입법(self-legislation)을 의미한다. 서로 존중해야 하는 주권자들끼리 무언가를 함께 결정해야 할 때, 가장 합리적인 방안은 모두가 합의하는 적절한 규칙을 세워 공동으로 준수하는 것이다. 우리에게 더 익숙한 용어로는 입헌주의(constitutionalism)가 이러한 자율의 의미를 반영하고 있다고 할 수 있으나, 양자가 내용적으로 반드시 일치하는 것은 아니다.

자율은 또한 공적·사적 자유를 아우르는 의미를 지니기도 한다. 통상적으로 사적 자유는 주로 인신의 자유나 재산권, 사생활권 등을 지칭하며, 공적 자유는 참정권으로 대표되는 정치적 자유를 의미한다.[7] 이런 맥락에서 자율은 공적·사적 자유를 모두 포괄하는 것으로서, 폭넓게 해석된 정치적 자유에 기반하여 적정 수준에서 사적 자유를 보장하는 것을 의미한다. 그리고 여기에서 한 가지 추가적으로 해명될 필요가 있는 것은 자율과 자유(freedom, 또는 liberty)의 관계이다. 앞에서 필자는 자율이 공적·사적 자유를 포괄한다고 설명한 바 있다. 그렇다면 '자율' 대신 우리에게 더 익숙한 '자유'라는 용어를 사용하는 것이 나을 수도 있을 것이다. 그리고 적어도 학술적 차원, 특히 정치 철학 영역에서는 '자율'과 '자유'가 거의 동의어로 사용되고 있다. 그런데도 필자가 자유 대신 자율을 사용한 데에는 두 가지 실천적 이유가 있다. 첫째는 자유주의(liberalism)의 영향으로 인해 '자유'라고 하면 사람들이 주로 자유주의적 자유, 즉 '사적 자유'만을 떠올리는 경우가 많기 때문이다. 둘째는 어의적으로 '자유'가 '자치'의 의미를 포괄하지 못하기 때문이다. 그러나 이러한 오해를 불러일으키지 않는다는 조건에서라면 자율을 자유로 치환하는 것도 잘못된 것이라고는 할 수 없다.

마지막으로 가장 폭넓게 해석될 때 자율은 자치(self-government, 自治)를 의미한다. 그런데 이렇게 해석하면 사실상 자율이 존중과 연대를 포괄하게 된다. 물론 그것이 하버마스(Jürgen Habermas)를 비롯한 몇몇 사람들의 실제 입장이기도 하며, 우리 맥락에서는 '학생자치', '교육 자치' 등에서의 '자치'가 의미하는 바이기도 하다.

다음으로 연대(solidarity)는 자율이나 존중에 비해 해석의 가능성이 훨씬 넓은 개념이므로 의미 부여에 더욱 유의할 필요가 있다. 연대는 우선 자율이나 존중과 달리 존재론적 근거를 지닌다. 우리는 원하든, 원하지 않든 항상 서로 어느 정도 연결되어 있으며, 그 결과 어떤 식으로든 서로 영향을 주고받는다. 이것은 비단 사람들 사이에만 한정되는 것도 아니며, 전 지구, 더 확장한다면 모든 우주의 존재들에게 해당되는 사실이다. 그런 면에서 연대는 우주적 질서이며, 그것이 실천 원칙으로 수용되는가 여부는 그러한 사실을 우리가 자각할 수 있는지 여부에 달려 있다. 그래서 연대는 일차적으로 우리 스스로가 일종의 운명 공동체의 성원이라는 사실에 대한 자각을 의미한다.

어의적으로 연대는 '연대 보증'이나 '연대 파업' 등에서 나타나는 것과 같이 좁은 범위에서의 결속을 의미하기도 하지만 '애국심'이나 '인류애'처럼 넓은 범위에서의 결속을 의미하기도 한다. 물론 민주학교 실천 원칙으로서 연대는 민주주의의 구현과 관련된 것이므로 주로 공적 결사체의 결속과 관련된 넓은 의미의 결속과 연결된다. 이런 의미에서 연대는 존중의 기반하에 자율적으로 제정된 사회적 규칙이 자신의 뜻에 반하더라도 그것을 준수하겠다는 사회적 소속감의 공인을 의미한다(Rousseau, 2012: chap. 5). 이러한 소속감이 없이는 어떠한 결사체도 성립될 수 없다는 점에서 이러한 의미의 연대는 사회 유지의 필수적인 요소이다. 다만 존중과 자율을 전제하지 않은 소속감의 공인은 결과적으로 개인을 압살하는 결사체를 낳을 것이므로, 민주주의, 또는 민주학교 실천 원칙으로서 연대는 반드시 존중과 자율을 전제하는 것으로 이해, 교육되어야 한다.

나아가 더 확장된 범위에서의 연대는 애국심(patriotism)과 연결된다. 그런데 우리나라에는 일제 강점기 경험의 반향으로 애국심을 우리 민족

아이들의 연대

에 대한 사랑과 동일시하는 마음의 습관이 형성되어 있는 듯하다. 나아가 광복 이후에는 이러한 애국심이 독재나 국가주의를 정당화하는 근거로 활용된 경우가 적지 않았으며, 그로 인해 지금도 외국인과 혈연적으로 연결된 내국인, 외국인 근로자 등을 차별하는 문화적 태도가 강화되는 측면이 있는 것이 사실이다. 최근에는 태극기가 극단적 보수주의의 상징으로 악용되는 바람에 태극기를 포함한 모든 국가주의적 상징, 이념에 대한 반감이 점차 증대되고 있기도 하다. 그러나 원칙적으로 애국심은 국가의 존립에 꼭 필요한 시민적 가치이며, 다만 애국심을 빙자하여 외국인을 차별하거나 자신과 입장이 다른 사람들을 압박하는 일이 발생하지 않도록 유의할 필요가 있을 뿐이다. 그런 면에서 애국심은 이제 민족애가 아니라 하버마스가 이야기하는 것과 같은 입헌적 애국심, 즉 자신이 승인한 법과 제도에 대한 사랑 같은 것이 되어야 하며(Habermas, 118~119), 더 근본적으로는 인민 주권 원리를 공유하는 동료 시민들과 함께 만든 정치 공동체에 대한 호의여야 할 것이다(Müller, 2008: 77~78).

이러한 연대는 미시적이나 거시적으로 더욱 확장될 수 있다. 가령 덴마크에서 강조되는 휘게(hygge)는 미시적 연대의 대표적인 사례라 할 수 있다.[8] 반면에 인류애나 세계 시민성을 강조하는 것은 거시적 차원의 연대라 할 수 있을 것이다. 그리고 둘 사이에 다양한 층위의 연대를 설정하는 것도 얼마든지 가능하다. 따라서 민주학교 운영에 필요한 연대의 층위와 내용에 대해서는 별도로 상세히 논구될 필요가 있다. 그렇더라도 어떤 층위의 연대이든 민주학교에서의 연대는 항상 존중과 자율을 전제로 결사체의 존속을 보증하는 그 무엇이어야 한다.

존중 : 참정권에 대한 존중, 자유로운 존재로서의 인간 존중,
인간적 존엄성에 대한 존중

자율 : 자기 입법, 공적·사적 자유의 총체, 자치

연대 : 운명 공동체의 성원임에 대한 자각, 사회적 소속감의 공인,
입헌적 애국심

※ 이 세 원칙은 항상 함께 준수되어야 함

평화·정의·호혜

그러면 결과적 원칙들에 대해 살펴보도록 하자. 민주주의의 실천과 관련하여 중요한 의미를 갖는 결과적 원칙으로는 평화·정의·호혜를 꼽을 수 있다. 우선 평화(peace)는 흔히 다툼의 부재를 의미하는 것으로 오해되기도 한다. 그러나 민주주의의 한 특징이 다원성이라 할 때, 사람들이나 집단, 국가 간의 견해, 이해관계 등은 항상 어느 정도 엇갈릴 수밖에 없다. 따라서 평화는 일차적으로 '다툼의 부재'보다는 '폭력의 부재'로 이해하는 것이 더 나을 듯하다. 물론 그렇다고 해서 평화가 오로지 그것만으로 한정되는 것은 아니다. 가령 힘의 차이가 압도적이어서 어쩔 수 없이 '평화적으로' 굴종해야 하는 경우가 있을 수 있다. 그런 것마저도 평화로 분류한다면 평화는 '폭력에 의한 비폭력'을 인정하는 모순적 개념이 되고 말 것이다. 그런 면에서 민주주의에서 중요한 것은 평화 자체보다도 오히려 평화의 조건이다. 사람들 사이의 갈등을 해결할 수 있도록 해주는 비폭력적 수단이 충분히 보장되어 있다면, 사람들이 굳이 폭력적 수단에 호소하려 하지 않을 것이다. 따라서 무조건적인 평화나 비폭력을 주장하기보다는 폭력이 왜 발생하며, 폭력이 발생하지 않도록 하려면 어떻게 해야 하는지 등에 대한 논의가 선행되어야 할 것이다.

그런 면에서 평화의 원리, 평화에 대한 교육 등은 단순히 폭력에 대한 부정이나 비폭력에 대한 긍정으로 채워지는 것이 아니라, 폭력의 원인,

비폭력의 조건, 사회적 갈등의 존재를 전제하면서도 비폭력을 가능하게 하는 방안에 대한 탐색으로 구성되어야 한다. 예를 들어, 평화와 관련하여 '시민 불복종'에 대한 교육이 이루어진다면, 단순히 시민 불복종이 비폭력적 사회 운동의 유력한 수단이라는 사실에 그치는 것이 아니라, 시민 불복종 참여자들이 합법적 수단에 호소하지 않는 이유는 무엇인지, 가능한 다른 대안적 수단은 없는지, 참여자들이 시민 불복종에 그치지 않고 저항권을 행사하게 되는 조건은 무엇인지 등이 함께 검토되어야 하는 것이다.

그리고 평화가 결과적 원칙으로 기능할 수 있는 것도 이러한 사실을 전제할 때만 가능하다. 가령 어떤 사회가 평화롭지 않다면, 그 사회의 운영 체계에 어떤 문제가 있다고 쉽게 결론 내릴 수 있을 것이다. 하지만 특정 사회가 평화롭다고 해서 그것만으로 그 사회에 문제가 없다고 볼 수는 없다. 평화가 어떻게 유지되고 있는지, 그러한 평화 유지의 조건은 무엇인지 등에 대한 검토가 필요하며, 또 평화 유지의 양상 및 조건이 적절하지 못하다면, 그러한 상황을 개선하기 위해 어떤 일이 이루어져야 하는지, 특히 그것이 존중·자율·연대의 절차적 가치를 준수하는 방식으로 어떻게 가능한지 등에 대한 탐색이 필요할 것이다.

평화와 더불어 생략할 수 없는 또 하나의 결과적 원칙은 바로 정의(justice)라고 할 수 있다. 우리나라에서는 '정의'라는 말은 단순히 '올바름(rightness)'의 동의어로 이해되는 경우가 많다. 그러나 정의는 서양적 어원을 지닌 말로써 '분배적 정의', 즉 사회적 자산을 어떻게 분배할 것인가라는 문제와 관련된 용어이다. 한때 베스트셀러가 되기도 했던 마이클 샌델(Michael J. Sandel)의 《정의란 무엇인가?》, 또는 존 롤스(John Rawls)의 《정의론》 등에서 이야기되는 정의가 바로 이러한 정의이며, 또 그것이 여기에서 이야기하고자 하는 정의의 의미이기도 하다.

이러한 정의의 의미와 관련해서도 많은 논란이 있지만 여기에서는 전술한 롤스의 정의 개념을 차용하는 것으로 충분하지 않을까 한다. 롤스는 자신의 《정의론》에서 정의 원칙을 다음과 같은 세 개의 항목으로 나누어 제시한다(Rawls, 1996 : 5~6).

평등한 자유의 원칙 / 공정한 기회균등의 원칙 / 차등의 원칙

평등한 자유의 원칙은 우리가 일반적으로 기본권의 목록에 포함시키는 권리들은 모든 사람들에게 평등하게 주어져야 함을 천명하는 것이다. 그리고 공정한 기회균등의 원칙은 사람들에게 공적 영역, 특히 공직에 진출할 수 있는 기회가 평등하게 주어져야 함을 역설하는 원칙이다. 마지막으로 차등의 원칙은 정의의 이름으로 허용될 수 있는 차등이 어떤 것인지를 해명한다. 잘 알려진 것처럼 그것은 '정의 원칙하에서 차등은 최소수혜자에게 최대의 이익이 될 때만 허용될 수 있다'는 내용으로 구성되어 있다.

이러한 정의 원칙은 사회적 자산의 분포를 통해서 그 사회가 얼마나 민주적으로 운영되고 있는지를 돌아볼 수 있게 해준다. 가령 사회가 부

정의하다면 빈부격차도 클 것이다. 그런데 이처럼 빈부격차가 크면 사람들 사이에 운용할 수 있는 자산의 규모가 달라지고, 또 그렇게 되면 자산의 규모에 따라 정치적 영향력도 달라질 것이다. 그리고 이처럼 사회적 자산의 규모에 따라 사람들의 정치적 영향력이 평등하지 못한 사회를 민주적이라고 하기는 어려울 것이다. 그렇다면 사회적 부정의는 비민주성을 함축한다고 볼 수 있고, 따라서 실천 원칙으로서 정의 또한 사회의 민주성을 판단하는 기준으로 잘 기능한다고 할 수 있다.

세 번째로 호혜(reciprocity)는 상호 이익을 뜻하는 말로, 우리말로는 '상생(相生)'이라 하는 것이 더 친근하게 느껴질 수도 있을 듯하다. 우리가 사회를 이루고 살아가는 것은 사람이 너무 많아서, 즉 사람이 없는 곳을 찾을 수 없어서이기도 하겠지만, 근본적으로는 단독자로 살아가는 것보다 함께 살아가는 것이 우리에게 가능한 활동의 범위를 훨씬 더 넓혀주기 때문이다. 그런 면에서 호혜적 삶은 사회적 삶의 궁극적 목적이라 할 수 있다. 예를 들어, 극단적 개인주의자는 다른 사람들의 간섭은 받지 않겠지만 다른 사람들과 협력도 불가능하기 때문에, 할 수 있는 일의 범위가 극소화될 수밖에 없다. 그런 면에서 호혜는 단순히 서로 이익을 주고받는 차원이 아니라 우리가 인간다운 삶을 살아가고 있는지를 판정할 수 있게 해주는 원칙으로 기능한다. 민주주의 실천 원칙으로서 호혜의 특성을 분명히 하기 위해서는 이를 평화나 정의와 비교해보면 된다. 가령 사람들이 서로 고립되어 살고 있어도 평화나 정의는 실현될 수 있다. 하지만 그런 방식으로는 호혜적 삶의 이상에는 절대로 도달할 수 없다.

호혜는 양자와 달리 어떤 식으로든 사회적 교류를 전제하는 원칙이기 때문이다.

이러한 호혜의 원칙은 어디까지나 정도의 문제이기 때문에 평화나 정의에 비해 그 기준이 더 불명확하다. 하지만 그 사회가 나아가는 방향을 알려줄 수 있다는 면에서 사회적 진보의 척도로 작용할 수 있다. 예를 들어, 지금 세계 각국에 이주민의 수가 점차 증대하고 있는데, 국가에 따라 이주민을 대하는 태도가 크게 다르다. 그런데 각국의 사정이 매우 다양하기 때문에 단순히 이주민에게 어느 정도 친화적인가 하는 것만으로 이러한 이주민 정책의 적절성을 평가하기 어렵다. 하지만 호혜를 통해 이러한 문제를 살펴보면, 훨씬 용이한 판단이 가능하다. 관건은 단순히 이주민에게 어떻게 대하는지가 아니라, 이주민과 내국인의 관계를 어떻게 설정하는가 하는 것에 있다. 양자가 서로 호혜적 관계를 증대시켜 가는 과정에 있다면, 처우의 수준과 별개로 양자 간에 민주적 진전이 이루어지고 있다고 할 수 있겠지만, 그렇지 않다면 민주주의의 관점에서는 고려해야 할 문제가 적지 않은 것이다.

민주학교 실천 원칙 : 결과적 원칙

평화 : 폭력의 부재로서 비폭력적 갈등 조정 수단의 확보가 중요

정의 : 롤스식 정의 원칙(평등한 자유, 공정한 기회균등, 차등의 원칙)

호혜 : 상생, 상호 이익

※ 이 세 원칙은 일반적으로 평화·정의·호혜의 순으로 준수될 필요가 있으나 사회적 상황과 주권자들의 의사에 의하여 우선순위가 변화될 수 있음

마지막으로 민주학교 실천 원칙으로서 절차적 원칙과 결과적 원칙, 즉 존중·자율·연대와 평화·정의·호혜의 성격을 전체적으로 개괄하면서 이 절을 마무리하고자 한다. 우선 존중·자율·연대는 민주적 실행 과정에서 함께 준수되어야 하는 원칙들이다. 전술한 것처럼 가령 존중, 자율 없는 연대는 전체주의를, 연대 없는 존중, 자율은 사회 해체를 유발할 수 있기 때문이다. 반면에 평화·정의·호혜는 이처럼 반드시 동시에 함께 준수되어야 하는 것들은 아니다. 물론 평화·정의·호혜도 함께 준수되는 것이 나쁜 것은 아니므로 그렇게 될 수 있도록 노력해야 할 것이다. 그러나 경우에 따라 평화를 위해서 정의나 호혜를 희생시키거나 그 역의 경우를 허용한다고 해서 그것이 반드시 부당하다고는 할 수 없는 상황이 존재할 수 있다. 아울러 역시 상황에 따라 달라질 수 있으므로 평화·정의·호혜 간에 항상적인 우선순위를 매길 수도 없다.

각 원칙들에 대한 구체적인 설명을 통해서 또 한 가지 분명해진 점은 절차적 원칙이 결과적 원칙에 어떤 식으로든 우선한다는 사실이다. 이해를 돕기 위해 예를 하나 들어본다면, 특정한 상황에서는 평범한 민주적 지도자가 통치하는 나라에서보다, 현명하고 선량한 독재자가 통치하는 나라에서 평화·정의·호혜 등의 가치가 더 잘 구현될 수도 있을 것이다.

그러나 독재자가 아무리 현명하고 선량해도 그 나라에 절차적 원칙, 즉 존중·자율·연대 등이 구현되고 있다고는 할 수 없다. 무엇보다 그 독재자는 시민의 참정권을 제한하고 있으므로, 존중의 원칙이 준수되고 있지 못하다. 또, 시민이 통치에 충분히 참여할 수 없으므로 자율의 원칙도 준수되지 못하고 있다. 그리고 연대 측면에서도 문제가 없는 것은 아니겠지만, 존중과 자율이 준수되지 않으므로 사회적 연대를 논하는 것은 이미 의미가 없는 상황이 되어 버린다. 이러한 예를 통해서 드러나듯이 민주주의 체제하에서 절차적 원칙은 반드시 선결되어야 하는 원칙들인 반면에, 결과적 원칙은 민주적 절차와 독립적으로 적절성 여부가 변화할 수 있으므로 상대적으로 가변적인 가치를 지닌다고 할 수 있다.

그렇다 하더라도 역시 민주주의 체제하에서 평화·정의·호혜를 비롯한 결과적 원칙들 또한 매우 중요한 원칙들이라는 사실 또한 분명하다. 왜냐하면 존중·자율·연대는 그 자체로 가치 있는 것이기는 하지만 그것을 통해서 결과의 민주성까지 보장되는 것은 아니기 때문이다. 가령 특정한 정책이 존중·자율·연대의 원칙에 근거하여 채택되었다 하더라도, 다른 변수로 인해 결과가 그다지 만족스럽지 못할 수 있다. 따라서 절차적 원칙에 근거하여 결정된 행위나 정책의 바람직함은 반드시 결과적 원칙에 의해서 추가로 점검(check)되어야 한다. 따라서 존중·자율·연대에 우선하지는 않는다는 전제하에, 민주학교, 민주시민교육을 위해 필요한 실천 원칙으로 평화·정의·호혜 등을 고려할 필요가 있다.

다음 절로 넘어가기 전에 다른 절차적·결과적 원칙들에 대한 필자의 입장을 간략히 해명해두고자 한다. 우선 경험적으로 민주학교 실천 원칙으로서 지금까지 서술된 존중·자율·연대, 평화·정의·호혜 등을 포함시키는 것에 반대하는 사람은 그리 많지 않았다. 하지만 그것들 외에 다른 중요한 원칙들, 특히 평등, 공정성, 책임 등을 포함시켜야 한다는 의견은 적지 않게 접할 수 있었다. 이에 대한 필자의 입장을 간략히 설명하면, 가령 평등은 역사적·사회적으로 매우 중요한 개념임을 부인할 수 없지만, 범주적으로 절차적·결과적 원칙에 이중적으로 걸쳐 있다는 문제점을 갖고 있다.

부연하면, 평등은 흔히 기회의 평등과 결과의 평등, 또는 기회, 조건, 결과의 평등이라는 하위 개념으로 구분되는데, 기회, 조건의 평등은 내용적으로 절차적 원칙에 속하고, 결과의 평등은 결과적 원칙에 속한다. 따라서 필자처럼 절차적·결과적 원칙의 구분을 의미 있게 생각하는 입장에서는 그러한 구도에 평등을 배치시키는 것이 쉽지 않은 측면이 있다. 나아가 기회, 조건의 평등은 넓게 보면 존중에 포섭되고, 결과의 평등 역시 넓게 보면 정의에 포섭된다. 따라서 양자가 주장되는 한에서는 평등이 내용적 손실 없이 생략될 수 있는 것이다.

그리고 공정성은 중립성과 마찬가지로 내용적으로 그 기준을 설정하기가 극히 어려울 뿐 아니라, 경쟁을 전제로 한다는 점에서 공동체적 삶과 관련하여 적용될 수 있는 영역이 극히 제한적이다. 마지막으로 책임은 원칙적으로 자신의 행위나 지위에 따른 일에만 적용된다는 점에서 (Thompson, 1999: chap. 2), 연대에서처럼 폭넓은 사회적 교류를 전제하는 민주학교 논의에 필수적으로 포함시키기에는 다소 협애한 개념이라고 보았다.

민주학교의 과제와 전망

여기에서는 이러한 실천 원칙에 따른 민주학교의 교육과정, 민주학교 운영상의 과제, 그리고 그것이 지향하는 전체적인 학교의 모습 등에 대해 개괄적으로 서술해 보도록 하겠다. 우선 민주학교의 교육과정 운영과 관련하여 가장 먼저 유의할 부분은 그것이 교실 안에 한정되는 것으로만 운영되어서는 안 된다는 점이다. 가령 수업 내용은 민주주의와 관련된 것이지만 학교의 운영이나 생활이 민주적으로 이루어지지 않는다면, 학생들은 수업 내용이 잘못되었거나 비현실적이라고 생각하게 될 가능성이 크다. 한발 더 나아가 그러한 상황에서 평가까지 받게 되면, 학생들로서는 실제로 그렇게 생각하지 않으면서 답안을 써내야 하는, 즉 위선적 행위를 해야 하는 상황에 맞부딪치게 된다. 이는 민주시민교육은 그만두고라도 자신과 사회를 동시에 부정하게 만든다는 점에서 학생들의 시민

민주학교에서 배우는 즐거움

적 성장에 결코 도움이 되지 않는다. 그런데 이와 관련된 내용은 주제적으로 민주학교 운영의 문제와 연결하여 논의하는 것이 더 효율적일 것이므로 그 부분에서 좀더 상세히 검토하도록 하고, 여기에서는 이러한 전제가 필요하다는 정도만 언급해 두도록 하겠다.

민주학교 교육과정 구성과 관련하여 또 하나 짚고 넘어가야 하는 부분은 그것을 별도의 교과나 사회과, 도덕과 등과 같은 연관 교과를 중심으로 운영해야 하는가, 아니면 다른 교과도 모두 참여하는 방식으로 이루어져야 하는가 하는 문제이다. 그런데 민주주의나 시민교육과 관련된 문제들이 제한된 영역에서만 발생하는 것은 아니므로, 전 교과가 공히 민주시민교육에 관심을 갖는 것이 대의임은 분명하다. 다만 그러한 경우에 현실적으로 두 가지 문제가 발생할 수 있다. 첫째, 담당 교과 또는 담당자가 정해지지 않음으로 인해 민주시민교육 전 과정이 유명무실하게 운영될 수 있다. 둘째, 연관 교과 이외의 교과에서 민주시민교육에 어떻게 접근해야 하는지가 공유되고 있지 못한 상황에서 현실적으로 전 교과 차원에서 민주시민교육을 추진하기가 어렵다.

설명적 편의성을 위해 먼저 두 번째 문제부터 살펴보도록 하자. 원칙적으로 교육의 목표는 어떠한 사람을 길러내는 것, 더 정확히는 대상자의 성장을 돕는 것이지, 그 사람이 어떤 특정한 태도나 능력을 갖게 하는 것이 아니다. 그런데 어느 순간에서부터인가 교과 중심적 학교 교육은 사람에 초점을 맞추는 것이 아니라 사람의 태도나 능력에 초점을 맞추고 있다. 이러한 방식으로는 어떻게 운영되어도 왜곡된 결과만을 얻을 가능성이 크다. 따라서 교과 교육을 포함한 교육 전체가 인간 중심적으로, 우리에게 더 익숙한 용어로는 전인교육을 목표로 재편되어야 하며, 민주시민교육이 그러한 재편의 시발점이 될 수 있을 것이다.

민주학교의 교육과정,
자유교양교육, 생활정치교육, 진로교육

필자는 다른 곳에서 이러한 인간 중심적 관점에서 민주시민교육이 어떤 방식으로 이루어져야 하는지에 대해 서술한 바 있다. 이를 간략히 소개하면, 원칙적으로 민주국가에서 공교육의 목적은 민주적 시민을 양성하는 것이라 할 수 있다. 그리고 이러한 시민 양성을 위해서는 범주적으로 대략 다음과 같은 교육이 이루어질 필요가 있다고 보았다.[9]

민주시민교육을 위한 교과 개편의 큰 그림

자유교양교육, 생활정치교육, 진로교육

먼저 자유교양교육은 학생들이 자신만의 인지적 관점을 형성할 수 있도록 해주는 교육이다. 교과적으로 보면 여기에는 문학, 역사, 사회과학, 자연과학, 예체능 교육 등이 포함된다. 이러한 교육을 통해 학생들은 주체적으로 생각하고 판단하는 역량을 기를 수 있을 것이다. 생활정치교육은 시민의 권리와 의무, 국가기관 · 사회제도 이용법, 생활 속 민주주의 실천과 관련된 내용들이 포함된다. 교과적으로 보면 사회, 도덕, 기술, 가정 등이 포함된다고 볼 수 있다. 이러한 교육을 통해 학생들은 시민으로서 사회생활을 실제로 어떻게 영위해야 하는지와 관련된 역량을 기를 수 있을 것이다. 그리고 진로교육은 개별적 진로나 직업이 사회적으로 어떤 의미를 지니는지를 탐색하는 교육이다. 현재 이루어지고 있는 진로교육은 단순히 직업적 특성을 소개하는 데 그치는 경우가 많다. 반면에 여기에서 이야기하는 진로교육은 스스로 선택한 진로가 개인적으로나 사회적으로 어떤 의의를 지니는지에 초점을 맞추는 것이다.

교육 내용의 이러한 민주시민교육적 재구성은 교육의 모든 내용을 포괄하는 것은 아니다. 또 기존의 교과교육 중심적 교육과정과 일치하지 않는다는 점에서 현행 교육과정에 대한 총체적 변경 없이는 현실적으로 적용하기 어려운 것도 사실이다. 하지만 실현 여부와 별개로 이렇게 보면 기존의 교과교육 중심 교육과정이 민주시민교육의 측면에서 어떤 문제를 지니고 있는지가 선명히 드러난다. 현행 교육과정은 학생들이 주체적인 시민으로 성장하는 것을 돕지 못하며(자유교양교육), 다른 사람들과 어떻게 함께할 수 있는지에 대한 교육도 불충분하다(생활정치교육). 물론, 학생 개개인의 진로를 설계하는 데에도 크게 도움이 되지 않는다(진로교육). 다만 특정 교과와 관련된 능력을 길러주는 데에는 어느 정도 효과적이라고 할 수 있으며, 단순히 여러 사람이 모여 있는 데에서 발생하는 생활정치 학습 효과도 존재한다. 그리고 진로교육은 진로를 도외시한 입시교육으로 대체되고 있다.

민주시민교육이 실효성 있게 진행되기 위해서는 이러한 자유교양교육, 생활정치교육, 진로교육적 요소들이 종합적으로 운영될 필요가 있다는 점에서, 현재와 같이 파편적으로 이루어지는 교육으로는 민주시민교육의 본래 목적을 달성하기 어렵다고 할 수 있다. 따라서 민주시민교육이 제대로 이루어질 수 있으려면 아예 교육과정 자체를 재편하거나, 최소한 교과 간 협력을 통한 종합적 교육 체제가 구축될 수 있도록 할 필요가 있다. 그렇더라도 이러한 일이 당장 이루어지기는 어렵다는 점에서, 각 교과와 민주시민교육이 어떻게 연결될 수 있는지를 살펴볼 필요가 있다.

예를 들어, 자유교양교육 중의 하나로 분류될 수 있는 수학 교육은 우리의 합리적 사고 능력을 계발하는 데에 큰 도움이 된다. 물론 지금처럼 수학 교육이 문제풀이 중심으로 이루어지지 않아야 한다는 전제가 필요하기는 하지만 말이다. 또, 음악이나 미술 교육은 아이들의 정서적 측면을 지지해주는 방향으로 작용할 수 있다는 점에서 역시 주체적 판단 능력의 향상에 큰 도움을 줄 수 있다. 가령 장은주는 학생들의 시민적 자존감 결여를 민주시민교육의 큰 문제로 꼽고 있는데(장은주, 2017: 73~76), 음악, 미술, 그리고 내용에 따라서는 문학 교육 등이 이러한 문제를 해결하는 데에 큰 도움이 될 수 있을 것이다.

생활정치교육은 아무래도 사회과나 도덕과와 관련된 내용들이 많겠지만, 학교를 단위로 하는 민주시민교육에서는 거의 대부분의 학교 문제들이 생활정치교육의 소재가 될 수 있다. 물론 이러한 소재를 기반으로 자연스럽게 교과 융합적 교육이 이루어질 수 있으며, 학교의 비교과 영역들과 연계한 교육이 이루어질 수도 있을 것이다. 나아가 이는 다른 학교나 교육청, 또는 지역사회 등과 협력적 교육 체계를 구축하는 계기로 발전시킬 수도 있다. 요컨대 생활정치교육은 현실을 소재로 하여 관련 내용을 교과, 비교과, 학외 단체와의 연계 등으로 확장하는 소재로 활용될 수 있을 것이다.

민주시민교육으로서 진로교육은 사실 학교 내에서만은 이루어지기 힘든 측면이 있다. 아울러 지역사회나 시민 단체 등과 연계한다고 해도 지역에 따른 직업 분포의 차이가 적지 않은 것이 현실이기 때문에, 학교보다도 교육청이나 정부 차원에서 특별한 노력을 기울일 필요가 있다. 물론 내용적으로 과거와 같이 순종하는 노동자들 기르는 것을 목표로 하는 진로교육은 이제 철저히 지양되어야 하며, 반대로 진로교육이 노동권

교육에 머무르는 것에도 유의할 필요가 있다. 진로를 선택한다는 것이 사회적으로 갖는 가장 큰 의의는 사람들이 협업을 통해서 공동의 가치를 생산하는 것에 있으며, 따라서 진로교육은 개개인의 자아실현과 사회적 의의를 조화시키는 것에 초점을 맞추어야 한다.

민주학교 운영상의 과제

이번에는 민주학교 운영의 문제를 검토해보도록 하자. 학교 운영과 관련해서는 일반적으로 제도적·문화적 요소가 크게 작용하며, 민주학교처럼 새로운 의제를 중심으로 운영되는 학교에서는 성원들의 개인적 의지가 차지하는 비중이 더 크다고 할 수도 있다. 하지만 민주학교가 단순히 한 학교의 운영과 관련된 일이 아니라 교육적 진보의 범례가 될 수 있기를 목표하는 기획이라면, 성원들의 개인적 자발성에만 의존하지 않고도 문화와 제도를 통해 이를 정착시킬 수 있는지 여부를 확인하는 것에 더 관심을 기울여야 할 것이다. 그런데 현실적으로 제도를 변화시키는 데에는 시간이 걸리기 마련이므로, 현재 민주학교의 운영과 관련하여 일차적으로 고려해야 할 문제는 학교 문화와 관련된 것들이다.

민주적 학교 문화는 우선 학교 성원들 사이에 존중과 연대의 문화를 정착시키는 것에서부터 시작해야 한다. 하지만 지금처럼 학교의 운영 방식이 급변하는 상황에서는 학교생활과 관련하여 발생하는 문제들을 민주적으로 해결할 수 있도록 해주는 구조를 정착시키는 활동을 병행할 필요가 있다. 이러한 구조는 소통, 의결, 실행을 축으로 설명할 수 있는데, 논의의 편의를 위해 현재 학교에서 관행적으로 이루어지고 있는 몇몇 사례들을 다루어 보도록 하겠다.

민주적 학교 문화 정착과 관련하여 일반적으로 가장 강조되는 것은 의사결정 방식의 민주화이다. 그리고 거기에는 학교운영위원회, 교직원 회의 민주화, 더 광범위하게는 학생 참여 등이 포함될 것이다. 하지만 현재 상황에서 학교운영위원회가 민주적으로 운영되거나, 실질적인 학생 참여가 보장되기는 쉽지 않은 것으로 보이므로, 일단 교직원 회의에 대한 이야기에서 출발해보도록 하자.

전술한 소통, 의결, 실행을 축으로 보면 교직원 회의는 대체로 소통과 의결의 기능을 하는 기구로 볼 수 있다. 그런데 현실적으로 교장이 전권을 갖는 경우는 교직원 회의가 의결기구 역할을 아예 할 수 없는 상황이 된다. 따라서 이런 경우에는 교직원 회의가 일방적 소통, 즉 교장이 교사들에게 상황을 설명하거나 업무를 지시하는 자리가 된다. 반면에 민주학교처럼 교장이 기능적 역할만 하는 곳에서는 교직원 회의가 소통과 의결의 기능을 모두 담당할 수 있다. 그렇지만 교직원 회의는 대체로 참석자의 수가 많으므로 현실적으로 교직원 회의를 통해서 충분한 소통이 이루어지기는 어렵다. 그런 경우라면 교직원 회의는 불가피하게 의결기구로 운영되는 것이 바람직하다고 할 수 있다. 이처럼 교직원 회의가 의결기구로 운영된다고 해서 토론 없이 사안에 대한 설명과 신속한 투표로만 이루어져야 한다고 생각할 필요는 없을 것이다. 의결의 과정에도 토론은 필요하다. 다만 일정 규모 이상의 교직원 회의에서의 토론은 단순히 서로의 입장을 확인하고 정보를 교환하는 수준에 그칠 가능성이 크다.

이처럼 교직원 회의가 의결기구로 운영되면, 소통을 위한 기구, 활동 등에 대한 별도의 고민이 필요하다. 학교의 공식적인 부서들이 활용될 수도 있겠지만 학교의 부서들은 대체로 학교의 공식 업무를 수행하는 역할도 하고 있으므로, 학년 조직이나 교과 교사 모임 등이 소통 기구 역할을 하는 것이 나을 듯싶다. 하지만 소통은 공식적 통로 외에 비정형적인 다양한 통로를 통해 이루어지는 것이 일반적이기도 하고 더 바람직하기도 하다. 따라서 교직원의 교류를 활성화할 수 있는 여건이 형성될 수 있도록 학교 차원에서 모두 함께 노력할 필요가 있다. 그런데 의결의 경우와 달리 이렇듯 비정형적 방식을 허용하는 소통은 그러한 소통이 잘 이루어지고 있는지를 확인하기가 쉽지 않다. 물론 소통의 원활함에 대한 개개인의 판단이 한 지표가 될 수 있겠지만, 그렇더라도 가령 학교 내에서 발생한 모든 문제에 대해 한 가지 이상의 소통 방식이 보장되어 있는지, 그러한 소통 방식에서 소외된 사람은 없는지 등을 확인하는 것이 가시적인 점검 방법이 될 수 있을 것이다.

실행과 관련하여 가장 핵심적인 문제는 교장, 교감을 포함한 보직 교사 업무 조정, 학기마다 실시되는 업무 분장 등일 것이다. 우선 교장, 교감의 역할과 관련된 문제부터 살펴보도록 하자. 학교 민주화 수준은 교장의 의지와 역할에 크게 좌우된다는 점에서 교장 공모제는 과거의 임명

제에 비해 진일보한 것으로 평가받고 있다. 하지만 교장 공모제는 임명 방식을 변경한 것이지 교장의 역할을 변화시킨 것은 아니라는 점에서 여전히 한계를 보이고 있다. 실제로 공모제를 통해 임명된 교장이 과거 교장의 모습을 재현하는 경우들이 적지 않게 발견된다. 물론 이는 공모제의 취지에 어긋나는 것이지만 법령이나 규정을 통해서는 교장의 그러한 행위를 저지할 수 없다. 따라서 교장의 임명 방식을 변경하는 것도 중요하지만, 교육계의 합의를 통해 교장의 역할을 재규정하는 것이 더 시급하고 중요한 문제라 하겠다.

업무 분장과 관련해서는 가령 케이크 분배 방식을 활용할 수 있을 듯하다. 케이크를 자르는 사람이 가장 나중에 케이크를 선택하게 하면 케이크가 비교적 공정하게 분배될 것으로 예상할 수 있다. 그런 것처럼 업무 분장도 선택권을 갖기 어려운 처지에 있는 사람들에게 업무 분장의 설계를 맡기면 부담이 훨씬 공평하게 분배될 수 있을 것이다. 만약 선택권을 갖기 어려운 사람들, 가령 젊은 교사들이 업무에 익숙지 않다면, 경험 있는 교사들이 설계는 하되 젊은 교사들에게 선택권을 주는 방식도 가능할 것이다. 마키아벨리는 이를 비지배의 원칙으로 설명했는데, 이는 통치권을 획득할 가능성이 가장 적은 집단이 통치 방식을 결정하도록 하는 것이다(Machiavelli, 2011: 89).

이상의 논의를 통해 민주학교와 관련하여 지면과 경험의 한계에도 불구하고 필자가 이야기하고 싶어 했던 내용이 개략적으로 제시된 듯하다.

하지만 괴테가 이야기한 것처럼 모든 이론은 항상 회색일 수밖에 없다(Goethe, 2012: 111). 이 책의 저자 중에 정책 제안자가 세 사람이나 포함되어 있음에도 불구하고, 이 책에 앞서 민주학교와 관련된 책이 먼저 출판되기도 하였고(이대성 외,《민주학교란 무엇인가》), 그에 앞서 이미 200여 개의 학교에서 이를 실천에 옮기고 있기도 하다. 그런 면에서 이 책은 출판 시점에 이미 흐름에 뒤처진 것이 되었을 수도 있고, 그렇지 않아도 머지않아 골동품이 될 운명을 피할 수 없을 듯하다. 그럼에도, 이 책이 의의를 지닌다면, 그것은 민주학교를 향한 저자들의 노력 자체에 있지 않을까 싶다.

《민주학교란 무엇인가》의 추천사에도 썼었지만, "독재 사회의 특징이 수동성이라면, 민주사회의 최고 미덕은 능동성이다. 민주사회에서는 개인적 자유와 사회적 협력의 범위가 극적으로 증대하므로, 누군가 실제로 행위하지 않으면 논의되고 제안된 모든 것이 한갓 가능성으로만 남는다". 따라서 우리가 민주학교를 지향해야 할 목표로 생각한다면, 각자의 처지에서 민주학교를 향해 내딛는 걸음만큼, 꼭 그만큼만 민주학교도 진척된다. 우리는 우리의 걸음을 내딛었고, 그만큼 민주학교도 한 걸음 나아갔을 것이라 믿는다.

민주학교를 포함한 민주시민교육 진행 과정에 관여하면서 많은 논란을 접할 수 있었다. 혹자는 이러한 모든 시도를 편향된 교육을 위한 초석이라 여겼고, 다른 이들은 정부가 관여하는 것 자체가 민주주의를 훼손한다고 생각했다. 반면에 민주시민교육을 지지하지만 자신들이 생각하는 것만이 민주주의라고 여기는 사람들도 적지 않게 접할 수 있었다. 그러나 원칙적으로 민주주의는 상대를 논의 대상에서 배제하지 않으면서 모두가 함께할 수 있기를 희망하는 정치 이념이다. 따라서 그것은 제도적으로는 최대한 관용적이면서, 행위의 측면에서는 적극적이면서도 통합적이어야 한다. 그런 면에서 앞으로도 혼란과 어려움이 적지 않겠지만 모두와 함께할 의지와 역량을 지닌 민주시민들이 민주주의, 민주시민교육, 민주학교의 미래를 만들어나갈 것으로 예상하고, 또 기대한다.

4부

'규율' 대신 '자율'을 배우는 민주성 회복 프로젝트

현장에서 민주학교를 어떻게 실천해야 할까?

《민주학교의 탄생》의 저자 좌담회

자치와 자율,
서로가 만드는 새로운 합의

이하나 : 안녕하세요. 이번에는《민주학교의 탄생》의 저자들과 구체적으로 민주학교를 어떻게 만들 수 있을지에 대한 이야기를 나누려고 합니다. 저희는 책에서 민주학교에 필요한 철학, 실제 사례를 통해서 민주학교를 만나봤습니다.

2020년에는 지금껏 우리가 만나보지 못한 전대미문의 세계에 진입하게 되었죠. 코로나19 감염병 확산으로 학교 생태계 전체가 새로운 환경에 직면하기도 했습니다. 이 시점에 민주학교가 더욱 절실하다는 의견이 있을 텐데요. 우선 우리의 교육 현실에서 민주학교를 실현할 수 있는지가 궁금합니다.

또한 민주학교는 일반 학교처럼 현장의 교사들이 중심이 되어 운영되고 학교 밖에서 학교를 잘 지탱해줘야 할 텐데요. 학교 현장에서 민주주의를 실천할 수 있는지, 어떤 위기가 있는지 듣고 싶습니다.

얼마나 민주적이냐고 묻는 사람들

허진만 : 2019년 10월에 서울의 모 고등학교에서 있었던 일입니다. 교사가 학생들의 동아리 활동 일지를 보고 성차별과 사실 왜곡이 기재된 것을 발견합니다. 이 동아리의 활동 내용은 온라인 커뮤니티에 알려졌고 국민신문고에 민원까지 접수됩니다. 교사는 이 동아리가 올바르지 못한 활동을 한다고 판단해서 동아리를 폐쇄시키죠. 동아리 리더였던 학생은 교사가 사상을 검열하고 강제했다면서 '사상 주입 독재 교육'이라는 이름을 걸고 반대 행동에 나섭니다. 동아리에 동의한 학생들은 '학생수호연합'이라는 단체를 만들고 교문 앞에서 대치하는 일까지 벌어집니다. 극우 유튜버와 정당까지 개입하면서 상황이 아주 복잡해졌는데요. 이때 학생들은 교사가 "너 일베야?"라고 물었다고 주장해요. 이게 자신들을 차별하고 혐오하는 표현이라고 느낀 것 같습니다.

교사가 학생에게 "너 일베야?"라고 질문할 수 있는 곳이 학교이고, 학생들은 그런 질문을 받을 수 있는 게 우리의 학교 문화입니다. 교사가 학생들의 사상과 생각에 대해 질문하고 '그것이 옳지 않다'라고 쉽게 단정 지을 수 있는 것. 그 자체가 교사가 학생들보다 권위를 가지고 있고 기득권이라는 사실을 나타내는 것이 아닐까요.

단순히 특정한 학교만의 이야기가 아닙니다. 우리는 학교에서 이와 비슷한 모습을 자주 접할 수 있습니다. 교사가 옳다고 믿는 것이 있는데 이 믿음은 대체적으로 기득권과 권위를 가진 사람들이 믿는 것과 비슷합니다. 그래서 학생들이 교사가 믿는 것들에 대해 "왜죠?"라고 물었을 때 교사들은 허를 찔린 느낌을 받아요. 당황하고요.

교사들은 학생들에게 자율권을 줄 수 있느냐는 질문도 교사가 이미 권위를 가지고 있고 그 권력을 나눠준다는 의미가 되잖아요. 학생들 역시도 그 자체로 존엄한 인간이기 때문에 궁금한 것, 또는 의심되는 것을 교사나 다른 성인에게 자유롭게 문제 제기할 수 있어야 합니다. 그런데 그 문제 제기조차 익숙지 않았을 것이라는 생각입니다. 지금은 교사의 생각이 반영된 교과과정이나 시험 문제, 생활 규율에 대해서 학부모나 학생에게 수시로 문제 제기를 받아요. 그러면 우리가 말하는 자율권과 자치, 민주주의는 어디부터 합의해야 하는지 거기부터 출발해야 된다는 것입니다.

김혜자 : 말씀해주신 학교 사례에 대해서는 여러 의견이 있었습니다. 제가 들은 얘기 중에 인상적인 것은 '그 학교니까 저런 일이 가능하다'라는 의견이었어요. 학생들이 학교 안에서 자기주장을 자유롭게 할 수 있는 기반이 있기 때문에 교육에서 불거진 주제를 정치적 이슈로 전환시키고 교문 앞에서 시위도 할 수 있었다는 거죠. 학생의 정치 세력화를 우리는 만나본 적이 없어서 당황했다는 의견도 있었지만요. 여기서 학생과의 갈등을 해결할 수 있는 구조가 더 단단해지기를 기대했는데, 갑자기 전국

적 이슈가 되고 정치권에서 이용하는 듯한 모양새도 만들어졌습니다. 그래서 학교 구성원들이 침착하게 대응하기 어려울 만큼 사건이 커진 것 같아요.

하지만 특정 학교의 사례를 일반화해서 말하기는 어렵습니다. 만약 그 사례에서 민주학교의 함의를 찾는다면, 교사와 학생 사이의 민주적 대화는 어떻게 가능한가일 텐데요. 그게 수업에서의 대화든, 생활 속에서 나누든 일상의 이야기든, 학생과 교사가 동료적 관점에서 대화할 수 있는 기반은 어떻게 만들어야 하는지에 대한 고민이 필요합니다. 학생과 교사는 여전히 비대칭적인 관계입니다. 아마 이 사례도 학생과 학생 사이의 갈등이었다면 공론화되지 않았을 겁니다. 교사와의 갈등이었기 때문에 공론화되었다고 생각합니다.

장경훈 : 어느 학교든 갈등이 일어나기 마련입니다. 민주학교에서는 이 두 종류의 민주주의를 어떻게 이끌고 가느냐가 관건이라고 봅니다. 따뜻한 민주주의냐, 갈등하는 민주주의냐. 저는 따뜻한 민주주의라는 말이 참 좋은데요. 학생들이 교사와 학부모에게 자신이 느낀 상처를 가감 없이 말할 수 있는가, 반대로 교사와 학부모가 학생에게 자기 실수를 인정하고 사과할 수 있느냐. 이러한 의사소통이 가능한 것이 민주학교의 지향점이고, 그게 바로 따뜻한 민주주의의 실천이라고 생각합니다.

이하나 : 인터뷰 중에 만난 교사가 이런 말을 했습니다. "지금 시대에 학교

는 무척 안전한 공간이다. 그 안에서 마음껏 펼칠 수 있길 바란다." 민주학교라면 학생들의 자기 표현, 정치적 표현도 학교 안에서 보여줄 수 있을까요?

김혜자 : 이수광 경기도교육연구원장님의 강의 자료에서 만난 학교 이야기인데요. 한 중학교에서 학생이 급식실 앞에서 1인 시위를 했습니다. 강정마을 해군기지 건설에 반대하는 학생이었는데 '구럼비를 파괴하지 말라'는 동조 단식이었어요. 학생이 피켓도 만들어서 급식실 앞에서 연대를 호소한 셈인데요. 이 학교는 교사와 교직원들이 '학교에서 이러면 안 된다'라고 하지 않았어요. 오히려 그 학생의 주장을 들어주고 서로 의견을 나누기도 했답니다. 아이들은 몇 년 사이에 참정권을 행사하는 시민이 되잖아요. 시민으로 당연히 주장해야 하는 권리 행사, 주장을 가장 안전한 학교에서 먼저 시도해본다면, 민주학교의 의미가 충분할 것 같습니다.

이하나 : 여태 당연하게 여겨졌던 일에 대한 문제 제기는 학교뿐 아니라 각지에서 일어나고 있는 현상이라고 봅니다. 우리가 가진 민주주의에 대한 고정관념이 있는데 그 관념들이 계속 도전받고 있고요. 가치관도 계속 변화합니다. 정답이 없으니 합의해나가자고 주장했던 사람들도 어떤 고정관념이 있었는데요. 민주주의를 외쳐온 사람들의 고정관념이 과연 올바른 정의냐는 질문이 반복되더라고요. 쉽게 말해 민주화세대의 중요

한 가치관이 이제는 혼란에 빠진 것 같기도 합니다. 자율권을 주느냐, 즉 학생들에게 어느 정도의 자유를 보장하느냐가 민주학교의 척도가 되는지 질문해볼 수 있을 것 같은데요. 과연 민주학교의 기준을 학생 자율권 보장으로 세워도 괜찮을까요?

장경훈 : 학교자치를 학생 자율권 보장 정도로 협소하게 바라보는 것도 문제지만, 마을까지 학교가 책임져야 하는 식으로 확대 해석하는 것도 문제라고 봅니다. '자치'는 학교 민주주의를 실현하기 위한 좋은 방법입니다. 그 자치를 실행하기 위해 보장되어야 하는 것이 자율권입니다. 자율권도 누가 주도권을 갖고 권력을 양도하느냐의 문제가 아니라, 서로 합의해서 범위를 정해나가는 과정이 필요하죠. 이 과정이 바로 학교를 민주적으로 바꾸는 여정이기도 합니다. 저는 이 두 가지를 학교 민주주의 실현을 위한 문화적 노력이라고 봅니다.

이하나 : 학교 민주주의는 느리긴 하지만 지속적으로 시도해오지 않았나요?

서서히 참여도를 높이면서 함께 만들어가기

김혜자 : 경기도 교육청에는 학교 민주주의를 점검하는 기준이 있습니다.

2015년부터 학교 민주주의 지수를 점수화해서 살펴보고 있는데, 학교 민주주의를 지지하는 점수는 꾸준히 높아지고 있습니다. 다만 학교 민주주의를 평가하는 데 있어 교사들은 높은 점수를, 학생들은 낮은 점수를 줍니다. 상급 학교에 있는 학생일수록 학교 민주주의 점수를 낮게 매깁니다. 이런 현상이 시사하는 바가 있다고 생각합니다. 지역마다 차이는 있지만, 지난해 전남 교육청이 실시한 학교 민주주의 지수에서도 일관되게 학생들이 교사와 학부모보다 낮은 점수를 매겼습니다.

이를테면 교사들은 이 정도면 민주적이라고 높게 평가하는데, 학부모들의 점수는 그 아래에 있고, 학생들의 점수는 더 낮게 나옵니다.

평가 결과가 서로 다른 이유에 대해서는 더 면밀한 검토가 필요할 것입니다. 하지만 학생들이 자율성을 보장받고 민주적인 경험을 해봤다는 체감도가 낮고, 학교에서 받아온 부정적인 선행 경험들이 이미 많이 축적됐기 때문은 아닌지 생각해봐야 합니다. 또 교사들의 민주적 리더십이나 민주적 의사결정의 실천 영역에서 학교별 편차도 있을 겁니다.

이하나 : 학교 민주주의 지수 평가는 저도 학부모로 참여해봤습니다. 그걸 하다 보니 몇 년 전 어느 토론회에서 만난 참가자의 질문이 생각났습니다. '내가 민주시민인지 잘 모르겠으니 테스트를 받고 싶다'는 말이었습니다. 내가 민주시민인지 타인에게 평가받는 게 가능한지 의아했습니다. 학교 민주주의 지수가 보다 긍정적으로 활용될 수 있을까요?

장경훈 : 바로 그런 부분이 조심해야 할 지점이죠. 정량 평가나 측정 도구는 매우 유용하게 사용할 수 있습니다. 하지만 이런 평가들은 주로 상대 평가를 전제해서 진행되거나, 상대 평가용으로 사용됩니다.

학교 민주주의 지수를 평가가 아닌 스스로의 성찰을 위해서 사용한다면 좋은 도구가 됩니다. 예를 들어 1년 동안 학교에서 민주주의에 대한 교육을 열심히 했는데, 우리가 잘하고 있는지 궁금할 때가 있을 겁니다. 그럴 때 만들어놓은 평가 도구를 사용해서 점검하고 반성하면 다음 해의 계획을 세울 수 있습니다.

허진만 : 각 시도 교육청에서 경기도에서 만든 학교 민주주의 지수 평가와 비슷한 방식을 도입하고 있습니다. 이 지수를 목표로 삼거나, 교육청에서 이 지수로 학교의 순위를 매겨버리면 반발도 있겠고, 악용될 수도 있을 겁니다. 때로 언론에서 이 순위를 가지고 조롱하는 것 같은 느낌을 줄 때도 있었고요. 하지만 스스로 개선하고자 하는 학교에는 좋은 도구가 될 겁니다. 연구 자료로도 의미가 있고요. 평가 기관에서 이 결과를 놓고 줄을 세우지 않는다는 약속이 필요하고요. 자율적으로 사용하면 긍정적 결과를 불러올 거라고 봅니다. 교육청이나 다른 언론, 연구 기관에서도 이 결과를 사용하려면 평가 주체인 학교의 승낙을 받는 것도 필요해 보입니다.

이하나 : 선생님들의 말씀을 들어보니 많은 학교가 보다 민주적인 학교를

만들려는 의지가 있다고 볼 수 있겠는데요. 우리가 생각하는 민주주의는 자유와 평등이 가치 덕목입니다. 그런데 학교는 위계가 분명한 구조입니다. 교장이 있고, 그 밑에 교사가 있고, 또 그 밑에 학생이 있고요. 그 주변을 지역사회와 학부모가 둘러싸고 있는 그림이 연상되죠.

민주주의에서 위계와 평등은 상충합니다. 그렇다면 민주학교는 이러한 자유와 평등을 보장할 수 있을지 궁금합니다. 또한 학교 안에서 구성원 간의 평등은 어떤 것을 말할 수 있을까요? 교사와 학생이 평등한 관계를 만들 수 있을 것 같진 않거든요.

김혜자 : 교사와 학생은 청소년과 성인이라는 실질적인 위계 관계에 놓여 있습니다. 그리고 교사는 학생들을 가르친다는 배움의 지휘자로서 학생보다 더 많은 권한을 갖고 있습니다. 민주주의를 배우고 민주주의자로 살아가는 것이 가능한 학교가 민주학교라면, 학생의 주체성을 인정하고, 학생을 동료 시민으로서 인정하고 존중할 필요가 있습니다. 민주학교의 목적이 민주시민교육이라면 그 내용을 배우는 것도 민주적인 과정과 방법을 통해 배워야 합니다.

이때 학생에게 권한을 얼마나 배분할 것인지의 문제가 발생합니다. 또 민주적 의사결정을 제도화해야 하는 상황에서 학생들에게 어디까지 결정권을 주고 참여하게 만들 것인지도 고민해야 합니다. 이에 대해서는 낮은 단계의 참여부터 높은 단계의 참여까지, 학교의 현실에 따라 가능한 수준이 있을 겁니다. 민주성의 척도가 학생들의 결정권을 확대하는 것만으로 판단해서는 안 된다고 생각합니다.

장경훈 : 2015년부터 진행되어온 경기도 교육청 학교 민주주의 지수조사는 해가 갈수록 간격이 조금씩 좁아지고는 있지만, 여전히 혁신학교 지수가 일반 학교에 비해 상대적으로 높게 나옵니다. 그러나 2018년 한국교육개발원 보고서를 보면 학급자치, 즉 교실 민주주의에 대한 설문조사에서는 혁신학교나 일반 학교 간에 유의미한 차이를 발견하지 못했습니다. 왜 그럴까요? 교사들이 학교에 기대하는 민주주의와 교실에서 교사 스스로 민주주의를 실천하는 정도는 별개라는 이야기입니다.

정원규 교수님이 글에서 언급하신 학교 안의 민주주의는 따뜻하게 존중하는 의미가 있습니다. 앞서 말한 '따뜻한 민주주의'죠. 교사나 시민이나 마찬가지겠지만, 존중받는 사람들이 자율성이 높아지고 자치를 실행할 역량도 발휘하게 됩니다. 교사에게 자발성은 세상을 마주하는 힘이 됩니다. 헌신도 자발적일 때 큰 힘이 되는 거죠. 누군가를 도울 수 있는 여유도 생깁니다. 삶을 돌아볼 수 있는 여유가 있어야 학생이 보이고 이웃이 보입니다. 어렵고 힘든 사람을 만나면 손을 뻗을 수 있습니다. 학교생활 속에서 존중·자율·연대의 가치가 학교 문화로 자리 잡는다면 학교 민주주의가 실현될 수 있다고 봅니다. 민주학교에서 민주주의 실현을 위해 이 세 가지의 가치를 잘 실천하도록 교육을 구성해야 합니다.

허진만 : '민주학교는 ◌◌◌ 이다'라고 규정하지 않는 것도 중요합니다.

학교생활에서 자율, 자치, 연대가 잘 이루어져야 학교 민주주의가 실현될 수 있다는 말씀에 동의합니다. 대신 무엇을 해야 한다라고 미리 정해 놓으면 다양성이 매몰될 수 있다고 봅니다. 각 지역과 학교에 맞게 하나씩 만들어나가는 과정, 그 과정에서 느끼는 구성원들의 자기 효능감이 결국 민주학교를 이끌어가는 동력이 될 겁니다.

모두가 구성원이 되도록 이끄는 힘

이하나 : 구성원들의 자기 효능감은 참여했을 때 보장된다고 생각합니다. 제가 너무 부정적인 사례를 떠올리는 것 같기도 합니다만, 학교 구성원 모두의 민주주의를 실천하려 했던 학교의 사례가 떠올라서요. 그 학교는 학부모에게 많은 권한을 넘겨주다가 결국 기이한 형태로 권한이 전복되었는데요. 그 사례를 보고 나니 과연 학부모와 학교가 동등한 권한을 가지는 게 바람직한지 의심이 듭니다.

민주학교의 운영 주체

장경훈 : 권한이 학생이나 학부모에게까지 가는 단계는 흔치 않습니다.

전국적으로 몇 개 학교가 있다고 볼 수 있습니다. 사회자께서 말씀하신 경우가 아닌 모범적인 학교가 있습니다. 바로 이우학교인데요. 이우학교의 경우 학부모 모임이 1년에 1000번 이상 있다고 합니다. 그 말은 이우학교 주변으로 하루에 세 번 이상 학부모 모임이 다양하게 꾸려진다는 말이거든요. 그러기 위해서는 애정과 시간이 투입되어야 하죠. 생활 여건상 불가능할 수도 있습니다. 매우 역동적이고 순환이 잘되는 구조입니다. 그렇게 되려면 상당한 노력이 필요할 겁니다.

외부에서 학교 민주주의를 실천하겠다고 조례나 규약을 만들어 학교운영위원회나 중요 사안을 결정하는 협의체에 학생들을 끼워넣습니다. 이러한 것들은 요식 행위에 불과합니다. 어차피 학생 대표들이 잠깐 와서 앉았다 가는 정도죠. 형식적 절차를 만들어서 외부의 힘으로 민주주의를 삽입하는 것은 민주학교의 실현을 위한 일종의 장치라고 보면 될 것 같습니다.

이하나 : 혁신학교 초기에 교장 연수를 통해 관리자들의 민주성이 확보되었다는 이야기들이 있었습니다. 하루 종일 앉아서 가장 비민주적인 방식을 통해 민주적 시민성을 획득했다는 아이러니가 있었는데요. 이런 외삽된 민주적 방식이 민주학교에 어느 정도 효용성이 있을까요?

허진만 : 어느 공동체나 그렇듯이 각자 생각하는 민주주의의 기준은 다를 겁니다. 기존에 별문제 없이 잘해왔는데 갑자기 조례나 법적인 것들이

외부에서 들어오면 어색해지는 거죠. 우리가 잘 못해왔다는 말인가 싫기도 할 거고요.

사실 학부모들의 민원이 교직원들의 큰 애로사항 중의 하나입니다. 그래서 학교에서는 학부모들을 민원인으로 보게 됩니다. 비민주적 집단에서는 구성원들이 스스로를 구성원이라 생각하지 않아서 민원인으로만 기능합니다. 민주적 집단이 되면 그제야 구성원들이 참여자가 되는 거죠.

장경훈 선생님이 예를 들었던 이우학교의 경우는 학부모들이 모두 구성원이라 자각해서 참여자가 된 사례라고 할 수 있습니다. 매우 이상적인 모델이지요. 그러나 지금 일반 학교에서는 교육과정 구성에 민주주의를 실현시킬 수 있는 내용을 넣을 여력이 별로 없습니다. '진도나 더 나가요'라고 말하는 학생들도 있는 게 현실입니다.

교사가 아이들에게 앞으로 살아갈 세상에 대한 이야기를 하고 싶어도 참여자가 아닌 민원인들에게 이걸 먼저 설득해야 합니다. 제도적으로 교과과정 안에 민주적인 요소가 필수적인 게 되지 않으면 각 학교에서 민주학교를 개별적으로 운영하긴 어렵습니다. '여기는 민주학교가 되었대'라고 예를 보여준다고 했을 때, '그 동네에서는 잘되나 보지' 하고 포기해버리면 민주학교가 확장되기 어렵습니다.

학교 민주주의를 실천하는 민주학교가 이상적이라는 사실에는 모두 동의할 겁니다. 하지만 이 과정이 지난하고 개별 학교가 운영하기 어렵기 때문에 선불리 시도하기 힘들죠. 민주학교라는 틀이 있어서 그 틀에 따라가는 매뉴얼이 있다면 도전하는 학교에서 순차적으로 해볼 수 있을 겁니다. 왜냐하면 아까 말씀드린 대로 '뭐가 민주주의인데요? 우리가 하는 건 민주학교 아닌가요?'라는 질문에 확신을 줄 수 있는 답변도 필요하거든요.

정원규 : 학부모들의 민원, 학생들과 교사들의 무관심, 또는 방관을 어떻게 참여로 이동시킬 수 있는지에 대해서 이야기하자면 민주주의의 전개 방식에 대해 말할 수밖에 없겠네요.

현재 학교나 기업이나 어떤 집단이든 민주주의를 향해 조금씩 나아가는 것은 동일합니다. 그런데 각 집단마다 민주주의의 실천 정도는 다릅니다. 어디는 좀 빨리, 어디는 좀 늦게 완성되죠.

예를 들어 예전에는 기업보다 정치계가 덜 민주적이었습니다. 그런데 독재가 끝나고 민주주의가 실현되면서 정치계가 빠르게 민주주의를 받아들였어요. 이제 집단 간의 격차가 생겼습니다. 그러면 앞서 나간 집단이 뒤에 오는 집단에게 잔소리를 하는 거죠. '당신들은 왜 이렇게 비민주적이야? 왜 그렇게 하는 거야?'

이걸 학교로 옮겨와서 살펴봅시다. 과거에는 학교가 다른 집단보다 민주주의 실천 수준이 훨씬 높았습니다. 학교 구성원들은 그렇게 느끼지 않을 수도 있겠지만, 사회의 다른 영역들이 전반적으로 독재와 군사 문화에 지배당하고 있었으니까, 이는 사실이라고 봅니다.

그런데 사회가 계속 민주화되면서 학교가 뒤처지는 부분이 생기기 시작합니다. 그러면 외부에서 치고 들어오는 거죠. '여기 조례도 있고, 법안도 있으니 빨리빨리 민주화하세요'라고 말입니다. 이런 상황에 학교 내부 구성원들은 당황할 수밖에 없습니다. 하지만 사회적 민주화의 진전과 더불어 이런 간섭이 부분적으로 불가피한 것이 현실이기도 합니다.

또 하나 생각해야 하는 것은, 기성세대들의 민주화 경험입니다. 과거 기성세대들은 독재정권 치하에서 생활했고, 그러한 상황에서 벗어나고자 민주화 운동을 했습니다. 그런데 그때는 어떤 사회 운동을 해도 결국 반독재 정치 운동으로 귀결됩니다. 가령 문화 운동으로 시작을 해도 결국에는 정치 투쟁을 하게 되는 식인 거죠. 그래서 기성세대들은 사실 반독재 정치 투쟁 외에는 민주주의를 스스로 실천해본 경험이 많지 않습니다.

가령 우리 사회가 민주주의를 정말 이룩했느냐에 대한 질문은 뒤로하더라도, 일단 형식적·절차적 민주주의는 상당 부분 이뤄냈다고 볼 수 있습니다. 그리고 이렇듯 형식적·절차적 민주주의라도 어느 정도 획득된 상태에서는 사회가 한 방향으로 흘러가지 않습니다. 단일한 방향으로 가지 않고 여기저기로 막 흘러가요. 그러니 답도 없고 말도 많습니다. 뭐만 해보려고 하면 골치 아픈 상황이 생기죠. 각자의 의견이 마구 쏟아지니까요.

결국 기성세대들은 민주화와 관련하여 매번 새로운 경험을 합니다. 예를 들어, 앞서 언급한 학교 사례 같은 일이 벌어지면, 상상도 못한 일을 만나는 것이죠. 이해하기도 어렵도, 납득하기도 어렵고, 사태가 어떻게 돌아갈지는 더욱 예측할 수 없는 상황이 됩니다.

그래서 저는 민주학교는 어떤 구체적인 목표를 특정하고 그것을 추구하는 방식보다는, 학교에서 민주주의를 실천하는 과정 자체에서 기쁨을 느낄 수 있도록 하는 것이 강조되었으면 합니다.

가령 시민 운동에 참여한다고 하더라도, 사람들의 참여도는 모두 다를 것입니다. 활동에 직접 참여하는 사람이 있는가 하면, 후원만 하는 사람도 있을 것입니다. 그렇더라도 어떤 식으로든 참여하는 사람은, 그러한 참여의 성공이나 실패와 무관하게 헌신한 만큼 느끼게 되는 자기 만족, 자기 고양의 느낌 같은 것이 있습니다.

역설적으로 이런 느낌을 현재 가장 잘 예증해주고 있는 사람들이 이른바 '깃발부대' 참여자들인데요. 거기에는 이전에는 사회적으로 자기가 주권자임을 확인할 수 없었던 사람들이 많이 포함되어 있습니다. 냉대받고 분통이 터져도 말할 데가 없었는데 이제 광장에서 막 소리를 지를 수 있단 말이죠. 심지어 자기가 지지하는 사람이 탄핵당하고 감옥에 가게 되었어도, 그와 별개로 자기 권한을 확인하는 기쁨을 누리는 것입니다.

그 반대쪽에 있는 촛불집회 참여자들은 추운 날 열심히 모여서 촛불을 들었는데 마침내 탄핵도 됐어요. 그러면 기쁨 외에 보람도 생깁니다. 내가 사회적으로 중요한 일에 참여했다, 함께 참여해서 이뤄냈다, 그 기쁨과 보람을 광장에 모인 사람들과 공유한다. 이건 나의 사회적 권한과 그 행사의 결과로서 자기 효능감을 함께 확인하는 과정입니다.

가능하다면 민주학교 활동에 참여함으로써 이러한 기쁨과 보람을 모두 느낄 수 있어야 하겠지만, 앞서 이야기한 것처럼 결과를 예측하기는 매우 어려운 상황입니다. 그러니 일차적으로 '기쁨'에 초점을 맞추는, 즉 자기의 권한과 의지를 확인함으로써 교육 주체들이 시민적 자존감을 획득하는 과정으로 자리매김하면 어떨까 합니다. 그리고 이처럼 활동 자체에서 의미를 찾는 사람들이 늘어날 때, 방관자들도 더욱 기꺼이 참여자가 되려고 하지 않을까 생각합니다.

이하나 : 학부모들을 비롯한 학교 구성원들이 민주학교에 모두 동의한다고 해서 자동적으로 물 흐르듯이 이뤄지진 않을 겁니다. 교육 현장을 들여다보면 혁신학교나 특정 분야가 잘되는 학교는 일하는 사람이 모두 책임지는 시스템이 많습니다. 결국 더 열심히 하려는 사람들이 소진되는 경우도 많습니다. 그렇다면 지금 한국의 교육 현실에서 민주학교를 실현하고자 하는 구성원들이 있다면, 특히 교사들의 경우 어떤 지원이 필요할까요?

허진만 : 그렇습니다. 혁신이든 학교자치든, 어떤 분야든 잘되는 학교는 사람의 힘이 큽니다. 결국 이건 교사의 헌신이 있었다는 말이 됩니다. 그렇다면 그 헌신이 과연 정당할까요? 그렇지 않을 겁니다. '학생들에게 자율권을 주면 민주적이고, 자율권을 주지 않으면 민주적이지 않다.' 이러한 이분법적인 논리도 위험하지만, 교사가 권한을 모두 갖고 민주학교를 이끌어나간다는 것도 민주학교 가치에는 위배되죠.

정원규 : 구성원이 모두 민주화가 될 수 있는 학교가 전국의 몇 퍼센트냐고

물으면 지금 당장은 비관적인 답변이 나오겠죠. 그러나 희망을 봅시다.

교직원의 민주화가 잘 이루어진 사례가 몇 개 알려지면 그다음엔 쉽게 모방해나갈 수 있을 거예요. 빠르게 습득하고 더 월등한 단계로 갈 수도 있습니다. 사실 각 학교가 개성은 있지만 같은 공교육 시스템 안에 있으니까요. 모범이 될 수 있는 사례를 발굴하고 그 방식을 전파하는 게 중요합니다. 생각보다 빨리 퍼져나갈 수 있어요.

또 다른 방식으로는 학교 문화를 한꺼번에 민주적으로 변혁시키려고 너무 애쓰지 말고, 뜻이 맞는 사람들끼리 작은 모임을 만드는 거죠. 마음이 맞는 사람들끼리 즐겁고 신나게 민주적인 동아리도 운영하고 연구도 하면, 그게 다른 사람에게 긍정적 영향을 끼칩니다. 거대한 흐름을 한꺼번에 이뤄낼 순 없어도 저변을 확대하는 기틀을 잡을 수 있을 겁니다.

민주학교에서 교사는 무엇을 할 수 있나?

이하나 : 결국 누군가가 나서서 흐름을 만들어나가야 하는 것이 민주학교인 것 같습니다. 여전히 교사들의 부담이 해결되지 않는 것 같습니다. 이런 문제는 해결 방법이 있을까요?

장경훈 : 예전에는 스승의 그림자도 밟지 않는다면서 교사를 성직자로 보던 시대가 있었어요. 그것도 불편한 관점이지만, 지금은 교사를 노동자

중에서도 서비스직으로 분류합니다. 교사들의 전문 영역은 교육입니다. 그런데 행정 관료들이 주도한 교육 정책들은 학부모를 민원인으로 만들고, 교사들은 민원을 해결하는 행정공무원으로 만듭니다. 정책적 생색내기는 보육과 돌봄이라는 어마어마한 문제를 쉽게 학교에 떠넘겨버리기도 했습니다.

경쟁에서 승리하는 것만이 목적이 된 현재의 교육은 학부모의 불안 심리를 자극합니다. 학부모들은 맞벌이를 해서라도 사교육에 들어가는 비용을 감당하려고 합니다. 아이를 돌보는 것은 국가와 가정이 함께해야 하는데 학부모들이 모두 노동 시장으로 진출하면서, 필연적으로 가정 보육에서 공백이 발생합니다. 이러한 보육 공백에 대해 고민하지 않고, 그저 학교에 떠넘기는 것은 행정 관료들이 교육을 행정으로만 바라보기 때문입니다.

민주학교의 관점에서 교사는 행정 관료들의 현장을 고려하지 않는 교육 정책에 대해 이의를 제기하고, 싸워나가야 한다고 봅니다.

혁신학교의 예를 들어보겠습니다. 혁신교육 3.0까지 넘어오면서 혁신학교는 많이 변했습니다. 지금 혁신학교는 모든 구성원의 요구를 다 수용하는 교사상을 요구합니다. 혁신교육을 수행하고, 학교와 학부모와 학생이 요구하는 모든 것을 수용해야 되죠. 또한 헌신해야 합니다.

하지만 민주학교의 교사는 이렇게 다 받아주는 존재가 아닙니다. 교사도 주체적·민주적으로 살고, 민주시민이 되고, 조금 더 민주적으로 나아가는 것입니다. 나에게 부당하고 불합리한 요구에 대해서 당당하게 저항하고 민주적으로 문제를 해결할 수 있는 다양한 경험이 필요합니다. 그런 경험을 바탕으로 기존의 문화를 바꿔내서 민주학교를 만들어나가는 사람이 교사입니다. 한 인간으로서의 존엄성에 기반해 당당하게 요구할 수 있는 민주시민으로서의 교사가 바로 민주학교의 교사입니다.

이하나 : 민주학교에서는 교사도 민주시민이어야 하고 민주시민일 수 있다는 말씀, 민주학교가 가진 매력적인 요소로 보입니다. 그러면 교사의 권한은 어느 정도로 확대될 수 있을까요? 민주주의가 발전해나가는 미성숙한 상태에서는 서로 갈등과 분쟁도 심해질 수 있을 텐데요.

정원규 : 학교 민주주의가 잘 정착되기 위해서는 민원이나 갈등을 해결하는 방법에 대해 구성원들이 익숙해지는 과정도 필요합니다. 아무리 잘한다고 해도 이 문제를 원천적으로 봉쇄시키긴 어렵습니다. 이는 민주주의 발전의 특성이라고 볼 수도 있을 겁니다.

사회가 민주화되면 자기주장을 강하게 하는 사람들이 나오기 마련입니다. 그리고 민주주의의 속성이 자기주장을 긍정하는 데에 있기 때문에, 그것을 축소시키긴 어렵습니다. 불가피한 현상으로 받아들여야 합니다.

조금 맥락이 다르지만, 민주주의를 이야기하면서 개인보다 공동체를 더 강조하게 되면, 의도와 달리 부정적인 결과가 초래될 수 있습니다. 이를테면 공동체가 개인보다 더 소중하다고 이야기하고 학생이 그 말을 받아들이면, 학생으로서는 나는 이 공동체보다 소중하지 않다는 결론에

도달할 겁니다. 그 결론은 다른 사람들도 모두 공동체의 일원일 뿐이니 나와 마찬가지로 공동체보다 중요하지 않다는 생각으로 이어질 수 있습니다.

그러나 반대로 '나는 소중하다'에서 시작한다면 오히려 남이 소중하다는 걸 부인하기가 쉽지 않습니다. 내가 소중하니 남도 스스로 소중하다고 주장할 것이고, 다들 소중하니 모든 일을 내 마음대로 할 수 없잖아요. 그러면 공동체의 운영 방식에 대해 생각할 수밖에 없습니다. 자기주장의 증대가 과다한 민원을 포함한 여러 부작용으로 연결되는 것은 사실입니다. 그럼에도 그것을 긍정적으로 수용해야 합니다. 물론 이러한 부작용에는 학교 공동체가 함께 대처하는 것이 바람직하겠지요. 또 그것이 학교 민주주의를 실천하는 한 과정이기도 합니다.

심성보 : 학교는 과거로부터 전해져오는 인류의 문화유산을 이어받아서 새로운 사회를 만들어내는 역할을 해야 합니다. 그것이 학교에서 전달해야 하는 지식이죠.

민주주의를 알게 해준다고 경험과 체험만 우선하면 인류의 지적 유산을 이어받는 지식 교육에 소홀해질까 우려되는 점도 있어요.

지식을 편협하게 볼 게 아니라 넓게 봐야 합니다. 지식 교육과 시민교육을 나누면 안 됩니다. 영국의 서머힐 같은 학교는 지식 교육에 소홀한 편입니다. 자유로움, 인간 간의 소통을 더 중요하게 다루기 때문인데, 이런 교육에 집중하다 보면 상호 관계를 잘 맺고 인성 교육은 잘될 수 있겠지만 세상을 변화시키는 기반은 약해집니다.

진보적 교육관에서 아동 존중을 중심에 두느냐, 사회 변화를 중심에 두느냐, 이에 대해 오랫동안 논란이 있었습니다. 하지만 이 두 가지 중에 무엇이 우선이고 무엇이 더 중요하다고 말할 수 없어요. 오히려 둘은 병합되어야 합니다. 학교에서 재밌게 놀고 협동하며 배우되, 이 아이가 졸업하고 살아가야 하는 세상에 대해서도 알려줘야 합니다.

사회 변화만 우선하면 아동은 도구가 되어버릴 수 있고, 아동 존중만 의식하다 보면 주권자로서 힘을 내기 어려우니까요. 따라서 민주학교에서 경험하고 체험하고 교사가 가르쳐야 하는 범위가 보다 명확해야 합니다.

이하나 : 그렇다면 다시 교사들의 역할이 부각될 수밖에 없습니다. '나는 소중하다'라는 사실을 학생들에게 인식시키고 교실 안에서부터 실천이 일어나게 해야 할 텐데요. 지금도 교사들이 교육 내용에 집중하기 어려울 만큼 업무가 많다고 알고 있습니다. 그렇다면 민주학교에서는 교사들의 역할이 더 커지는 것은 아닐까요?

김혜자 : 교사란 직업이 자기 일에 대해서 의미와 가치를 부여하는 몇 안 되는 직종이라고 생각합니다. 사회에서 교사를 보는 시선이 바뀌기도 했지만, 많은 교사들은 자기 업무에서 뭔가를 더해서 더 나은 교육을 만들어보고자 시도합니다.

제가 혁신학교에서 경험한 바에 의하면, 교사들은 자기 수업을 통해 아이들이 깨달음을 얻고, 아이들과의 관계에서 상호작용이 잘되면 만족감, 자기 효능감과 보람을 얻습니다. 그러면 그 보람, 자기 효능감, 만족감을 동력으로 열심히 찾아다니면서 공부하고 채우려는 사람들이 교사입니다. 각종 연수도 찾아다니면서 듣죠. 교사들은 자기를 발전시키기 위해 자발적으로 노력하는 경향이 있습니다.

저는 이런 교사들의 특징을 잘 살려줄 제도적 장치가 필요하다고 봅니다. 교사의 사회적 책임, 역할, 의미와 가치에 대해서 뒷받침해줄 것들이 필요합니다.

구체적으로 예를 들면 교사들은 자기 수업을 발전시키려고 수업 공개, 수업 개방, 또는 교사 연구 모임을 통해 계속 스스로 갈고닦습니다. 이런 일들을 어렵지 않게 시도할 수 있도록 돕고, 서로 보완해나갈 수 있어야 합니다. 그걸 공교육 시스템 안에서 문화로 자리 잡게 해야 합니다. 교사가 갖고 있는 자기 직업의 의미와 가치를 성장의 동력으로 만들 수 있는 제도가 필요합니다.

대표적인 제도로 '교무회의의 의결기구화'가 있습니다. 학교장 권한으로 교무회의를 의결기구로 만들 수 있는 것이죠. 이런 제도가 정리되면 권한의 범위도 정해지고, 민주학교를 운영할 시스템을 보완할 수 있다고 봅니다. 그러나 무엇보다 직업인으로서 교사보다 더 중요한 것은 시민으로서의 교사라는 자기 의미를 찾는 것입니다. 그래서 사회적 교사상도 마련되었으면 합니다.

이하나 : 교사들이 의결권을 갖는 건 무척 중요해 보입니다. 특히 코로나 19 상황에서 수많은 학교들이 결정을 하지 못하고 우왕좌왕했어요. 누구에게도 결정권이 없기 때문이 아닌가 생각했는데요. 이런 제도가 자리 잡으려면 그 역시도 구성원들의 합의와 연구가 필요하겠죠?

허진만 : 물론입니다. 교사들의 자기 발전에서 연찬(硏鑽)이라는 말을 사용하는데요. 연찬은, 이론이나 사상, 방법, 실천의 모든 영역에서 열린 자세로 함께 진리를 추구하는 자세를 말합니다. 또한 틀에 갇힌 생각을 갖지 말아야 한다는 자각의 장을 말하기도 합니다. 무척 좋은 말이죠. 이게 교사들에게 더 필요합니다. 왜냐하면 민주학교는 관리자가 권한을 모두 갖고 발휘하는 것이 아니라 교사들도 민주적으로 권한을 배분받기 때문입니다.

김혜자 선생님이 말씀하신 의결기구를 만들면 권한을 배분하고 이양도 할 수 있습니다. 제도로 자리 잡으려면 그에 관한 노력이 필요하니까요. 스스로 권한을 받는 과정이 쉬울 수도 있고 어려울 수도 있습니다. 예를 들어 관리자가 쉽게 권한을 교사들에게 나눠줬다면, 그에 대해서 책임도 질 수 있어야 하니까요.

따라서 공부를 계속해야 합니다. 교사가 먼저 공부하면서 불거지는 문제들에 대해서 예민하게 대응하고, 문제를 해결하는 방식을 배우는 것이 학습의 목표가 되는 겁니다. 대신 기본적인 이치와 원리는 가르쳐야 합니다. 그로 인해 아이들이 학습 목표를 성취하고 성과를 내는 것도 중요하다고 봅니다. 생활양식의 집합체가 되는 것이죠. 민주학교에서는 교사들의 재교육, 삶과 사회에 대한 태도를 바탕으로 꿈꾸는 학교를 만들어 갈 수 있습니다.

김혜자 : 같이 공부하면서 스스로 발전하는 것을 '전문적 학습 공동체'라고들 하죠. 같이 공부하고 자주 만나고 친해지면서 수다를 떠는 것처럼 의제를 발견하는 거죠. 이러한 것들이 가능하기 위해서는 공부와 삶이 결합되어야 합니다. 공부를 하다 보면 성찰하고 반성하게 되는 효과가 있으니까요. 함께 모여 공부하는 것이 문화가 될 때 서로 자극하고 독려하면서 같이 발전하게 될 겁니다.

장경훈 : 교사들 스스로도 민주시민이 되어야 합니다. 시민의 교사로 성장할 수 있어야 합니다. 타인을 계도하고 선도하는 것이 아니라, 민주적인 절차와 과정을 통해서 성공해보는 것이 중요합니다. 그 성공의 기억이 가져오는 짜릿함이 있잖아요. 권한이 한곳에 집중되면 그 권한을 가진 사람이 바뀌었을 때 완전히 전복됩니다. 그걸 방지할 수 있는 게 민주학교의 시스템입니다.

허진만 : 맞습니다. 단 한 번이라도 자율과 자유, 자기 효능감을 경험해본 사람을 주저앉히긴 어렵습니다. 그런 경험들을 통해 사람들은 잠깐 상황이 나빠져도 웅크리지 않게 됩니다. 서로 만나고 사례를 공유하며 교육

에 대한 이야기를 펼치는 장을 만들어가는 문화가 있으면 점점 더 큰 파급력을 갖게 될 것입니다. 이 경험이 활동가들에게 짜릿한 경험뿐만 아니라 낮아진 자존감도 상승시켜줄 것입니다.

혁신학교와의 차이점

이하나 : 정리해보겠습니다. 학교는 지식을 가르침으로써 사회 변화를 일으킬 인재를 길러냅니다. 따라서 학교는 사회를 변화시킬 수 있는 기초 단위가 됩니다. 교사는 사회 변화를 주도할 인재를 길러내는 막중한 책임이 있고 끊임없이 연구하며 공동체로서 함께 발전해야 합니다.

그렇다면 민주학교는 실천과 교육을 통해 사회 변화를 일으킬 수 있는 풍부한 경험을 가르치고, 더 나은 세상을 만들어갈 시민을 길러내는 교육을 하는 곳이라고 요약할 수 있겠는데요. 그렇다면 이전의 혁신학교와의 차이점은 어떻게 설명할 수 있을까요?

심성보 : 이전의 혁신학교도 놀라운 시도였습니다. 아래로부터의 시도와 위로부터의 시도가 중간 지점에서 만나 제도를 개혁한 것이고요. 이게 바로 존 듀이의 실험 학교라는 개념에서 말한 '실험'이라 할 수 있습니다. 공교육은 사회를 진일보하게 만들 책임이 있습니다.

근대의 공교육은 산업주의, 노동력 재생산, 기술적 근대화를 위해 존재했습니다. 결국 이 공교육이 역설적으로 바이러스를 창궐하게 만들었고 부메랑이 되어 우리 인류를 위협하고 있습니다. 이제는 새로운 문명사회를 만들어나가야 할 임무가 우리에게 주어졌어요. 따라서 생태교육, 마을 공동체교육을 우선해야 합니다. 먹고사는 문제를 해결하는 것이 산업화 시대의 패러다임이었다면, 이제는 죽고 사는 문제를 해결하는 교육이 필요해졌습니다.

민주학교는 공교육 안에서 민주시민교육을 탁월하게 실현시키는 것이 핵심입니다. 교육의 혁신과는 조금 다르죠. 세계를 읽어내는 리터러시 능력, 시대의 흐름을 파악하는 능력도 앞으로 요구될 시민의 모습입니다. 그리고 세계 시민으로서, 주권자로서 사회의 중요한 이슈에 참여하는 실천 능력도 필요합니다. 이것이 민주학교의 교육자가 가져야 할 사명이기도 합니다.

권력에 익숙한 사람들은 오히려 개혁에 취약할 수 있습니다. 민주학교가 새로운 시대의 거대한 전환점을 만들어낼 시민을 양성할 수 있습니다.

정원규 : 심성보 교수님이 거시적 관점에서 이야기해주셨는데, 저는 더 좁은 의미에서 민주학교를 다시 그려보겠습니다. 민주학교의 주체적 역할은 학교와 교사가 실행할 것입니다.

우리 주변에도 이미 있는 힘을 다 끌어내서 더 나은 교육을 펼쳐나가는 교사들이 있습니다. 이게 가능한 것은 내 이상을 실현하고 사회적으로 의미 있는 일을 하고자 하는 욕구 때문이라고 생각합니다. 민주학교의 일차적 목표는 주체들의 노력에 따라 그러한 내적 욕구가 실현될 수 있는 여건을 조성하는 것이라고 봅니다.

또 사회적으로 보면 이제 정말 공교육이 시민교육으로 거듭나야 한다고 생각합니다. 예전에는 교사들이 갖고 있는 지식이 다른 사람들보다 상당히 높았습니다. 그런데 요즘은 인터넷과 미디어의 발달로 사회가 완전히 변화되었습니다. 이른바 지식 전문가라는 교수의 이야기도 인터넷에 더 잘 정리되어 있는 경우가 허다합니다. 지식이 보편화된 것이죠.

물론 지식의 보편화는 바람직한 현상입니다. 그러나 이제 더 이상 보편화된 지식을 학교에서 다시 가르치는 것, 특히 단순히 지식을 전달하거나 시험에서 더 좋은 점수를 얻는 기술을 가르치는 것이 학교, 특히 공교육의 주된 기능이라고 할 수는 없습니다. 그런 면에서 이제는 공교육의 다른 역할, 즉 공교육의 시민교육적 기능을 강조할 시점이 되었다고 봅니다.

가령 요즘 외동인 아이들이 많잖아요. 학교에 보냈더니 사람과 어울리고 소통하고, 친구도 사귀고 같이 놀고, 함께 협동하며 배우더라는 점을 학부모들이 느낄 수 있어야 합니다. 학교에 보냈더니 민주시민의 소양을 갖추고 더 넓은 세상을 바라보는 문해력이 생겼다는 사실에 보호자를 비롯한 우리 사회가 동의해야, 민주학교가 더 힘을 받을 수 있을 것 같습니다.

김혜자 : 혁신학교의 어려움은 시스템이 움직이는 것이 아니라, 교사 개인의 열정에 의존한다는 것이죠. 저는 민주학교가 그 문제에 해법이 될 수 있다고 봅니다. 앞서 말했듯이 구성원에게 권한이 고르게 배분된다면 민주주의 실천의 토대가 마련될 수 있을 것입니다. 민주학교는 그러한 토대 위에서 지속 가능한 민주주의를 만들 수 있지 않을까 생각합니다.

장경훈 : 혁신학교에서 추구했던 것 중의 하나는 민주적 학습 공동체, 민주적 학급 운영 체제를 구축하는 것이었습니다. 그러나 계속 혁신에 집중하다 보니 그게 잘 이루어지지 않은 면이 분명히 있습니다. 일이 되는 것이죠. 혁신이 업무가 되다 보니 민주적 의사결정 체계를 놓치고 마구 달려온 면도 있습니다.

허진만 : 선한 마음을 품고 아이들을 사랑하는 교사들이 침울해지거나 무기력해지기도 합니다. 심지어 교직을 떠나기도 합니다. 이러한 원인이 어디에 있을까 생각해보면, 학교의 비민주성 때문이 아닐까 싶습니다. 학교 구조도 민주적이지 않지만, 우리 자체가 민주주의를 잘 몰라요. 생활에서 실천해본 경험이 적습니다. 이제 이걸 교실에서 확인하기 시작했으니 급변하는 가치에 대해 영민하게 반응하면서 행동해야죠.

공간주권 활용법

이하나 : 교실 안에서 민주주의를 확인하는 사례가 점점 많아집니다. 예전처럼 교사의 지시에 고분고분하게 따르는 어린이들이 줄어들고 있지요. 공간주권 이야기로 잠깐 전환해볼까 합니다. 저는 앞에 칠판이 있고 아이들이 교사를 바라보는 수업 형태는 획일적인 사고방식을 만든다고 생각하거든요. 군대 같기도 하고요. 예전의 운동장 애국조회도 생각나고요.

혁신학교에서도 공간 혁신에 대한 이야기가 있었는데 민주학교에서는 공간을 주권의 개념으로 보고 있습니다. 공간 혁신은 조금 더 물리적인 요소에 치우친 느낌이라면, 공간주권은 비물질적인 요소도 같이 포괄하는 것으로 들리는데 구체적으로 어떻게 이해하면 될까요?

김혜자 : 학교는 민주주의를 체감하고 판단하는 공간이어야 합니다. 학교가 추상화된 장소가 아니라 나날의 일상이 이뤄지는 민주적 생활 공간이어야 한다는 말이죠. 이런 의미에서 저는 일본 후쿠이시의 시민중학교를 예로 들고 싶어요. 이 학교에서 공간주권 개념을 도입한 것은 학교란 공간이 무엇을 만들어내느냐는 고민에서 출발했다고 합니다. 학교에서 학생들의 주체성이 자라고, 문화가 자라고, 학생과 교사가 배움의 공동체로 함께 성장하는 것이 이 학교가 꿈꾸는 것이라면, 공간 역시도 그런 꿈을 이루기 위해 존재해야 한다는 것이죠.

민주학교에서 추구하는 생활 속의 민주주의 실천이 이루어지려면 연대가 가능한 공간은 어떤 모습이고, 수평적 관계가 가능하려면 어떤 공간이어야 할지에 대한 고민에서 출발해야 합니다. 후쿠이시 시민학교는 민주주의를 경험할 수 있는 공간으로 학교를 만들어나갔다고 볼 수 있습니다.

장경훈 : 학교는 구성원들이 꽤 긴 시간 생활하는 곳입니다. 제가 있었던 당동초에는 '목마를때' 언덕이 있습니다. 아이들이 운동장에서 뛰어놀다 보면 목이 마르기도 하고 쉬고 싶을 때가 있잖아요. 그럴 때 그늘에서 쉬라고 만들어둔 곳이 운동장 스탠드인데, 동쪽을 향해 있어서 해가 넘어가기 전에는 엄청 덥습니다. 아이들은 정해준 공간보다는 스스로 더 좋은 곳을 찾아갑니다. 스탠드 반대편에 작은 언덕이 있는데, 아이들이 더우면 그곳에 가서 쉬곤 했습니다. 그걸 본 후 쓰임에 맞게 활용하자는 취지에서 목마를때 언덕이라고 이름을 붙이게 되었습니다. 이런 게 바로 공간주권의 회복 사례라고 볼 수 있죠.

이하나 : 그렇습니다. 아이들은 '여기부터 여기까지 놀이터니까 이곳에서만 놀아'라고 정해줘도 거기서 놀지 않죠. 자기들이 놀기 좋은 장소를 개척해서 놀더라고요. 우리 생활에서도 비슷한 사례가 무척 많습니다. 신도시처럼 여기부터 여기까지는 쇼핑, 여기부터 여기까지는 산책, 이런 식으로 타의에 의해 공간 활용이 정해지는 거죠.

허진만 : 공간주권이 마치 인테리어 공사를 통해 매끈한 학교를 만드는 것으로 보이진 않을지 우려가 있습니다. 물론 좋은 공간을 만들어서 더 나은 학습 공동체를 만들 수도 있지만 인테리어 공사를 한다고 주권이 회복되진 않습니다. 참여하는 사람들의 의견을 반영하고 공간이 가진 권력을 인식하는 과정이 중요합니다. 이걸 실적으로 만들어버리면 곤란하죠.

김혜자 : 화려하고 비싼 인테리어를 한 집에 산다고 해서 모두 행복한 건 아니라는 단순한 원리와 마찬가지입니다. 교실을 카페로 만들고 공연할 수 있는 공간을 만든다고 해서 공간주권이 회복되는 건 아니라는 점을 확실히 해야겠죠. 학생들이 학교 공간을 손님의 입장이 아니라 주인의 관점에서 바라볼 필요가 있습니다. 주인인 학생들이 자신들의 공간을 스스로 요구하여 만드는 경험은 매우 자연스런 일이겠죠. 학교 안에 표현의 자유가 허용된, 일명 '아고라' 같은 자유 발언대 공간이 있는 학교의 학생들은 어떤 의식이 생길까요? 학교가 학교 구성원들에게 주권자로서 살아가는 장소가 되는 것, 이게 바로 학교 공간주권의 철학이라고 봅니다.

이하나 : 공간주권은 이전의 우리나라 학교나 공기관에는 흔하지 않던 개념입니다. 그래서 기초적인 철학부터 잘 전달해야 할 것 같습니다. 사각형의 획일적 학교 교실에서 앞뒤가 구분되는 구조, 때로는 교실 안의 자리 배치에 따라 권력 구도가 형성되기도 했으니까요.

공간을 바꿔보려는 시도가 사고의 전환을 꾀하는 좋은 수단이 될 수도 있을 듯합니다. 1920년대의 교실과 2010년의 교실이 하나도 다르지 않다는 이야기들을 합니다. 우리나라의 민주주의는 수차례 갈등과 폭발을 겪으며 발전해왔는데, 학교는 별로 그렇지 못했다는 지적 같기도 합니다. 그러나 코로나19 감염병 확산으로 인해 수업 체제 자체가 흔들리는 상황에 놓였어요. 혼란스러운 상황입니다. 이에 대해 심성보 교수님께서는 어떤 이야기를 해주실 수 있을까요?

심성보 : 우리나라의 민주주의가 만들어지는 과정에서 비판과 폭로의 문화가 있었습니다. 시민들은 여기에 익숙해져 있고요. 학교에 간섭하는 사람과 군림하는 사람이 없어지면 민주주의가 더 빨리 정착할 것 같지만 그 틈새에 들어와 자유를 악용하는 사람들도 있겠지요. 그건 학교뿐 아니라 우리 사회 전반이 그렇다고 봅니다. 이런 틈새에서 누군가 악용할 수 없도록 만드는 것이 자치 능력이라고 생각합니다. 이전의 민주주의는 주로 싸우면서 성장해왔기 때문에 아직 거기에 익숙해져 있기도 하고요. 독재와 싸우다 보니 힘이 우선되는 경향이 있습니다.

코로나19 때문에 대면 접촉 활동이 줄어들면서 공감대 형성은 더 어려워지고, 민주주의 담론도 실종된 것처럼 보입니다. K-방역이 있었으면, K-교육도 있어야 했는데 그에 대한 대비책은 마련하지 못했고요. 코로나 이후로 세계 질서가 바뀌고 문명 사회의 대전환이 이뤄질 거라고 봅니다. 그러면 민주학교는 이제 무엇을 준비해야 할까요?

민주주의의 핵심 역량은 자발성, 자주성, 신뢰, 협동, 연대입니다. 그런데 학교에서만 이런 가치를 지향할 것이 아니라, 이 가치를 가지고 학교가 지역사회에 뿌리내려야 합니다. 협동과 연대가 지역사회와의 유기적 관계를 지향합니다. 이제는 수평적으로 지역과 연대해야 합니다.

시민의 자주성과 협동의 가치는 학교 안에 머물지 말고 지역사회에서 동시에 작동되어야 합니다. 학교에서 밖으로 나가도 좋고, 밖에서 학교를 지지해줘도 좋겠지요.

민주학교는 그런 의미에서 더욱 절실합니다. 민주학교에서는 민주시민을 길러내야 하는데, 민주시민은 사회 변화를 위해, 인간의 변화를 위해 꼭 필요한, 평범한 시민을 말합니다.

민주학교에서 길러내야 하는 시민은 도덕적 시민성과 정치적 시민성이 결합되어야 합니다. 이런 사람이 지금의 기성세대에는 많지 않아요. 민주학교를 실현하는 3대 요소는 교육과정(curriculum), 학교 문화(culture), 지역사회(community)입니다. 이 세 가지가 잘 어우러져야 민주시민교육이 잘될 수 있습니다.

교육학자인 존 듀이가 말했던 실험학교는 학교 자체가 그 사회의 축소판이라는 것을 전제로 합니다. 사회를 바꿔나가기 위한 실험을 학교에서 시도해보는 겁니다. 민주적인 측면에서 시민의 역량을 길러내고 양성하기 위한 준비 기관으로서의 학교가 필요합니다.

덴마크의 애프터스콜레를 말씀드리고 싶습니다. 애프터스콜레는 민주주의와 인격을 동시에 중요하게 여깁니다. 민주주의와 인격이 결합해야 한다는 겁니다. 자기 내면, 또 외부와 관계를 맺는 태도에도 민주적 마음 및 실천의 습관이 필요합니다. 애프터스콜레에서는 학생들이 학교에서 체험할 수 있고 교사도 그렇습니다. 학교에서 이런 교육이 가능하려면, 교사는 더 전문성을 갖춰야 합니다.

그리고 교사가 부여받은 자유와 권한을 다른 쪽으로 이동시키려면 사실은 보이는 것보다 더 커다란 권한을 가지고 있어야 합니다. 교사가 이동시킬 수 있는 자유는 자율이 되는데, 이 자율은 타인과의 관계와 무관하지 않습니다. 저는 최근에 공율(Common rule, 共律)이라는 단어를 접했습니다. 공동으로 규율을 만든다는 의미입니다. 개인주의와 공동체가 함께 어우러지는 균형을 말하는 거죠. 학생들과 이런 규율을 함께 만들려면 스스로 나를 다스리는 힘이 있어야 합니다. 민주학교를 만들려면 이를 만들어나가는 주체들이 스스로 인격을 성장시키고 자기 삶의 자치를 우선 실천해야 합니다.

새로운 길을 열어가는 법

이하나 : 교수님 말씀에 한 가지 질문을 드리고 싶습니다. 사회를 변화시키기 위해서 학교가 존재한다고 말씀해주셨는데요. 그걸 왜 꼭 학교가 해야 되느냐고 묻는다면 뭐라고 답하면 좋을까요?

심성보 : 남아프리카공화국의 넬슨 만델라 대통령은 교육이야말로 사회 변화의 최대 무기라고 했습니다. 이 말에 동의합니다. 사회를 변화시키려면 학교에서 지식을 가르치고 인재를 길러내야 합니다. 이 지식에는 사회를 변화시키는 힘이 있습니다. 자유를 만들 수도 있죠. 교사는 사회를 변화시키는 대변화의 중심에 서 있습니다. 보수적 가치관에 대한 각성 없이는 미래를 만들 수 없습니다. 한편 학교에는 역사의 진보를 일으키는 역할이 있습니다. 사회 변화의 중요한 역할을 할 시민을 학교에서

길러내야 하는 것이죠.

이하나 : 교수님께서 말씀하신 실험학교에 대한 궁금증이 있습니다. 존 듀이의 '실험학교'가 자칫하면 잘못 이해될 수도 있을 것 같습니다. 민주학교의 다양한 시도들이 우리나라의 공교육 체제나 입시제도 아래서 어떻게 실험될 수 있을까요?

장경훈 : 앞서 정원규 교수님께서 말씀하신 '실험'을 더 넓게 볼 필요가 있습니다. 아이들의 시간과 교육을 가지고 실험한다는 것은 사실 우리 공교육에서 크게 그 틀을 벗어나기 어렵습니다. 공교육은 기본 교육을 통해 사회적 인프라를 구축하는 것입니다. 여기까지는 가르쳐야 한다는 게 사회적 합의입니다. 공통적인 시스템 안에서 민주학교도 운영됩니다.

공교육을 벗어난 교육 체계, 즉 대안학교나 사교육은 공교육이 가지고 있는 여러 성가신 요소들이 없습니다. 공교육은 행정, 국가 구조, 구성원, 지역사회 등 매우 복잡한 구조 안에 있습니다. 따라서 이 요소들과 때로는 싸우고, 때로는 갈등하고, 또 협의하면서 교육을 일궈냅니다. 그래서 여기서 실험한다는 말은 더 효율적으로 잘 가르칠 수 있는, 더 잘 배우고 익힐 수 있는 방법을 찾아내는 거라고 보시면 됩니다.

사실 구조적으로 공교육의 교사들은 교육 공무원이라는 장점과 그 한계를 동시에 가지고 있습니다. 장점은 다른 자유 직종이나 자영업에 비해 위기와 경쟁에서 조금은 벗어나 안정되어 있다는 것이지만, 대신 공적 역할을 하기 때문에 완전히 새로운 시도를 혼자 추구하기는 어렵습니다. 조직 내에 속해 있고, 관료들의 관리도 받습니다. 그래서 주권자로서 세상을 변화시키고, 발전시키는 주체로 작동하지 않는 경향이 있습니다. 교육계 내에서 스스로 시민의 역할을 되찾고 주권자의 역할을 자임하지 않는 이상 큰 변화 없이 이 상태를 유지할 수도 있습니다.

이하나 : 그렇다면 아까 정원규 교수님이 말씀하신 대로 민주주의 발전에서 계속 뒤처질 수도 있겠습니다.

장경훈 : 학교에 민주적인 과정을 요구하고 성과를 낸 구성원들이 자기 업적으로 가져가는 것도 가능합니다. 하지만 그게 앞서 말한 헌신으로 변하거나 과다한 업무가 되어버리면 민주학교나 일반 학교나 모두 제대로 된 교육을 하긴 어렵습니다.

민주시민의 역할이 사회 변화를 목표로 하는 것이고, 그게 바로 민주학교의 지향점입니다. 민주학교는 지금 여기 우리의 문제들을 함께 해결하기 위한 교육을 우선해야 합니다.

이를테면, 혐오와 차별 문제가 학교 교실에서도 계속 불거지고 있습니다. 이런 것들을 해결할 수 있는 교육이 필요합니다. 인권교육, 노동교육, 경제교육, 문해교육, 정치교육, 생태교육과 평화교육에 이르기까지, 아이들이 졸업하고 바로 맞닥뜨릴 세계에 대해서 미리 가르치고 실천을 통해 배울 수 있게 만들어야 합니다.

풀어서 말하면, 미디어로 둘러싸인 세상을 바르게 판단하는 능력, 이 세상에서 내가 노동의 주체가 되었을 때 자기 권리를 행사하고 일한 만큼의 대가를 받는 교육, 창의성을 발휘해서 기업을 일구고 그 이윤을 사회에 환원하는 문제를 자율적으로 교육과정에 담아낼 수 있어야죠.

이하나 : 장경훈 선생님께서 말씀하신 몇 가지 교육의 갈래가 과연 학교교육에서 실현될 수 있느냐는 질문이 있겠는데요. 민주학교에서는 이런 것들이 가능한가요?

김혜자 : 민주학교는 기본적으로 민주시민교육을 실천하는 곳입니다. 민주학교는 민주시민이 많은 학교이기도 합니다. 그런데 어떤 사람이 민주시민인지, 민주시민교육은 어떤 목적과 지향을 갖고 실천해야 하는지에 대해 학교 구성원들이 함께 방향을 정할 필요가 있습니다. 교육과정도 학교의 맥락에 맞게 구성원이 공동으로 정해야겠지요. 그러나 대한민국 사회 또는 지구 안에서 공동체가 공통적으로 겪는 문제는 분명 존재합니다. 그렇기 때문에 학교의 맥락에 맞으면서 큰 공동체를 생각하는 큰 방향은 필요하다고 봅니다.

또 학생들이 현실 사회를 배울 수 있도록 생활과 연결된 실천적 주제들이 배움의 내용이어야 합니다. 무엇보다 사회적 연대를 실천하는 시민으로서 성장하는 경험을 할 수 있도록 교육과정이 달라져야 합니다.

장경훈 : 민주학교의 차별성은 교육과정이 시민의 자질 형성에 집중되어야 한다는 것입니다. 또한 시급한 이야기, 즉 시사성이 높은 이야기에 대해 구성원들이 고민하고 교육과정으로 담아낼 수 있어야 합니다. 법적으로 각 학년마다 이수해야 할 수업 시수가 정해져 있는데, 시수를 감축해서 학교나 교사에게 자율적으로 운영할 수 있도록 보장하면 충분히 교육과정으로 담을 수 있습니다. 국가 수준의 교육과정을 개정하여 시수를 20퍼센트 정도 감축해서 운영한다면 민주시민의 자질을 형성하기 위한 다양한 교육이 펼쳐질 수 있습니다.

이하나 : 자율 교육과정에 시민교육을 담아낼 수 있었고, 여기에 민주학교의 이념을 실천할 교육과정을 넣을 수 있다고 하셨습니다. 행정은 '지원하되 간섭하지 않는다'라는 원칙이 있다고 하지만 전혀 그렇지 않아 보일 때도 있습니다. 지원이 1이면 간섭이 2인 경우도 흔해서요. 교육부와 교육청은 수평적 관계이기도 한데, 민주학교에 대한 행정 지원은 어떻게 되어야 할까요?

김혜자 : 말씀하신 대로 '지원하되 간섭하지 않는다'가 가장 좋습니다. 현실적으로 민주학교도 어느 정도의 공통된 합의 속에서 더 깊은 민주주의 사회를 향한 지향점은 있어야 한다고 말할 때, 그런 합의를 이뤄나가는 과정은 지원으로 봐야 할까요, 간섭으로 봐야 할까요. 여기에는 딜레마가 있습니다. 처음부터 모든 걸 학교와 지역에서 알아서 하는 게 맞는지, 교

육부는 손놓고 있는 것은 아닌지에 대해서도 질문이 생길 수 있습니다.

민주학교에 대한 철학적 기반이나 교육과정을 이야기할 때, 민주학교 운영을 담당하는 교사들에게 길라잡이 역할을 요구하곤 합니다. 그런데 이 문제는 어느 한 사람이 결정할 수 없습니다. 학교가 어디서부터 시작해야 할까? 무엇을 성찰하고 탐색해야 할까? 어떤 방향으로 학교의 비전을 세워야 할까? 민주주의의 눈으로 학교를 봤을 때, 학교는 어떤 모습일까? 우리가 처한 문제의 원인은 무엇이며, 이것들은 서로 어떻게 연결되어 있는 걸까? 실제로 함께 풀어가야 할 과제가 많습니다.

혁신학교가 처음 시작될 때, 학교 구성원들이 자발적으로 교육철학을 세우고, 학교 교육과정을 함께 만들어갔습니다. 민주학교도 비슷한 과정이 필요하겠지만 행정이 지원할 수 있는 영역은 한정될 필요가 있습니다. 학교가 작은 실천을 안정적으로 할 수 있게 돕거나 실질적인 교육과정이 운영될 수 있도록 지원하는 것이죠. 또 교사들의 민주화가 가능하도록 학교 내 공론화 장치를 지원하는 것도 있습니다. 이 또한 지원과 간섭 사이에서 경계가 모호해질 수 있습니다. 혁신학교를 넘어 민주학교가 갖는 의미를 고려했을 때, 행정이 어떻게 지원해야 하는지에 대해 학교 구성원들이 철학적 토대를 만들면서 살펴야 합니다.

장경훈 : 2019년부터 시작한 민주학교 정책은 15개 시도 교육청에서 동시에 시작되었습니다. 교육부 계획이나 시도 교육청의 계획을 봐도 단위학교의 자율성을 존중하려는 시도가 보입니다. 자율적으로 운영하는 게

기본 원칙이고, 각 시도에서 지원하고 지역 형편에 맞게 민주성을 확장해나가는 것이 목표입니다.

이하나 : 민주학교는 아무도 가지 않은 길이니까요. 모르는 상태에서 나에게 걸맞은 민주주의를 찾아 골라내고 발전시키는 것이 민주학교의 길이겠네요. 누군가에게는 무척 어렵겠지만, 누군가에게는 신나는 모험이 될 수도 있겠습니다.

세상에 없던 일을 만들어나가는 것은 조심스러운 일이죠. 하지만 민주학교는 시대적 요구에 필연적으로 따라오는 결과 같기도 합니다. 오늘 나눠주신 말씀을 통해서 민주학교에 대한 그림이 조금 더 선명해지길 바랍니다.

미주

1부 | '경쟁' 대신 '연대'를, '지식'보다 '교양'을

: 해외 사례를 통해 본 민주학교의 철학

1 Rowe, 2012.

2 Cunningham, 1992.

3 Carter, 2006.

4 도덕적 분위기를 우선하느냐 민주적 분위기를 우선하느냐에 따라 인성교육론과 시민교육론으로 나뉠 수 있지만, 이는 분리될 수 없는 공존 또는 융합의 과제다.

5 벨라미 교장은 이전에는 다틴턴 홀 스쿨(Dartinton Hall School) 교사였다. 한국을 방문한 바 있다.

6 송순재 · 고병헌 · 에기디우스, 《덴마크 자유교육》, 2018: 165.

7 송순재 · 고병헌 · 에기디우스, 《덴마크 자유교육》, 2018: 59~60.

2부 | '성적' 대신 '성장'에 집중하는 아이들

: 민주시민교육에 참여했던 초중고 아이들의 놀라운 변화

1 백두산의 탄생 설화를 담은 창작 그림책(류재수, 보림출판사, 1988).

2 꼴뚜기라 불리지 않으려고 고군분투하는 아이들 이야기(진형민 글, 조미자 그

림, 창비, 2013).

3 미야니시 타츠야 지음, 김난주 옮김, 시공주니어, 2011,

4 진형민 글, 이한솔 그림, 창비, 2015.

5 박태옥 글, 최호철 그림, 돌베개, 2007.

6 다카하타 이사오 감독, 대원미디어, 1994.

7 조경희 지음, 원정민 그림, 어린이나무생각, 2014.

8 경기도 교육청의 학생자치배움터. 정책학교 등 다양한 프로그램으로 진행하는 학생 중심 교육 공간이다.

9 고령자나 장애인들도 살기 좋은 사회를 만들기 위해 물리적·제도적 장벽을 허물자는 운동. 1974년 국제연합장애인 생활환경 전문가 회의에서 '장벽 없는 건축 설계'에 관한 보고서가 나오면서 건축학 분야에서 번지기 시작했다. 일본, 스웨덴, 미국 등 선진국을 중심으로 휠체어를 탄 고령자나 장애인들도 편하게 살 수 있게 하자는 취지로 시작됐다. 이로 인해 주택이나 공공시설을 지을 때 문턱을 없애자는 운동이 전개됐고, 세계 곳곳으로 확산됐다. 2000년 이후에는 제도적·법률적 장벽을 비롯해 각종 차별과 편견, 나아가 장애인이나 노인에 대해 사회가 가지는 마음의 벽까지 허물자는 운동의 의미로 확대 사용되고 있다. 출처: 두산백과사전.

10 이 책에서 소개하는 홍동중학교의 다모임과 비교해보면 좋다.

11 여기서 나온 문제 진단은 운산고 선생님들의 워크숍과 서기원 선생님의 발표 자료에서 인용했다. 먼저 운산고는 2011년에 개교하여 경기도 교육청 혁신학교로 지정되었다. 2015년에 공모 교장이 부임했고, 그해 혁신학교로 재지정되었다.

12 운산고등학교는 2012년부터 기형도 시인의 시상 배경과 거주지가 운산고등학교의 주소지와 같은 소하동이라는 사실에 착안해 '기형도 시인 연구 프로젝트'를 진행하고 있다. 2학년 전체 학생들이 1년 동안 참여하는 이 프로

젝트 수업은 광명이라는 지역사회를 기반으로 성장한 시인 기형도를 연구하며 지역문화에 대한 공감대를 형성하고 있다. 또 기형도 시집 '입 속의 검은 잎'을 읽고 마음에 드는 시를 골라 영상·그림·노래 등 다양한 장르로 재창작하는 활동을 통해 문학과 예술적 소양을 넓히고 있다. 출처: 광명시 뉴스포털 https://news.gm.go.kr/news/articleView.html?idxno=10443

13 촉진자, 모더레이터(Moderator)라고도 한다. 과제나 목표를 분석해서 워크숍이나 토론회를 이끌어가고, 모두 참여할 수 있도록 길잡이 역할을 한다. 모둠 구성원들이 수행하려는 목표에 도달할 수 있도록 다양한 의사소통 기법과 브레인스토밍 등을 활용한다.

3부 | 민주학교의 기본 이념과 실천 원칙

1 민주학교의 최초 정책적 제안은 '학교시민교육네트워크'에 의해 이루어졌으며, 이 책의 저자로 참여하고 있는 김혜자, 장경훈, 허진만 역시 '학교시민교육네트워크' 성원이다.

2 이상의 서술에 오해의 소지가 있는 부분이 있어 간략히 부연한다. 정부에 의해 신민교육이 의도되었다는 주장과 교육 현장에서 신민교육이 실제로 이루어졌는지 여부는 완전히 다른 차원의 문제이다. 가령 반공교육이 이루어졌다고 하더라도 모든 교사들이 교육 당국의 지시를 그대로 이행하지는 않았을 것이며, 또 반공교육을 받은 모든 학생이 그로 인해 신민적 태도를 지니게 된 것도 아닐 것이다. 그런 면에서 이 글의 주장은 전적으로 정부의 교육 정책적 목표를 겨냥한 것이지 그간의 모든 교육 활동에 대한 평가를 의도한 것은 아니다(정원규 외, 2019: 10 참고).

3 이하의 정의는 〈학교 민주시민교육의 기본개념 및 추진원칙 연구〉(정원규 외, 2019: 14, 28)에서 발췌한 것으로, 지면의 제약으로 인해 그러한 정의가 이루

어지는 과정을 상세히 소개하지는 못했다.

4 여기에서 절차적 가치와 관련된 내용은 〈학교 민주시민교육의 기본개념 및 추진원칙 연구〉(정원규 외, 2019: IV-2)에 서술했던 내용을 저자들의 동의를 얻어 수정, 보완한 것이다.

5 이러한 실천 원칙은 민주주의, 민주시민교육, 민주학교에 모두 동일하게 적용될 수 있는 것이므로, 앞으로는 이 책의 주제에 맞추어 '민주학교 실천 원칙'으로 통일하여 명명할 것이다.

6 절차적 원칙과 결과적 원칙은 실천적 편의를 위해 고안된 것이지 학술적으로 서로 엄밀히 구분되는 개념은 아니라는 점을 밝혀두고자 한다. 예를 들어, 절차적 원칙으로 제시된 존중을 결과에, 역으로 결과적 원칙으로 제시된 평화를 절차에 적용해도 특별히 문제될 것은 없는 것이다. 따라서 이러한 구분의 주안점은 민주적 절차와 결과를 구분해서 검토하자는 것에 있는 것이지, 제안된 원칙들의 적용 영역을 제한해야 한다는 것에 있는 것은 아니다.

7 사적 자유와 공적 자유에 대한 상세한 내용은 〈정치적 자유의 공화주의적 출구〉(정원규, 2016)를 참조하라.

8 휘게에 대한 상세한 내용은 《행복을 배우는 덴마크 학교 이야기》 7장(Alexander, 2019)을 참고하라.

9 이하의 서술과 관련된 상세한 내용은 〈교육개혁의 원칙, 끝, 그리고 시작〉(정원규, 2017: 81~83)을 참고하라.

참고문헌

1부 | '경쟁' 대신 '연대'를, '지식'보다 '교양'을
: 해외 사례를 통해 본 민주학교의 철학

Carter, S., *Civility: Manners, Morals, Etiquette of Democracy*, Basic Books, 2006.

Cunningham, J., "Rights, responsibilities and school ethos", in Baglin J. E. & Jones, N.(Eds.), *Education for Citizenship: Ideas and Perspectives for Cross-curricular Study*, Kogan Page, 1992.

Freinet, C., *Oeuvres Pédagoques*, Tome Ⅱ, Seuil, 1994.

Ichiov, O., *Citizenship and Citizenship Education in a Changing World*, Woburn Press, 1998.

Mialaret, G., "School Cooperative", in T. Husen & T. Neville Postlethwaite(Eds.), *International Encyclopedia of Education*, Vol. Ⅳ, Pergamon Press, 1995.

Reid, A., Gill, J. & Sears, A.(Eds.), *Globalization, the Nation-state, and the Citizen: Dilemmas and Directions for Civics and Citizenship Education*, Routledge, 2010.

Rowe, D., "Schools and their Communities", in J. Arthur, H. Cremin(Eds.), *Debates in Citizenship Education*, Routledge, 2012.

Silcock, P., *New Progressivism*, Falmer Press, 1999.

Tafford, B. "Democratic Schools: Towards a Definition", J, Arthur, I Davues & C. Hahn(Eds.), *Education for Citizenship and Democracy*, Sage, 2008.

Thurn, S., "Development Process in a Laboratory School: Germany", in Wrigley, T. Thomson, P. & Lingard, B.(Eds.), *Changing Schools: Alternative Ways to Make a World of Difference*, Routledge, 2012.

Ueno, M., *Democratic Education and the Public Sphere: Towards Dewey's theory of Aesthetic Experience*, Routledge, 2016.

Wrigley, T., Thomson, P. & Lingard, B., *Changing Schools: Alternative Ways to World of Difference*, Routledge, 2012.

Zimmerman, A., "Education Reform in France under the Fluence of Progressive Education", in H. Röhrs & V. Lenhart(Eds.), *Progressive Education Across the Continents*, Peter Lang, 1995.

나이절 블레이크 외 지음, 《현대 교육철학의 다양한 흐름》, 정훈 옮김, 학지사, 2009.

넬 나딩스 지음, 《21세기 교육과 민주주의: 개인적 삶, 직업적 삶, 그리고 시민적 삶을 위한 교육》, 심성보 옮김, 살림터, 2016.

다틀렌데 바이예 지음, 《프레네 교육학에 기초한 학교 만들기》, 송순재·권순주 옮김, 내일을여는책, 2002.

마이클 애플·제임스 빈 지음, 《마이클 애플의 민주학교》, 강희룡 옮김, 살림터, 2015.

비어테 패뇌 룬 외 지음, 《덴마크 자유교육의 선구자 크리스텐 콜》, 송순재·고병헌 옮김, 그물코, 2019.

세라 먼데일·세라 B. 패튼 지음, 《스쿨: 미국 공교육의 역사 1770~2000》, 유성상 옮김, 학이시습, 2014.

션 벨라미, 〈민주학교의 철학과 역사 그리고 특징 : 영국의 섬머힐 스쿨〉, 2014 대안교육 국제포럼, 한국청소년정책연구원, 2014.
송순재 지음,《유럽의 아름다운 학교와 교육개혁운동》, 내일을여는책, 1990.
송순재 외 지음,《덴마크 자유교육》, 민들레, 2018.
심성보 지음,《한국교육의 현실과 전망》, 살림터, 2018.
심성보 외 지음,《진보주의 교육의 세계적 동향》, 살림터, 2018.
예나 리겔 지음,《꿈의 학교, 헬레네 랑에: 상상을 현실로 만든 혁신학교 이야기》, 송순재 옮김, 착한책가게, 2017.
이대성 외 지음,《민주학교란 무엇인가》, 교육과 실천, 2020.
정훈 지음,《프레네 실천교육학》, 살림터, 2020.
재스퍼 젠센, 〈덴마크 대안교육 동향과 의미: 에프터스콜레를 중심으로〉, 2015 대안교육 국제포럼, 한국청소년정책연구원, 2015.
제시카 조엘 알렉산더 지음,《행복을 배우는 덴마크 학교 이야기》, 고병헌 옮김, 생각정원, 2019.
존 듀이 지음,《공공성과 그 문제들》, 정창호·이유선 옮김, 한국문화사, 2014.
황성원 지음,《프레네 교육학》, 창지사, 2016.

2부 | '성적' 대신 '성장'에 집중하는 아이들

: 민주시민교육에 참여했던 초중고 아이들의 놀라운 변화

고인룡 지음, 〈상상과 새로운 시공간을 만드는 학교〉,《이슈엔정책》 제38호, 전남교육연구정보원, 2019.
교육부, 〈행복한 교육〉, https://happyedu.moe.go.kr/happy/bbs/selectHappyArticleImg.do?bbsId=BBSMSTR_000000000191&nttId=8281(2018. 04.)
김광오 기자, 〈여학생도 운동장 좀 씁시다〉,《동아일보》(2003. 4. 24.).
다카하타 이사오 감독, 〈폼포코 너구리 대작전〉, 대원미디어, 1994.

경기도 교육청,《더불어 사는 민주시민》.
구도 가즈미 지음,《학교를 만들자》, 류호섭 옮김, 퍼시스북스, 2009.
류재수 지음,《백두산 이야기》, 보림출판사, 1988.
미야니시 타츠야 지음,《찬성》, 김난주 옮김, 시공주니어, 2011.
박태옥 지음, 최호철 그림,《태일이》, 돌베개, 2007.
소렌 한센 외 지음,《10대를 위한 빨간책》, 목수정 옮김, 레디앙, 2016.
송순재 지음,《상상력으로 교육에 말 걸기》, 아침이슬, 2011.
시민교육연구회 편저,《우리가 만드는 미래 학교》, 류호섭 옮김, 기문당, 2009.
안애경 지음,《소리 없는 질서》, 마음산책, 2015.
윌리엄 에어스 지음,《가르친다는 것》, 홍한별 옮김, 양철북, 2012.
이진경 지음,《근대적 시공간의 탄생》, 그린비, 2018.
조경희 지음, 원정민 그림,《행복마트 구양순 여사는 오늘도 스마일》, 어린이나무생각, 2014.
진형민 지음, 이한솔 그림,《소리 질러, 운동장》, 창비, 2015.
진형민 지음, 조미자 그림,《꼴뚜기》, 창비, 2013.

3부 | 민주학교의 기본 이념과 실천 원칙

Rawls, J., *Political Liberalism*, Colombia UP, 1996.
KESS(국가교육통계센터), https://kess.kedi.re.kr/post/6664442 (2020.4.27)
나무위키, 〈우리의 맹서〉, https://namu.wiki/w/%EC%9A%B0%EB%A6%AC%EC%9D%98%20%EB%A7%B9%EC%84%9C (2020.5.1).
이영환 기자, 〈교육계의 '타는 목마름', 민족·민주 · 인간화〉, 《프레시안》(2005.6.9.) http://www.pressian.com/news/article?no=46681 (검색날짜: 2020.3.10.)
정원규 외 지음, 〈민주시민교육: 초·중등학교 민주시민교육 추진 제안서〉, 이화여

자대학교 학교폭력예방연구소, 2018.
정원규 외 지음, 〈학교 민주시민교육의 기본개념 및 추진원칙 연구〉, 성공회대학교 민주주의 연구소, 2019.
정원규 지음, 〈교육개혁의 원칙, 끝, 그리고 시작〉, 《철학연구》 제119집, 철학연구회, 2017 겨울, 67~93쪽.
정원규 지음, 〈정치적 자유의 공화주의적 출구〉, 《민족문화연구》 제70호, 고려대학교 민족문화연구원, 2016.
학교시민교육네트워크 지음, 〈2017년 교육부 민주시민교육 추진 과제 제안〉, 학교시민교육네트워크, 2017.
니콜로 마키아벨리 지음, 《로마사 논고》, 한길사, 2011.
데니스F. 톰슨 지음, 《공직의 윤리》 정원규 외 옮김, 철학과현실사, 1999.
마이클 애플·제임스 빈 지음, 《마이클 애플의 민주학교》, 강희룡 옮김, 살림터, 2015.
성열관·이순철 지음, 《한국 교육의 희망과 미래 혁신학교》, 살림터, 2012.
요한 볼프강 폰 괴테 지음, 《파우스트》 1, 정서웅 옮김, 민음사, 2012.
이대성 외 지음, 《민주학교란 무엇인가》, 교육과실천, 2020.
장은주 지음, 《시민교육이 희망이다》, 도서출판 피어나, 2017.
제시카 조엘 알렉산더 지음, 《행복을 배우는 덴마크 학교 이야기》, 고병헌 옮김, 생각정원, 2019.

민주학교의 탄생

초판 1쇄 인쇄 2021년 2월 24일
초판 1쇄 발행 2021년 3월 3일

지은이 | 심성보, 장경훈, 김혜자, 허진만, 정원규, 이하나

발행인 | 박재호
편집팀 | 고아라, 홍다휘, 강혜진
마케팅팀 | 김용범, 권유정
총무팀 | 김명숙

디자인 | 석운디자인
표지일러스트 | 차상미
교정교열 | 윤정숙
종이 | 세종페이퍼
인쇄·제본 | 한영문화사

발행처 | 생각정원
출판신고 | 제25100-2011-000320호
주소 | 서울시 마포구 양화로 156(동교동) LG팰리스 814호
전화 | 02-334-7932 팩스 | 02-334-7933
전자우편 | 3347932@gmail.com

ISBN 979-11-91360-08-0 (03370)